Ulrich Kramer

Im Internet der Seelen

Entdeckungsreisen durch die menschliche Psyche

MindWalking®, Band I: Persönlichkeitsentwicklung mit MindWalking

Govinda-Verlag
Neuhausen • Jestetten

Herausgegeben von Ronald Zürrer

Interessierte Leser sind herzlich eingeladen, sich mit dem Verlag in Verbindung zu setzen:

Schweiz: Govinda-Verlag, Postfach 257, 8212 Neuhausen 2

Deutschland: Govinda-Verlag, Postfach 1226, 79795 Jestetten

Internet: govinda.ch

Dieses Buch ist nicht als Anleitung zur Selbsterkenntnis oder Selbsthilfe gedacht. Autor und Verlag lehnen jede Verantwortung für Schlußfolgerungen ab, zu denen jemand nach der Lektüre dieses Buches über sich selbst oder andere kommen mag, ebenso für Maßnahmen im psychischen oder physischen Bereich, die jemand an sich selbst oder anderen vornehmen mag.

MindWalking® ist ein eingetragenes Warenzeichen. Nur wer nach anerkannter Ausbildung eine entsprechende Lizenz bzw. ein Zertifikat erworben hat, darf «MindWalking» für seine Aktivitäten benutzen oder sich darauf berufen.

Erste Auflage – September 2003

Einbandgestaltung: Anandini Zürrer, Zürich
Lektorat: Armin Risi, Zürich
Layout: Helmut Kunkel, Jestetten

Gesamtherstellung: Ueberreuter Buchproduktion GmbH
Printed in Austria

ISBN 3-906347-63-x

Für Awe,
ohne die dieses Buch
nie zustande gekommen wäre.

Inhalt

EINLEITUNG

Ordnung schaffen im Geist

Nach meinem Studium der Psychologie, gefolgt von rund dreißig Jahren privater Erforschung des menschlichen Geistes und des «inneren Kosmos» mit den verschiedensten Methoden, entwickelte ich als praktizierender Psychologe allmählich ein System, das ich «MindWalking» getauft habe. Dahinter steckt ein uraltes psychologisches Konzept. Es beruht auf einem ganzheitlichen Verständnis von Körper, Geist und Seele und steht damit im Gegensatz zur gegenwärtigen Schulpsychologie, deren Menschenbild zum überwiegenden Teil von neuronalen Funktionen und lerntheoretischen Gesetzmäßigkeiten geprägt ist. Wichtige Inspirationen strömten aus indischen und fernöstlichen Quellen ein, insbesondere durch meine praktische Schulung in Yoga, Meditation und Aikido.

Eine «Psychologie für Normale»

MindWalking ist Persönlichkeitsentwicklung. Erinnerungsvermögen, Wahrnehmungsfähigkeit und Bewußtheit werden mit dem Ziel gesteigert, einen klaren Bezug zur eigenen Identität und Lebensbestimmung zu finden. Zu diesem Zweck werden Forschungsreisen durch die eigene geistig-seelische Innenwelt, die Psyche, unternommen. Der englische Begriff «mind» heißt soviel wie «Geist, Verstand» und gelegentlich auch «Psyche»; «walking» heißt «durchwandern». Eine englische Bezeichnung habe ich deswegen gewählt, weil ich international tätig bin und einen Namen brauchte, der überall (zumindest halbwegs) verstanden werden kann.

Das Ziel von MindWalking ist die Entwicklung bzw. das Wiederentdecken des persönlichen Potentials, das jeder in sich spürt. MindWalking ist somit keine psychotherapeutische Behandlung von Geisteskrankheiten, die am Symptom ansetzen würde, sondern eine «Psychologie für Normale», die auf Erweiterung des Bewußtseins abzielt, eben: Persönlichkeitsentwicklung.

Die geistigen Forschungsreisen ins Innere sind kein Selbstzweck, sondern dienen dem Aufspüren psychischer Altlasten. Durch deren Klärung und Auflösung wird geistiger Freiraum geschaffen, verbunden mit gestärktem Selbstvertrauen, um Neues anzugehen, wobei dieses «Neue» oft das ist, was man eigentlich schon immer ahnte und spürte.

Bei MindWalking geht man davon aus, daß nur der betroffene Mensch selbst die Auflösung seiner geistig-seelischen Spannungsbereiche leiten kann. Deswegen wird dem Interessierten niemals etwas aufgezwungen oder aufgedrängt, weder Doktrinen und Glaubenssätze noch Fremdmeinungen im Stil von «ich sehe in dir dies und jenes». Hypnose oder suggestive Hilfsmittel kommen nicht zur Anwendung. Der MindWalking-«Kunde» soll wissen: «Alles, was über mich herauszufinden ist, kann nur ich selbst herausfinden. Wenn ich es wirklich und ernsthaft will, kann ich mir den Zugang zu allem eröffnen, was für mich von Bedeutung ist, was immer es sei oder wie lange her es auch sein mag. Ich selbst bin der direkte Zeuge meiner Vergangenheit und Zukunft. Wenn ich mich auf den Weg nach innen mache, komme ich mir näher und näher, bin ich meinem Wesenskern auf der Spur.»

Diese Spur kann spannend sein, aufregend, manchmal erschrekkend. Sie vollständig anzuschauen verlangt Mut und Kraft. Will man aber weiterkommen, so bleibt einem nichts anderes übrig, als die unabgeschlossenen, verdrängten Abschnitte der Vergangenheit bewußt zu durchleben und dadurch abzuschließen.

Das «Internet der Seelen»

Die menschliche Psyche war dem Menschen schon immer ein Rätsel, und aus diesem Grunde finden sich in Ost und West zahllose Theorien und Vorgehensweisen, die Welt des Geistes zu erforschen und ihre Phänomene zu definieren. Dabei sehen die Vertreter eines ganzheitlichen Ansatzpunktes die Psyche als multidimensionalen inneren Kosmos, auf den unzählige Einflüsse einwirken und dabei ihre Eindrücke hinterlassen. Auch MindWalking vertritt diese Sichtweise. Wie vielschichtig dieser innere Kosmos ist, wird im Verlauf des Buches anhand zahlreicher Erlebnisberichte deutlich werden.

In unserer inneren Welt sind unendlich viele Bilder, Erinnerungen und Eindrücke gespeichert. Entstanden ist diese «mentale Datenbank» durch unsere Interaktion mit den Objekten der äußeren Welt und durch unsere Kommunikation mit anderen Wesen, seien dies Menschen, Tiere, Pflanzen, Geister, Engel oder Dämonen.

Kommunikation im weitesten Sinn (ob freundlich oder unfreundlich) bedeutet, daß die Mentalströme verschiedener Personen in eine wechselseitige Beziehung treten und sich vermischen. Dadurch sind Menschen direkt oder indirekt miteinander vernetzt, auch über Raum und Zeit hinweg. Dieses universale Phänomen, von dem der Großteil dieses Buches handelt, läßt sich vergleichen mit einem «Internet der Seelen».

Über dieses metaphysische Netz können Menschen und geistige Wesen jeglicher Art bewußt oder unbewußt in Kommunikation miteinander stehen. Ist die Resonanz zwischen einem bestimmten Sender und Empfänger stark genug, kann es sogar zu einem ungewollten telepathischen Downloading von Information und Emotion kommen. Im Extremfall vermag sich eine solche Verbindung zu einer regelrechten telepathischen «Standleitung» auszuweiten.

Selbst wenn man es nicht bemerkt, kann man unter dem Einfluß fremder Wesen stehen. Beim nichtsahnenden Empfänger können auf diese Weise Verhaltensmuster wie Ängste, Zwänge oder Süchte verursacht bzw. verstärkt werden. Es ist wie mit der radioaktiven Strahlung: Man wandert durch ein verseuchtes Gebiet, ohne etwas zu merken. Erst hinterher spürt man die Konsequenzen.

Der Vergleich mit dem Internet liegt nahe. Was aber im Computernetzwerk über technische Geräte zuwege gebracht wird, das läuft im Internet der Seelen über telepathische Verbindungen. Denkt man diesen Gedanken konsequent zu Ende, so läßt sich folgern, daß potentiell alle Wesen dieser Welt geistig miteinander vernetzt sind.

Selbstverständlich wäre es wünschenswert, wäre man sich solcher Verknüpfungen voll bewußt, denn das würde einen in die Lage versetzen, die erwünschten zu pflegen, die unerwünschten aber abzukoppeln. Eine solches Bewußtsein zu erwecken ist das eigentliche Anliegen von MindWalking.

Die Vorgehensweise bei MindWalking

Wie öffnet und sichtet man nun belastete Mentaldateien, seien es eigene oder solche, die man aus dem Internet der Seelen aufgeschnappt hat? Hierzu bietet MindWalking eine Methode an: die Sitzung. Dabei sitzen sich «Sitzungsleiter» und «Sitzungspartner» an einem Tisch gegenüber. Ziel der Sitzung ist das Erkennen von Zusammenhängen und persönlichen Wahrheiten, die es dem Sitzungspartner gestatten, sein Leben zu optimieren. Auf dem Weg zu diesen Erkenntnissen unterstützt der Sitzungsleiter seinen Partner durch intensives Zuhören und gezieltes Fragen. Er wertet nicht, er weiß nichts besser.

MindWalking wird bei ganz normalem Tagesbewußtsein durchgeführt, also ohne Hypnose, Medikamente, Drogen[1], rituelle Beschwörungen oder meditative Musik. Vom Sitzungspartner wird volle Bewußtheit gefordert. Mit wachem Geist soll er sich den Bildern aus seiner Innenwelt stellen. Abgesperrte Erinnerungsbereiche öffnen sich dem Zugriff, verdrängte Emotionen wallen auf, werden durchlebt, klingen wieder ab. Emotionales Verständnis ist gefragt, nicht bloß intellektuelles. Kopf und Bauch gemeinsam.

Die Sitzung beginnt mit einem Eingangsinterview. Dabei legt der Sitzungspartner dar, in welchen Bereichen er sein Leben verändern und erweitern möchte. Er stellt sozusagen einen «Wunschzettel» auf. Kommt er im Verlauf des Gesprächs auf spannungsgeladene Bereiche zu sprechen, so entschlüpfen ihm unvermeidlicherweise emotional belastete Äußerungen. Sie bieten den Schlüssel zu Assoziationsfeldern voller Erinnerungen und Vorstellungsbildern, anhand deren der Einstieg zur eigentlichen MindWalking-Sitzung erfolgt. Dadurch, daß sich der Sitzungspartner mit den (oftmals unangenehmen) Inhalten auseinandersetzt, die hier zu Tage treten, und sie bewältigt, steigt allmählich seine Toleranzkraft. Zum Schluß haben die ehemals bedrängenden Bildsequenzen keine Wirkung mehr auf ihn. Er fühlt sich befreit.

Das einzige, was einen Menschen geistig einzuengen vermag, sind seine eigenen negativen Vorstellungen. Diese wiederum sind nicht das Ergebnis irgendwelcher Kleinigkeiten, nicht einmal, wie oft geglaubt wird, einer freudlosen oder schwierigen Kindheit. Vielmehr entstanden sie durch traumatische Situationen von Gewalt und Überwältigung. Solche Urerlebnisse nachzuerleben verlangt die ganze Kraft des Sitzungspartners. Diese Konfrontation zwischen Selbst und Geist einzuleiten ist somit die wesentliche Aufgabe von MindWalking.

Der Sitzungsleiter gibt während der Sitzung zwar seine Hilfestellung, liefert jedoch keine Erklärungen oder «Beratungen». Seine Aufgabe besteht lediglich darin, die genannte Konfrontation zwischen dem Sitzungspartner und seinem Geist einzuleiten und zu führen, bis der Sitzungspartner von innen heraus die Klärung findet, was sich in Befreiung und Heiterkeit äußert.

MindWalking befaßt sich nicht mit der Aufarbeitung körperlicher Beschwerden oder sozialisationsbedingter Konflikte. Es findet auch keine symptomorientierte Therapie statt, sondern eine ganzheitliche, auf spirituelle Erkenntnisse abzielende Persönlichkeitsentwicklung. MindWalking versetzt den Sitzungspartner in die Lage, auf der Basis selbstgewonnener Einsichten sein Leben auf einem höheren Niveau von Zielorientiertheit, Bewußtheit und Verantwortung zu führen als zuvor. Ob er die nötigen Schritte unternimmt, um diese Möglichkeit in die Tat umzusetzen, ist allerdings ihm selbst überlassen.

Elektronische Rückmeldung

Bei der Bewältigung von Blockaden wird aufgestaute Mentalenergie wieder zum Fließen gebracht; dies läßt sich messen. Zu diesem Zweck kommt beim MindWalking ein handelsüblicher Hautwiderstandsmesser zum Einsatz. Das von mir benutzte Modell trägt den Produktionsnamen «Mindwalker». Es handelt sich um einen elektronischen Streßmonitor, der emotionale Verspannungen und Entspannungen anzeigt. Das recht kleine Gerät (etwa so groß wie ein halbes Dutzend aufeinander liegender Tafeln Schokolade) ähnelt den Elektropotentiometern, wie sie auch in der Medizin zur Ableitung von Elektropotentialen benutzt werden.

Der Mindwalker meldet dem Sitzungsleiter den emotionalen Spannungsgrad seines Sitzungspartners. Der Sitzungspartner hält zwei Metallhülsen in den Händen, die Elektroden. Sie sind nicht angeklebt oder sonstwie befestigt; somit hat der Sitzungspartner die Freiheit, sie jederzeit loszulassen, falls er das wollte. Ein Zeiger reagiert auf emotionale Spannungsschwankungen, ein LCD-Display (der «Ladungspegel») gibt die emotionale Spannungshöhe an. Das Gerät reagiert auf den galvanischen Hautwiderstand und dessen Veränderung.

Kurz gesagt: Psychische Spannungen werden als galvanische Schwankungen erfaßt und mit elektronischen Mitteln sichtbar gemacht. Man könnte das Ganze auch «Emotions-Feedback» nennen. Ähnlich wie das bekannte Biofeedback auf der körperenergetischen (physischen) Ebene ansetzt, setzt die hier vorgestellte Methode auf der geistig-emotionalen (psychischen) Ebene an.

Der Mindwalker reagiert nicht auf verstandesmäßige Anstrengungen, wie z.B. auf vorgetäuschte Lockerheit oder Betrübtheit. Vielmehr registriert er die Erleichterung des Sitzungspartners im Moment der Erkenntnis einer persönlichen Wahrheit oder seiner Anspannung, wenn er sich von dieser entfernt. Die psychische Spannungsveränderung führt zu einer Veränderung des Hautwiderstandes, und auf diese wiederum reagiert der Mindwalker. Mit dieser Form der Rückmeldung kann der Sitzungsleiter «heiße Spuren» entdecken, den Sitzungspartner darauf hinweisen und ihn ermutigen, diesen zu folgen. Gerade hierdurch öffnen sich oft unverhofft neue Dimensionen der inneren Wahrnehmung. So hilft der Sitzungsleiter seinem Gegenüber, einer Sache effektiv auf den Grund zu gehen. (Eine technisch ausführlichere Darstellung des Geräts findet sich in den Anmerkungen.[2])

Es sei mit Nachdruck betont, daß die Verwendung des Mindwalkers für das Gelingen einer Sitzung nicht von entscheidender Bedeutung ist. Entscheidend sind das Einfühlungsvermögen und die Beharrlichkeit des Sitzungsleiters. Keine Elektronik könnte das ersetzen. Der Unterschied liegt hauptsächlich im Tempo. Mit Hilfe des Geräts findet der Sitzungsleiter schneller und gezielter Zugang zu den tieferen Dimensionen der Psyche als ohne.

Einfühlungsvermögen und andere wichtige Kommunikationsqualitäten sind beileibe kein Monopol von MindWalking. Sofern man sie berücksichtigt, kann ein persönliches Gespräch selbst dann erstaunliche neue Perspektiven des Verständnisses und der Einsicht auslösen, wenn sich die Gesprächspartner in einer angespannten Situation miteinander befinden. Doch zeigt die Erfahrung, daß es oftmals einfacher ist, sich einer emotionell nicht beteiligten Person gegenüber für persönliche Fragen zu öffnen. Von alters her erfüllen Ansprechpartner wie Seelsorger, Großmütter oder Dorfälteste diese Rolle.

Hinweise zum Inhalt und Aufbau des Buches

Bei MindWalking-Sitzungen zeigt sich eine solche Spannweite von Themen, daß die Aufteilung in zwei Bände naheliegend war. Im ersten Band, den Sie gerade in den Händen halten, geht es um drei Phänomene: um Reinkarnation, geistige Erlebnisse außerhalb des Körpers und telepathische Verknüpfung mit anderen Personen. Im zweiten Band dann wird es noch bunter. Da wird von astralen Welten und mancherlei «unirdischen» Erscheinungen berichtet. Warum? Weil meine Sitzungspartner darauf stoßen, ob sie wollen oder nicht. Meist möchten sie es lieber nicht. Und trotzdem geschieht's.

Um es Ihnen und mir einfach zu machen, hätte ich den Inhalt dieser beiden Bände auf rund 50 Seiten zusammenfassen und mich dabei auf die wesentlichen Aussagen beschränken können. In dieser verknappten Form sähe das Buch etwa wie folgt aus:

«In meiner Praxis treffe ich wiederholt mit Menschen zusammen, die sich, während sie ein gegebenes Lebensproblem auf seine

Ursache zurückverfolgen, an vergangene Leben erinnern. Manche Sitzungspartner werden sich darüber hinaus außerkörperlicher Erlebnisse bewußt, andere ihrer telepathischen Verknüpfung mit Personen der Gegenwart oder Vergangenheit. Gelegentlich wird sogar von der Herkunft aus anderen Welten berichtet. Die Häufung dieser Schilderungen läßt vermuten, daß es sich hier um ein allgemein-menschliches Phänomen handelt, nicht um Sonderfälle verschrobener Individuen. Offenbar liegt in den tieferen Dimensionen der Psyche eine Unmenge an Erinnerungsmaterial höchst ungewöhnlichen Charakters verborgen, das die Vorstellungen und das Verhalten von Menschen bestimmt, ohne daß diese sich dessen bewußt sind. Im Rahmen von MindWalking-Sitzungen zeigt sich, daß beliebige Sitzungspartner ohne vorherige ‹Einschulung› in diese tieferen Dimensionen vorzudringen und sich dieses Material bewußt zu machen vermögen. Weiterhin zeigt sich, daß sie danach ein freieres und unbeschwerteres Leben führen. Offenbar hat das eine etwas mit dem anderen zu tun. Das hieraus ableitbare psychologische Modell stellt sich dar wie folgt: usw., usw.»

Mit diesen wenigen, trockenen Worten wäre im Grunde schon alles gesagt. Aber mitgeteilt wäre auf diese Weise nur wenig und belegt gar nichts. Der Leser wäre darauf angewiesen, es zu glauben. Doch wie sollte er? Schließlich sind Phänomene wie vergangene Leben, geistige Reisen außerhalb des Körpers, Telepathie und Astralwelten keine Selbstverständlichkeiten. Weit davon entfernt, wissenschaftlich bewiesen oder auch nur Teil der wissenschaftlichen Diskussion zu sein, zählen die genannten Erscheinungen zu den äußersten, nur hinter vorgehaltener Hand erwähnten Grenzbereichen unserer Weltanschauung.

Da die Bekanntheit und Akzeptanz solcher Phänomene nicht bei allen Lesern ohne weiteres vorausgesetzt werden kann, bin ich als Psychologe und Autor aufgerufen, zu erklären und zu belegen, wie ich dazu komme, sie als gegeben anzunehmen. Die Antwort darauf kann nicht nur sein: «Weil mir Sitzungspartner verschiedenster Nationalität, unterschiedlichster Herkunft und aller Altersgruppen, Menschen also, die einander nicht kennen, immer wieder davon berichten.» Auch hiermit wäre dem Leser nichts Greifbares mitgeteilt. Die erforderliche Antwort muß *inhaltlich* sein. Sie muß darauf eingehen, was meine Sitzungspartner tatsächlich berichten, wenn sie ihre Psyche durchforschen. Also erzähle ich von Erwin, der sich daran erinnert, in einem vergangenen Leben als feindlicher Agent auf sehr unappetitliche Weise zu Tode gefoltert worden zu sein; von Wolfgang, der sich als Trinker an der Bar von außerhalb seines Körpers beim Trinken zuschaut; von Corina, die sich als «einschwebender Geist» einen im Mutterleib heranwachsenden Fötus ausgesucht hat und zu ihrer Bestürzung entdecken muß, daß dieser bereits von einem anderen Wesen belegt ist ... Um nur einige zu nennen.

Ich hätte eine unterhaltsame Anekdotensammlung zusammenstellen können mit dem lakonischen Kommentar: «Siehst du, lieber Leser, solche Erinnerungen lassen sich in den dunklen Kammern der Psyche aufspüren.» Berechtigter Kommentar von kritischer Seite: «Alles Einbildung. Das sind keine echten Erinnerungen, das ist freie Phantasie. Das haben sich die Leute aus den Fingern gesogen.»

Dieser Zweifel ist berechtigt. Wie läßt sich also meine Auffassung belegen, daß die Erinnerungen meiner Sitzungspartner authentisch sind und nicht zusammenkonstruiert? Erstens mit dem Verweis darauf, daß ein Sitzungspartner viele Stunden lang kämpfen muß, bevor er bestimmte Zusammenhänge für sich abschließend erkennen kann, um sie dann mit einem Schmunzeln als «Anekdote» wiedergeben zu können. Hätte er sich lediglich mit einer spannenden Geschichte interessant machen wollen, so hätte er das einfacher haben können. Zweitens sind diese erinnerten Geschehnisse zumeist brutal, oft ekelerregend und manchmal auch gruselig. Es macht wenig Spaß, sie zu erzählen. Man möge sich bitte nicht vorstellen, daß ein Sitzungspartner seine schmerz- und angsterfüllten Erlebnisse einfach teilnahmslos «runterspulen» würde. Vielmehr muß man als Sitzungsleiter lange und beharrlich nachfragen, bis sich das nächste Informationspaket öffnet, und muß auch ständig darauf gefaßt sein, daß der Fall eine völlig unerwartete Wendung nimmt. Eine Menge psychologischer Detektivarbeit ist hier vonnöten! Drittens sei nicht zu vergessen, daß meine Kunden nicht das Ziel verfolgen, sich zu esoterischen Höhenflügen aufzuschwingen, sondern daß sie mit Hilfe ihrer MindWalking-

Sitzung hartnäckige Lebensprobleme untersuchen, entlasten und bewältigen möchten.

Weder dem Sitzungspartner noch mir bereitet es Vergnügen, stundenlang Details von Unfalltod, Verstümmelung, Folter, Mord und Vergewaltigung zu sichten, bis zu guter Letzt die emotionale Spannung verraucht ist und das Erlebnis als neutralisiert gelten kann. Ich darf davon ausgehen, daß auch dem Leser derartige Vergnügungen fremd sind. Dennoch finden Sie solche Geschehnisse im Detail wiedergegeben. Warum? Weil ich es der Sache und meinen Sitzungspartnern schuldig bin, nicht nur zu beschreiben, was sich im Endergebnis ereignete, sondern auch, wie es dazu kam. Zur Realität einer Sitzung gehört die Verblüffung des Sitzungspartners beim Herausfinden scheinbar abwegiger Zusammenhänge ebenso wie die Vermutungen, Vorstöße und Umwege im Verlauf des Herausfindens, das emotionale Auf und Ab, der ganze Aufwand an detektivischem Spürsinn von seiten beider Beteiligten.

Weiterhin möge man bedenken, daß die Negativprogramme, die sich im dunklen, unbewußten Teil der Psyche eingenistet haben und aus dem Hintergrund das Leben der Menschen bestimmen, immer und unweigerlich auf existentiellen Grenzsituationen der Vernichtung und Überwältigung beruhen. Der Glaubwürdigkeit halber ist es da unerläßlich, dem Leser vor Augen zu führen, in welcher Detailliertheit sich solche Situationen ins Gedächtnis eingefressen haben und welche Verhaltensparallelen zwischen dem Damals und dem Heute bestehen. Unsere Gegenwart und Zukunft werden aus den unaufgeräumten Winkeln unserer Erinnerungsspeicher heraus dirigiert.

Dieses Buch könnte in einigen Passagen langweilig, in anderen abstoßend erscheinen. Es könnte stellenweise so kitschig und sentimental wirken wie ein Groschenroman. Aber wie sollte es auch anders sein? Schließlich können Horrorstories oder Liebesschnulzen nur deshalb Erfolg haben, weil sie im Geist des Lesers oder Kinobesuchers bereits angelegt sind und deshalb auf Resonanz stoßen.

Um jemandem bei der Entlastung der Bürde seiner Vergangenheit unterstützend zur Seite zu stehen, muß ich ihn seine subjektive Wahrheit finden lassen, bis er einen solchen Abstand zu seinen

Erinnerungsbildern gewonnen hat, daß er über etwas schmunzeln kann, was ihn Stunden zuvor noch erschreckte. Und diese seine Wahrheit muß ich ihm lassen – auch dann, wenn sie mit einer objektiven Wahrheit kollidiert.

Um's auf den Punkt zu bringen: Als MindWalking-Trainer betrachte ich es als meine Aufgabe, meine Kunden mit ihrer Vergangenheit zu versöhnen, so daß sie sich auf eine von ihnen selbst gewählte Zukunft ausrichten können. Wenn mir ein Sitzungspartner auf dem Weg dorthin von Reinkarnationen oder Gesprächen mit verstorbenen Ahnen erzählt, dann nicht etwa, weil er hinter Psychoabenteuern her wäre oder ich solche aus ihm herauskitzeln wollte, sondern weil sich das von selbst so ergibt – vorausgesetzt, man fragt gründlich nach und hört genau zu.

Und genau dies – daß sich das von selbst so ergibt – halte ich für bemerkenswert.

Ich halte es für bemerkenswert, daß Menschen beim Durchforschen ihrer Psyche unaufgefordert immer wieder auf die gleichen Phänomene stoßen: Reinkarnation, telepathische Vernetzung, Dialog mit dem körperlichen Vitalfeld, Astralwelten. Grund genug, davon zu berichten.

Ich will mit diesen beiden Bänden sagen, daß wir alle aus dem gleichen Holz geschnitzt sind, nach den gleichen Regeln spielen und unabhängig von Kultur und Rasse zu vergleichbaren Erinnerungen und Einsichten kommen. Zwar mag die Schale bei allen unterschiedlich ausschauen, der Kern aber ist der gleiche.

Eine Beurteilung der genannten Phänomene im Sinne von «objektiv richtig oder nicht» steht mir nicht zu. Zwar kann ich für die Authentizität einer Erinnerung bürgen, nicht aber dafür, ob sie auf eine objektive Wahrheit verweist. Lesen Sie selbst, urteilen Sie selbst.

Kein Allheilmittel

Mancher Leser mag im Verlauf dieses Buchs den Eindruck gewinnen, MindWalking sei ein Allheilmittel für jedermann zu jeder Zeit. Dem ist gewiß nicht so. Ziel von Persönlichkeitsentwicklung ist die

Steigerung von Sensibilität, von Liebesfähigkeit, Umsicht und Rücksicht. Der Weg dorthin führt über viele Hürden und viele Leitern. MindWalking bietet eine der möglichen Leitern zur Überwindung der einen oder anderen dieser Hürden an, mehr nicht. Jeder soll seine eigenen Erkenntnisse gewinnen dürfen, jeder auf seine Weise.

Was im vorliegenden Buch nicht zur Sprache kommt, aber unbedingt erwähnt werden sollte, ist die Tatsache, daß es ein Leben braucht, um ein Leben zu reorganisieren. Man möge bitte nicht glauben, ein intensiv mit MindWalking verbrachtes Wochenende könnte das Dasein in eine rosa Wolke verwandeln. Natürlich gelingt es mit MindWalking, ein Fenster zu öffnen und die fernen Berge zu erblicken, Berge, von denen man immer ahnte, daß es sie geben müsse, nach denen man sich mit ganzer Seele sehnt; aber der Marsch dorthin, der muß trotz allen Frohlockens immer noch gemacht werden.

Wovon in diesem Buch also nicht die Rede sein wird – da abseits vom Thema – ist die Disziplin und die Konsequenz, die es den Sitzungspartner kostet, seine gewonnenen Erkenntnisse in den Alltag zu integrieren, sei es mit oder ohne Unterstützung des MindWalking-Trainers. Mancher nämlich schließt das Fenster mit dem prächtigen Ausblick wieder, in der frohen Gewißheit, daß er nun sicher weiß, daß es sie gibt, die fernen Berge, und beläßt es dabei. Gut so. Er hat einen Orientierungspunkt gewonnen. Einem anderen aber läßt das keine Ruhe mehr; er muß hin zu den Bergen, koste es, was es wolle. Er spürt es in sich, sich zu verwirklichen, macht sich auf den Weg und scheut die Mühen nicht. Auch gut. Jeder, wie er kann und wie er will; jeder zu seiner Zeit. Die einer Sitzungsreihe folgenden Schritte müssen aus der Interaktion zwischen dem eigenen Selbst und der Welt heraus erwachsen; man kann sie nicht erzwingen.

Hinweise zum Buchtext

Auswahl und Darstellung der angeführten Sitzungsprotokolle: Ein Großteil dieses Buches beruht auf Sitzungsprotokollen aus den Jahren 1996 bis 2003. Sitzungsprotokolle kommen dadurch zustande, daß der Sitzungsleiter stichwortartig mitschreibt, also nicht erst hinterher zusammenfassend protokolliert. Die Mitschrift gibt die wörtliche Rede des Sitzungspartners wieder, zwar in Stichworten, aber dennoch wörtlich. Oft kommen dabei derbe oder mundartliche Wendungen vor. Auch Beobachtungen zur körperlichen und emotionalen Befindlichkeit des Sitzungspartners werden vermerkt (z. B. «Tränen», «lacht», «zuckt» usw.). Die Wiedergabe der Protokolle in diesem Text gibt deren stichwortartigen Charakter wieder. Dies mag beim Leser den Eindruck erwecken, als redeten meine Partner in ihren Sitzungen immer sehr abgehackt; tatsächlich reden sie aber ganz normal und flüssig. Gelegentlich – wenn die Mitschrift allzu sparsam war und Gefahr besteht, daß für den Leser der Sinnzusammenhang verlorengehen könnte – habe ich mir erlaubt, «Füllwörter» einzusetzen. Ansonsten liegt hier authentisches Material vor.

Beim Lesen mag der Eindruck entstehen, die Sitzungen liefen wie am Schnürchen und der Sitzungspartner fiele von einer Erkenntnis in die andere. Doch sieht die Realität oftmals ganz anders aus: Der Sitzungspartner denkt lange nach, sucht in seinen Erinnerungen, kommt hier zu einer Schlußfolgerung und dort zu einer Einsicht, und erst am Ende fügt sich alles zusammen und wird plausibel. Diesen allmählichen Erkenntnisprozeß akkurat wiederzugeben wäre sehr langatmig und für den Leser reizlos. Hier habe ich im Sinne der Lesbarkeit den oft stundenlangen Verlauf zusammengefaßt, «die Rosinen herausgepickt» und relevante Zitate aneinandergereiht. Dadurch bekommen manche Sitzungen einen weitaus strafferen Charakter, als sie tatsächlich hatten. Damit man sich die tatsächliche Sitzungsdynamik besser vorstellen kann, verweise ich am Ende jeder Sitzungsdarstellung auf die Sitzungsdauer, also z. B. «Sitzungsdauer: 3:17 Std.» (3 Stunden und 17 Minuten).

Ausgewählt wurden die Sitzungen nach Maßgabe ihrer Darstellbarkeit. Manche Sitzungen beleuchten ein bestimmtes psychisches Phänomen sozusagen «in Reinkultur» und eignen sich daher gut zur Darstellung, andere hingegen, die das gleiche Phänomen enthalten mögen, sind vielleicht zu vielschichtig, um darstellbar zu sein. Man möge also bitte nicht glauben, daß bestimmte Erscheinungen nur bei bestimmten Menschen aufträten und bei anderen nie. Das Umgekehrte ist der Fall. Die nicht inspizierten Hinterstübchen der Psyche haben bei uns allen mehr oder weniger den gleichen Inhalt, wenn auch in unterschiedlicher Intensität und Ausgeprägtheit.

Datenschutz: Um die Identität meiner Klienten zu schützen, wurden Namen, Alter, Berufe wie auch die Örtlichkeit des Geschehens geändert.

Namensnumerierung in der Überschrift: Die Überschrift einer Sitzungsdarstellung enthält jeweils den (geänderten) Namen des betreffenden Sitzungspartners. Wird der gleiche Sitzungspartner mehrfach zitiert, so folgt seinem Namen eine römische Zahl in Klammern, wie etwa «Kurt (I)», «Kurt (II)», «Kurt (III)» usw. Die Numerierung ist für Band I und II durchlaufend.

Exkurse: Exkurse sind «Ausflüge». Die Hauptlinie des Textes besteht aus Beispielen aus der Praxis; von dieser Linie führen die Exkurse ab und leuchten die Befunde in verschiedener Hinsicht aus. Sie sind so etwas wie geistige Verdauungsspaziergänge oder eine Erkundung benachbarter Themenbereiche.

Hochgestellte Zahlen verweisen auf die «Anmerkungen und Literaturverweise» am Ende des Buches. Diese enthalten weiterführende Kommentare, die den Rahmen des laufenden Textes sprengen würden, sowie einige persönliche Buchempfehlungen zum entsprechenden Thema. Im Buchtext selbst möchte ich hauptsächlich die Erlebnisberichte anführen. In den Exkursen soll erläutert werden, was sich aus diesen Beobachtungen ableiten und schlußfolgern läßt. Nur in den Anmerkungen bringe ich gelegentlich Hinweise darauf, daß auch andere Forscher und Quellen auf ähnliche Erkenntnisse gekommen sind, sowohl in den alten Kulturen wie auch in der zeitgenössischen Psychologie und Quantenphysik. Dies ist bei weitem keine vollständige Aufzeigung von Parallelen, denn das Anliegen dieses Buches ist nicht die «vergleichende Religionswissenschaft»!

Dank

Daß ich, der Autor, mich im Verlauf von drei Jahrzehnten zu dem vorgetastet habe, was ich jetzt «MindWalking» nenne, soll keineswegs heißen, daß ich es «erfunden» hätte. Vielmehr reite ich – wie jeder andere, der sich etwas ausdenkt und darüber ein Buch schreibt – «auf den Schultern von Riesen», wie man so sagt, mithin auf den Schultern meiner Vorgänger. Der Quellen sind viele, und dem geschulten Leser wird dies nicht verborgen bleiben. Zum großen Teil sind sie im Literaturverzeichnis erwähnt.

Mein besonderer Dank gilt meinen Sitzungspartnern, die den Mut, die Kraft und die Zeit fanden, sich den Geheimnissen ihrer Psyche zu stellen. Ebenso gilt mein Dank dem Team des Govinda-Verlages, insbesondere meinem Lektor Armin Risi für seine wertvollen Hinweise.

ERSTER TEIL

Das Damals im Jetzt

Von verschütteten Erinnerungen, vergangenen Inkarnationen und deren Auswirkung auf die Gegenwart.

KAPITEL 1

Verschüttete Erinnerungen werden frei

Ludwig (I): Trauernder Witwer kann wieder lachen

Ludwig, 74 Jahre alt, kann nicht schlafen. Eine würgende Angst weckt ihn nachts auf. «Als wollte mich einer für was bestrafen», sagt er, «als sitze einer vorne drauf und drückt». Er fragt sich, ob er dabei sei, überzuschnappen. Deswegen die Sitzung.

Im Eingangsinterview finde ich heraus, daß Ludwig dieses Drükken schon seit Jahren kennt. Er vermutet, daß es auf eine Kriegsverletzung zurückgehen könnte. In Rußland war Ludwig eingekesselt gewesen. Mit seinen Kameraden in einer Bauernkate verschanzt, hört er noch das Rauschen einer anfliegenden Bombe, dann kracht es, er wird ohnmächtig. Als er zu sich kommt, hat er einen Splitter im Rücken. Nach Kriegsende litt er noch jahrelang unter Lungen- und Bronchienproblemen und wurde mehrfach operiert. Er hat nur noch einen Lungenflügel. Seine Frau stand Ludwig damals tapfer zur Seite. Es war eine schwere Zeit.

Als Ludwig über seine Frau spricht, kommen ihm die Tränen. Sie ist erst vor einem halben Jahr verstorben – nach 52 Ehejahren. So gewaltig war der Schock, unter dem Ludwig stand, daß er erst nach ihrer Beerdigung zu sich kam und begriff, was da geschehen war. Beim Abwickeln der üblichen Vorbereitungen und Formalitäten hatte er wie in Trance gehandelt.

Nach der Beerdigung wurde der nächtliche Brustdruck heftiger; Ludwigs Angst steigerte sich. Er griff zu Beruhigungsmitteln, ging zum Psychiater, nahm mehr Beruhigungsmittel, schlief immer weniger.

Soviel zum Eingangsinterview, das knapp eine Stunde dauerte. Was Ludwig lösen will, sind seine nächtlichen Ängste und der Druck auf der Brust, «als wollte ihn einer für was bestrafen». Hängen diese Erscheinungen wirklich mit Ludwigs traumatischem* Kriegserlebnis zusammen, wie er selbst glaubt? Dagegen spräche, daß er so locker über seine doch schwere Verletzung durch den Bombensplitter erzählen konnte, als handelte es sich um nicht mehr als eine spannende Anekdote. Als er jedoch seine Frau erwähnte, da kamen ihm die Tränen. Offenbar hat er das Kriegserlebnis gut verarbeitet, den Verlust seiner Gattin aber nicht. Diese schwere emotionale Belastung steht im Vordergrund. Sie muß abgebaut werden, bevor wir uns mit der tiefer verborgenen Ursache für Ludwigs Brustdrücken beschäftigen können, wo immer sie zu finden sein mag.

In unserer ersten Sitzung, direkt im Anschluß an das Eingangsinterview, bitte ich Ludwig, mir vom Tod seiner Frau in allen Einzelheiten zu berichten. Eine Woche lang, so erzählt er, hätte sie eine Virusgrippe gehabt, dann starke Herzschmerzen; der Notarzt sei gekommen, man habe sie ins Krankenhaus gebracht. Er sei mitgegangen und danach wieder nach Hause gefahren. Am nächsten Tag rief man ihn an, er eilte ins Krankenhaus: Seine Frau lebte nur noch durch Geräte. Schlagartig wurde ihm die Tragweite der Situation klar: «Ich habe verloren, was ich geliebt habe.» Der vergrabene Schmerz quillt in Ludwig wieder hoch, als er darüber spricht; er bricht in Tränen aus.

Um das Erlebnis zu entlasten, lasse ich es Ludwig mehrfach erzählen. Nur so wird es ihm gelingen, sich allmählich für seine verdrängten Emotionen zu öffnen. Denn als sich das Geschehnis aktuell ereignete, konnte Ludwig es nicht voll erfassen und verkraften. Er mußte sich dagegen wehren. Deswegen – als «Lösung» – hat er es verdrängt, abgesperrt, zugeschüttet. Aus diesem Grunde gelingt es ihm natürlich auch nicht, das Erlebnis so flüssig zu erzählen, wie er gerne möchte. Er will das zwar, kann es aber nicht. Er ringt mit

* «Traumatisch» ist abgeleitet von dem griechischen Wort «Trauma», das «körperlicher oder seelischer Schmerz» bedeutet (Mehrzahl: Traumata).

den Details. Manches ist für ihn so schrecklich, daß er es kaum auszusprechen vermag. Und mit jedem Aussprechen quillt gleich noch mehr empor! Aber das ist gut so; wir lösen die Mauern der Absperrung auf.

Erst jetzt, im nachhinein also, bewältigt Ludwig das, was sich vor einem halben Jahr ereignete.

Das Geschehnis, vom Notarzt bis zur Beerdigung, umfaßte einen Zeitraum von etwa zwei Wochen. Ludwig erzählt sein Erlebnis wiederholt – zehnmal, zwölfmal immer wieder durch –, und jedesmal kommt neues Material ans Tageslicht. Ludwig muß sein ursprüngliches Erlebnis inhaltlich wie auch emotional voll wiedererlebt haben, bevor es als neutralisiert gelten kann. Erst dann wird er sich erleichtert fühlen; erst dann wird die Vergangenheit für ihn wirklich Vergangenheit sein, statt sich störend in seine Gegenwart hineinzudrängen. Wie sehr sie hereindrängt, läßt sich am Ausmaß von Ludwigs emotionalen Reaktionen ermessen und an der Zeit, die benötigt wird, um diese zu neutralisieren. Nur wer mit Gelassenheit und Humor über seine Schicksalsschläge zu berichten vermag, hat sie wirklich bewältigt.

Zwei Tage lang, insgesamt zehn Stunden, wird dieser Vorgang der Entlastung und Neutralisierung dauern. Warum so lange? Weil man nach 52 Ehejahren nicht über den Tod seiner Frau sprechen kann, als hätte es diese Jahre nicht gegeben. So eng läßt sich der Fokus unmöglich halten, daß wir uns auf die kritischen zwei Wochen beschränken und das Gesamterlebnis Ehe dabei aussperren könnten. Was sich in unseren Sitzungen also tatsächlich ereignet, ist die Aufarbeitung des gesamten Ehelebens dieses Paares, nicht nur des Ablebens der Ehefrau. Viel alter Gram und Groll kamen da in Ludwigs Erinnerung hoch, viele Verletzungen, viel Hilflosigkeit. Aber trotz allem: «Als ich sie im Sarg liegen sah, da war das alles wie weggeblasen [schluchzt]. Aber rational habe ich das nie bewältigt, immer nur alles an die Seite gedrückt, mir oft gewünscht, das auszuweinen [Tränen].»

Erst gegen Ende der Sitzung kristallisiert sich der dramatische Höhepunkt des Geschehens heraus: Ludwig sieht seine Frau aufgebahrt liegen – hinter einer Glaswand! Er kann sich ihr nicht mehr nähern. Sie ist ihm entzogen, für immer entschwunden, ungreifbar geworden. «Da war alles Negative auf einmal weg [schluchzt laut auf]. Ich habe sie geliebt, und jetzt ist sie fort!»

In diesem Moment traf ihn der härteste Schock; erst hier erfolgt der Zusammenbruch. Denn bis zu diesem Zeitpunkt herrschte irgendwie noch Hoffnung, zumindest die auf einen Abschied. Danach war nichts mehr.

Zuletzt wenigstens wollte er ihr «noch einmal zeigen, daß sie meine Liebe war, das Trennende überbrücken, in Frieden abschließen, eine Friedensbrücke bauen». Es war ihm nicht vergönnt. Ohne die trennende Glasscheibe hätte er es ihr sagen können, hätte gewußt, daß sie es hört; doch es sollte nicht sein.

Danach geschah es ihm, daß «regelrechte Lebensangst» einsetzte, «als müßte ich mich umbringen», «zwei Stimmen in mir, die eine will die andere übertönen, ein richtiger Kampf!» Von nun an wird der bislang nur hintergründig wirkende Brustdruck stark und stärker.

Heute, am ersten Tag, haben wir 4:26 Stunden in Sitzung verbracht. Langsam setzt Entspannung ein. Die Tränen kommen seltener, die Stimme bleibt ruhig; gelegentlich gerät Ludwig sogar in Zorn, z. B. auf den jungen Notarzt und dessen rüdes Verhalten. Die Stimmung steigt also, denn Zorn ist immerhin eine kraftvollere Gemütslage als Traurigkeit. Manchmal zeigen sich sogar Interesse und Neugier: «Wie war das eigentlich jetzt genau?» fragt sich Ludwig und untersucht eine Szene selbständig von einem neuen Blickwinkel aus. Hier und da blitzt auch schon einmal Heiterkeit auf: «Mit ihr als Toter hätte ich wenigstens reden können, ohne daß sie mir ins Wort fällt.»

Doch noch ist nicht alles ausgestanden. Am zweiten Sitzungstag brauchen wir noch weitere 3:38 Stunden, bis sich alles gelöst hat. Zwar gelingt es Ludwig schon recht bald, vom eigentlichen Sterben seiner Frau unbelastet zu erzählen, aber die endgültige Erleichterung setzt erst ein, als wir den Bogen noch einmal weit bis zum Anfang hin spannen und die Zeit wiederaufleben lassen, als sich die beiden kennenlernten. «Von da ab hatte ich nicht mehr die Idee, woanders hinzugehen. Sie ist mein Mädchen, das war klar.» Ludwig lacht fröhlich, als er daran denkt. Er kann nun an die schönen Zeiten denken, ohne daß seine Freude durch die schlimmen Zeiten getrübt wird. Er hat die schlimmen Zeiten bewältigt.

Sitzungsdauer bis hierhin: zehn Stunden an zwei aufeinanderfolgenden Tagen, Eingangsinterview eingeschlossen.[3]

Unsere nächste Sitzung ist für den nächsten Morgen geplant, den dritten Tag, denn das eigentliche Wunschthema «Brustdruck und Angst» ist ja bislang noch nicht zur Sprache gekommen. In der vergangenen Nacht hat Ludwig seine Beschwerden nämlich erneut gespürt. Wir versuchen nun, ihren Ursprung zu finden. Es hat etwas mit dem schon im Eingangsinterview erwähnten Rußlandfeldzug zu tun, denn nach einer touristischen Reise durch Rußland vor ein paar Jahren wurde es schlimmer. Rußland scheint eine Auslösefunktion zu haben. Irgend etwas in Rußland bewirkte, daß sich in Ludwigs Psyche etwas einschaltete. Was schaltete sich da ein? Zum wiederholten Mal fällt das Stichwort «Lebensangst».

Welches Erlebnis steckte ursprünglich hinter dieser Lebensangst? Irgendein Urerlebnis zum Thema Lebensangst mußte zu Zeiten der Rußlandreise notwendigerweise bei Ludwig bereits abgespeichert gewesen sein, sonst hätte es sich während einer harmlosen Rußlandreise nicht einschalten können. Wir finden es im Rußlandfeldzug. Ich zitiere aus dem Sitzungsprotokoll: «Im Krieg, ich bin beim Stoßtrupp. Liege im Gras, beobachte, höre Gewehrgranaten, die ich noch nicht kenne. Und wir dann los. Nachts! Aber Feindberührung, und wir müssen zurück. Wohin? Eine Heidenangst! Bin einfach gerannt. Da lernt man die Angst! Aber besser fünf Minuten Angst als ein Leben lang tot!»

Ludwig muß lachen. Er entspannt sich. Er hat die Situation wiedererlebt und sie bewältigt. Das hat diesmal nur knappe 40 Minuten gedauert, weil Ludwig durch die Bewältigung des Verlustes seiner Frau enorm viel Auftrieb gewonnen hat. Seine Toleranzkraft ist gestiegen. Er kann nun schneller erfassen und verkraften, was aus der Tiefe seiner Psyche in ihm emporsteigt. Gut so.

Mit «Toleranzkraft» meine ich die geistig-seelische Kraft, die einen in die Lage versetzt, die Dinge des Lebens mit Humor und Gelassenheit zu nehmen. Wer über große Toleranzkraft verfügt, vermag selbst noch da vieles zu erfassen und zu verkraften, wo ein anderer mit geringerem Lebensmut bereits verzagen würde.

Ludwigs Angst haben wir nun entschärft. Offenbar existierte sie separat zu dem Brustdruck, denn der ist immer noch da. Wo kommt er wohl her? Erst in einer späteren Sitzung wird es sich herausstellen. Um's vorwegzunehmen: Er entstand dadurch, daß jemand Ludwig verfluchte. Um dem Leser dies begreiflich machen zu können, müssen zuvor noch einige Zusammenhänge geklärt werden. Bitte gedulden Sie sich bis Kapitel 7.

Bleibt die Frage, warum wir nicht gleich im ersten Anlauf zum Kern der Sache vorstießen. Weil man als Sitzungsleiter nur der Aufmerksamkeitsrichtung des Sitzungspartners folgen und da entlasten kann, wo es ihn hinzieht. Nur so stößt man allmählich auf das Urerlebnis.

Exkurs: Wie Verdrängung funktioniert

Zum besseren Verständnis der Sitzung mit Ludwig sollten wir an dieser Stelle vielleicht einen kleinen Ausflug in die Theorie machen. Wie funktioniert Verdrängung?

Verdrängung setzt nicht erst nach einem traumatischen Erlebnis ein, hinterher also, sondern bereits *während* seines Ablaufs. Der entscheidende Augenblick ist der der Überwältigung: Der Betroffene erkennt mit Entsetzen, daß es für ihn keinen Ausweg mehr gibt, daß er zum Opfer der Umstände geworden ist. Seine Vorhaben und Pläne sind zunichte geworden. Dabei macht es keinen Unterschied, ob er nur glaubt, es gäbe keinen Ausweg mehr, oder ob das tatsächlich so ist. Entscheidend ist seine persönliche Einschätzung der Situation. Beispiel: Jemand wird von einer Lawine verschüttet und gibt sich auf. Dieses Sichaufgeben ist der dramatische Höhepunkt des Geschehens; hier setzt die Traumatisierung ein. Keine Hoffnung mehr! Alles vorbei, aus.

Wird er viele Stunden später ganz unerwartet doch noch gerettet, so verfliegt dadurch das Trauma nicht. Es bleibt verankert, solange es nicht bewußt gemacht und bewältigt wurde.

Sieht sich jemand als Opfer, so erreicht sein geistiger Widerstand in diesem Moment das Maximum. Ein letztes Aufbegehren! Körperlich wehrt sich der Betroffene mit Händen und Füßen; auf geistiger Ebene schiebt er seine Willenskraft dagegen. Er will nicht Opfer sein, er leistet Widerstand. Ein Kampf ums körperliche und geistige Überleben. [4]

Wille, das ist Kraft, das ist geistige Energie, Mentalenergie. Vergleichsweise gesprochen, bläst der Unglückliche in letzter Sekunde blitzartig einen «Airbag» aus Mentalenergie auf, um sein Unglück abzufedern. Weil der Betroffene nicht erleben will, was da auf ihn einstürzt, errichtet er eine geistige Blockade. Er «mauert». Dennoch weiß er, wie ihm geschieht. Er weiß es und wird es immer wissen. Gleichzeitig aber will er es nicht wissen, weder jetzt noch in Zukunft. Er befindet sich also in ständigem Kampf gegen sich selbst. Was für eine Spannungsquelle, was für eine Quelle negativer emotionaler Energie!

Dieses sein Wissen ist unvergänglich. Keiner kann es ihm abnehmen, es ungeschehen machen; für alle Zeiten bleibt es mit ihm. Die einzige Abhilfe für ihn wäre, sich die grausigen Details irgendwann einmal in aller Gründlichkeit anzuschauen und sie abschließend wiederzuerleben. Doch wäre das von dem Betroffenen zuviel verlangt. Allein würde er es nicht schaffen. Seine Toleranzkraft würde dazu nicht ausreichen.

Nachdem wir etwas wahrgenommen haben, wird es aufgezeichnet und «im Hinterstübchen» abgelegt. Eine solche mentale Aufzeichnung nenne ich «Mentaldatei». Eine Mentaldatei anlegen ist nicht weiter schlimm; schließlich machen wir es dauernd, sonst könnten wir uns an nichts erinnern. Schlimm wird es erst dann, wenn wir von den angelegten Mentaldateien nichts mehr wissen wollen, sondern sie absperren und dadurch unzugänglich machen. Warum tun wir das? Weil wir uns mit dem Schrecken der ursprünglichen Situation nicht nachträglich noch einmal auseinandersetzen wollen.

Doch selbst nach dem Absperren kocht eine Mentaldatei im Hintergrund noch weiter vor sich hin. Das Absperren nützt nichts. Der Betroffene weiß nun mal, was er weiß, selbst wenn er vor sich selbst nach besten Kräften so tut, als wüßte er von nichts. Er braucht nur an einen passenden Auslöser zu geraten, der ihn an seine Vergangenheit erinnert, und schon reagiert er emotional übersteigert, irrational, unvernünftig.

Hier ein Gleichnis für Verdrängung und nachfolgende Einschaltung: Man stelle sich den unbewußten Teil der Psyche wie eine Kiste mit festverschlossenem Deckel vor, in der furchterregende Teufel hausen. Man stelle sich weiterhin vor, daß wir diese Kiste ständig mit uns herumschleppen, den Schlüssel weggeworfen haben und möglichst noch auf ihr draufsitzen, damit bloß der Deckel nicht aufgeht. Das ist Verdrängung. Kommt es nun zu dem, was ich als «Einschaltung» bezeichne, so würde in diesem Augenblick der Deckel dieser «Psychokiste» aufspringen, die eingesperrten Teufel würden ausbrechen und einem die Hölle heiß machen.

Verdrängung läuft nicht automatisch ab, sondern ist gewollt – sozusagen aus Selbstschutz. Man will seine Urerlebnisse hinter Schloß und Riegel verwahren, damit sie einen im Alltag nicht durcheinanderbringen. Im Moment der Überwältigung macht man verständlicherweise einfach dicht, sonst könnte man hinterher, etwa nach einem Unfall, überhaupt nicht mehr funktionieren. Man befände sich im Schockzustand, wäre starr, stumpf, hilflos und würde eventuell umkommen oder andere umkommen lassen. Indem man den Schrecken des Moments absperrt, gelingt es einem, weiterhin sinnvoll zu agieren. Der Nachteil dieses Überlebensmechanismus ist aber der, daß die aus gutem Grund abgesperrte Mentaldatei hinterher nur noch mit großen Schwierigkeiten geöffnet und entschärft werden kann.

Im Unterschied zu Computerdateien können Mentaldateien übrigens nicht gelöscht werden. Mentaldateien werden lediglich entschärft. Zwar werden die emotionalen Spannungen neutralisiert, das Wissen aber bleibt bestehen, nun allerdings in entspannter Form. Auf diesen Unterschied aber kommt es an! Denn entspanntes Wissen tut nicht weh, selbst wenn es um schreckliche Inhalte gehen sollte. Das bedeutet, daß man mit solchem Wissen rational umgehen kann. Abgesperrtes Wissen führt zu Irrationalität, bewältigtes Wissen zu innerer Distanz, die Rationalität möglich macht.

Je mehr solcher abgesperrten Dateien im Hintergrund vor sich hinkochen, desto schwerfälliger und mißlauniger wird man im Alltag, desto starrer und enger wird der Verhaltensspielraum. Kein Wunder, denn man möchte keinerlei Einschaltungen bewirken, keine schlafenden Hunde wecken, keine Leichen im Keller wiederbeleben. Die Toleranzkraft für Alltagsstreß sinkt.

Die unbewußte Abteilung der Psychokiste besteht aus all den Ereignissen, an die wir uns lieber nicht zurückerinnern wollen. Und warum nicht? Weil sie traumatisch sind. Weil sie damals weh taten und auch heute noch weh tun. Was in unserem Unbewußten vergraben liegt, das haben wir selbst dort beerdigt (in der Hoffnung, daß Gras darüber wächst).

Wie löst man eine Absperrung auf? Durch wiederholtes Erzählen. Dabei führt sich der Sitzungspartner vor Augen, was damals ablief, wann und wo es war, wer dabei war, usw. So konkret wie möglich. Das wiederholte Erzählen bringt mit sich, daß das Greifbare allmählich entlastet wird und sich das weniger Greifbare dadurch dem Zugriff öffnet. Erst nach Entlastung aller Seitenaspekte gelingt es dem Sitzungspartner schließlich, auf den Kern eines Urerlebnisses zuzusteuern, auf den eigentlichen Moment der Überwältigung. Nun vermag er diesen Kern anzuschauen, ihn auszusprechen und zu akzeptieren – und erst dadurch löst sich die Spannung insgesamt.[5]

Paul (I): Mentaler Blackout

Es folgt ein Erlebnis aus einer Partnersitzung zwischen zwei Kursteilnehmern während eines MindWalking-Basiskurses. Paul, 32 Jahre alt, selbständiger Unternehmer, hat oft das nagende Gefühl, bei gesellschaftlichen oder geschäftlichen Anlässen nicht ernst genommen zu werden. Dies verletzt und reizt ihn, und gleichzeitig läuft sein Gesicht rot an, was die Sache noch schlimmer macht. Er fühlt sich anderen regelrecht ausgeliefert. In solchen Augenblicken glaubt er: «Es ist alles vorbei!»

Diesen Satz greift die Sitzungsleiterin auf und läßt Paul Gelegenheiten zurückrufen, als er glaubte, «es ist alles vorbei».[6] Szenen aus Pauls Leben tauchen auf: eine Konferenz, bei der es hart auf hart ging; eine lebensgefährliche Situation beim Skifahren; eine grundlose Verhaftung am Zoll; ein Heruntergeputztwerden seitens eines Lehrers vor allen Schülern und ähnliches mehr.

Bereits nach etwa 90 Minuten sind diese Geschehnisse ausgereizt und tauchen spontan nicht mehr auf.[7] Dafür drängt sich immer stärker und unausweichlicher die Erinnerung an Pauls Blinddarmoperation mit viereinhalb Jahren herein: Es ist Sonntag. Paul hat schon den ganzen Tag lang höllische Bauchschmerzen gehabt. Seine Eltern bringen ihn ins Spital, buchstäblich in letzter Minute. Er muß sofort operiert werden. Die Mutter übergibt den kleinen Paul der Krankenschwester, die mit ihm die Treppe hochgeht. Er möchte sich nach rechts umdrehen, um seine Eltern unten in der Halle zu sehen, doch erfolgt an dieser Stelle ein Blackout. Der nächste lichte Moment ist der, als Paul im Krankenhausbett aufwacht. Dazwischen liegen nach seiner Schätzung acht Stunden rabenschwarzer Bewußtlosigkeit.

Mehrfach durchgeht Paul die Szene. Es läuft sehr zäh – bei mentalen Blackouts kaum anders zu erwarten. Die Sitzungsleiterin achtet darauf, daß Paul jede wahrnehmbare Einzelheit erwähnt und ausspricht. Das entlastet und gibt Kraft für mehr. Gelegentlich bekommt Paul das Gefühl, «als würde ich innerlich zerrissen». Etwas sehr Bedrohliches steckt im Hintergrund dieses Erlebnisses.

Das einzige, was Paul in der Schwärze seiner Erinnerung entdekken kann, sind zwei helle Punkte, die er im ursprünglichen Erlebnis wohl anstarrte. Sie sind direkt über ihm. Sein Atem geht nun schwer, stoßweise und wie automatisch, so als würden seine Lungen von einer Maschine angetrieben.

Pauls Konzentration läßt langsam nach. Die Sitzungsleiterin beendet die Sitzung für heute. Es waren 3½ Stunden (die Pause nicht gerechnet). Am nächsten Tag geht es weiter – für noch zwei weitere Stunden, wie sich erweisen wird. Die Sitzungsleiterin läßt Paul den Satz «jetzt ist alles vorbei» mehrfach wiederholen, um das traumatische Geschehnis, das hier ja irgendwo verborgen zu liegen scheint, aufzuheizen. Paul murmelt vor sich hin «es ist alles vorbei» und achtet darauf, was er auf seinem geistigen Bildschirm sieht oder körperlich empfindet.[8]

Nach einigen Wiederholungen spürt Paul, daß er auf dem Rükken liegt, über ihm drei Lampen. Sein Kopf ist eingespannt, sein Nacken fixiert. Als er dies erzählt, bekommt er Kopfweh und seine Hände zittern. Im Bereich des Nackens und der Schulterblätter spürt er eine ungeheure Anspannung.

Die Sitzungsleiterin läßt Paul alle Empfindungen detailliert beschreiben und dadurch wiedererleben. Ohne ihren Einsatz liefe nichts. Paul allein würde es nicht schaffen, die Mauern der Verdrängung aufzubrechen. Bald wird deutlich, was hier geschah: Bei der Blinddarmoperation ging etwas schief; Paul mußte mit elektrischen Schocks wiederbelebt werden. Als er die Schocks erhält, will er am liebsten wegrennen, sozusagen sich von seinem Körper lösen und fliehen. Die körperliche Qual ist für den Viereinhalbjährigen trotz Narkose nicht zu ertragen. Er weiß: «Jetzt ist alles vorbei!»

In diesem Moment wurde das negative Verhaltensprogramm geprägt, das sich bei Paul immer dann einzuschalten pflegt, wenn er Streß bekommt. Er hatte es verdrängt, es ins Unbewußte abgeschoben. Nun aber kann sich Paul an alles erinnern. Er kann das Geschehnis im Detail erzählen und es spannend finden. Keine Schmerzen mehr. Der Blackout ist aufgehoben. Und die Kraft des «Negativprogramms» ebenfalls. (Sitzungsdauer: 5:30 Std. in zwei Tagen.)

Exkurs: Urerlebnisse und Negativprogramme

Negativprogramme entstehen im Verlauf von Urerlebnissen. Im fachpsychologischen Sinn wird dieser Vorgang als «Lernen» bezeichnet: Alles, was durch eine bestimmte Einwirkung nachweislich zur Verhaltensänderung führt, fällt unter die Kategorie «Lernen», selbst wenn das betroffene Individuum sich dieser Einwirkung oder auch der Verhaltensänderung nicht bewußt ist, z. B. dann, wenn solches Lernen unter Hypnose, Drogen oder durch

Traumatisierung geschieht. So betrachtet, sind Negativprogramme ein Ergebnis «traumatischen Lernens».

Irgendwann während eines Erlebnisses erkennt man mit Entsetzen, daß man der Verlierer ist. Dieses Aufgeben, dieses Absinken in Resignation, das erst macht ein bestimmtes Erlebnis zu einem echten traumatischen Urerlebnis. Wenn man erkennen muß: Die Gegenkräfte sind stärker als ich selbst. Im weiter oben angeführten Lawinenbeispiel würde dies bedeuten, daß man – unter der Lawine begraben liegend – mit unerschütterlicher Gewißheit weiß: «Hier komm' ich nie mehr raus!» Damit hat man etwas «gelernt». Es hat sich einem etwas eingeprägt, ohne daß man es gemerkt hat.

Im Moment seiner Entstehung ist ein Negativprogramm zunächst einmal eine ganz korrekte Beschreibung der gegebenen Situation, eine Erkenntnis zum wahren Stand der Dinge. Denn man kommt ja tatsächlich unter der Lawine nicht mehr raus, in diesem Moment ist das die volle Wahrheit, vor allem, wenn man dabei umkommt. Doch selbst wenn man später noch gerettet werden sollte, sitzt der Schock so tief, daß man den einmal geprägten Satz nicht mehr revidiert. Deswegen wirkt dieser Satz wie eine im Hintergrund wirkende negative Programmierung, die sich bei den verschiedensten Gelegenheiten von selbst einschaltet, zumeist ohne erkennbaren Zusammenhang mit dem ursprünglichen Kontext.

Schaltet sich ein Negativprogramm durch einen äußerlich vielleicht ganz harmlosen Alltagsstreß ein, so führt das dazu, daß der Betreffende bei dieser Gelegenheit befürchtet: «Da komm' ich nicht mehr raus», mit dem Ergebnis, daß er keinen Job findet, keine Partnerschaft durchhält, in keinen Aufzug steigt, keine Verträge unterschreibt und so weiter. Denn eventuell kommt er da nicht mehr raus. Hat nichts mit Lawinen zu tun! Die Programmierung überträgt sich auf das Leben im allgemeinen.

Der Herkunft eines Negativprogramms spürt man nach, indem man eine Verkettung von Einschaltungserlebnissen zurückverfolgt. So gerät man zwangsläufig an ein traumatisches Urerlebnis, denn während eines solchen wurde das Negativprogramm ja geprägt. Das Urerlebnis heißt deswegen so, weil es das ursprüngliche Erlebnis für eine bestimmte Verkettung von Einschaltungen ist. Hat man erst einmal ein Trauma erlebt, so können unterschiedliche Aspekte davon zu späterer Zeit durch damit scheinbar völlig unzusammenhängende Auslöser eingeschaltet werden. Auf diese Weise bildet sich eine Kette von Einschalterlebnissen.

Die zeitliche Reihenfolge dieses psychischen Mechanismus wäre also, knapp gesagt: Urerlebnis – gleichzeitig die Bildung eines Negativprogramms – später dann, bedingt durch beliebige Auslöser, die Einschaltungen.

Läge nur ein einziges Urerlebnis in der Psychokiste des Menschen vergraben, so wäre die Sache einfach, doch ist dem leider nicht so. Es sind viele: für jeden gestörten oder auch nur unharmonischen Verhaltensbereich mindestens eines.

Gisela (I): Kindesmißbrauch wie ausradiert

Mentale Blackouts sind nichts Seltenes. Wird ein traumatisches Erlebnis gründlich verdrängt, so ist es dem bewußten Zugriff völlig entzogen. Es ist buchstäblich nicht vorhanden. Am Beispiel von Gisela läßt sich das ersehen. Sie ist eine vierzigjährige Geschäftsfrau, die unter starken Minderwertigkeitsgefühlen leidet. «Ich werde einfach nicht gesehen», ist ihre feste Überzeugung. Selbst wenn ihr jemand ehrliche Beachtung schenkt, ist sie überzeugt davon, daß es sich dabei um einen Irrtum handeln muß.

Wir spüren der Herkunft dieses Negativprogramms nach und räumen am ersten und zweiten Sitzungstag im Verlauf von knapp acht Stunden viele belastende Erinnerungen allgemeiner Art ab. Dabei fällt mir auf, daß Giselas Erinnerungsraum nicht weiter zurückreicht als bis zum siebten Lebensjahr. Davor ist der Film wie unbelichtet. Keine Bilder, keine Traumata, nichts. Auf die Traumata aber kommt es an, denn Negativprogramme entstehen schließlich nur während traumatischer Erlebnisse. Was ist hier los? Womit fing es an, daß Gisela «nicht gesehen wird»?

Ich lasse Gisela ihr Negativprogramm einige Male wiederholen. Bald steigt in ihr ein Gefühl auf, als wolle sie «schreien und heulen vor Angst und Ohnmacht». Im Augenblick aber sieht sie nur

Schwärze. Wie sich bald herausstellt, handelt es sich bei dieser Schwärze nicht um ein Nichts, sondern um eine visuelle Erinnerung – nämlich an einen stockdunklen Raum, in dem Gisela kauert. Sie ist vier Jahre alt. Während der Beschreibung schaudert es sie plötzlich. Eine Dramatisierung! Dieses Schaudern entspringt direkt dem damaligen Erlebnis. «Da ist jemand!» sagt sie. Ihr Gesicht rötet sich, ihre Augen irren umher; sie wirkt, als sei sie in Panik. Tränen rinnen ihr aus den Augen; sie ist starr vor Angst.

Alles spricht dafür, daß sich gerade ein mentaler Blackout löst, daß eine Verdrängung aufbricht. Gisela ist dabei, einen alten Film auszudramatisieren. Wir liegen richtig.

Eine «Dramatisierung» ist gegeben, wenn ein alter «Mentalfilm» sich einschaltet und mit einem Teil seiner Informationen, Emotionen und körperlichen Empfindungen das Verhalten bestimmt, wobei man sich dessen gewöhnlich überhaupt nicht bewußt ist. Während einer Dramatisierung wird also das Urerlebnis teilweise wiedererlebt, wenn auch unbewußt. Der Betreffende steckt mehr im Gestern als im Heute, bemerkt das aber nicht. Er ist nicht mehr ganz er selbst. Eine Dramatisierung kann sekundenlang oder auch jahrelang anhalten.

Würde ein Urerlebnis mit *voller* emotionaler und somatischer Stärke zur Gänze nacherlebt, so wäre der Betreffende für diesen Zeitraum nicht mehr zurechnungsfähig. Er wäre buchstäblich «nicht mehr bei sich» und verbrächte den Rest seines Lebens in einer geschlossenen Anstalt, falls er aus diesem Zustand nicht mehr herausfindet. In einer MindWalking-Sitzung kann so etwas nicht passieren, da die Vorgehensweise sehr kontrolliert ist und der natürliche Sicherheitspuffer des Sitzungspartners verhindert, daß er mehr sehen kann, als ihm guttut. Im Leben allerdings kann sich eine solche Totaleinschaltung durchaus ereignen, besonders in Momenten von Dauerstreß, unter Drogen oder in einer Kombination von beidem (siehe die in Kriegszeiten üblichen Greueltaten, die die Täter unter zivilen Umständen nie verüben würden).

Zurück zu Gisela, die gerade beschreibt, was sie auf ihrem inneren Bildschirm erblickt: «Als ob da einer steht, gegenüber, am anderen Ende, im Dunkeln; ich weiß, der ist da, der hat mich da reingebracht. Er kommt näher. Ich hör' seine Schritte. Jetzt packt er mich. Ich schreie. Ich weiß nicht, wer's ist. Er spricht nichts. Er hat mich an den Armen, wir stehen, er hat mich an sich rangezogen. Ein drahtiger Mann, er hat ein Hemd an, ich ein Strickkleidchen. – Jetzt steht der Film ...»

Es geht nicht weiter. O.k., kann passieren. Noch mal von vorn: «Ich hüpf' auf der Straße rum, bin vergnügt, spiele. Wir wohnen nicht weit vom Waldrand weg. Da kommt der Mann. Ich kenne den. Er sagt: ‹Komm, ich zeig dir was.› Wir gehen zu der Hütte am Waldrand. Wir gehen rein. Ich kenn' die Hütte vom Spielen her. Sie ist nur 300 Meter von unserem Haus weg. Er macht das Licht aus; ich renn' in eine Ecke. Der kommt, packt mich: ‹Du Luder!› – Aus. Filmriß.»

Offenbar reißt der Film ab, bevor sich die üblen Szenen zeigen. Bis jetzt ist ja noch nichts Übles geschehen; man darf aber annehmen, daß das gleich geschehen wird. Wir gehen das Erlebnis noch ein weiteres Mal durch. Noch bleibt der Filmriß, aber zumindest geht es danach weiter: In der nächsten verfügbaren Szene kommt Gisela total verstört nach Hause, zur Mutter. Ende.

Gisela öffnet die Augen – die sie wie die meisten Sitzungspartner während des Erinnerungsvorgangs geschlossen hält – und fragt mich mit erschreckter Stimme: «Hat mich da einer vergewaltigt?»

Das kann nur Gisela selbst wissen. Also noch mal durch: «Der schnappt mich. Legt mich hin, hält mir die Arme fest. Schlüpfer runter. Finger in die Scheide. Er keucht. [Gisela bekommt hier eine Gänsehaut.] Aus. Renne heim.»

Langsam kommen die Erinnerungen wieder. Wir gehen das Geschehnis noch etliche Male durch, jedesmal kommen neue Details zum Vorschein. Ich stelle hier die relevanten Passagen aus dem Protokoll zusammen: «Ich weiß, es ist verboten, was der da macht. Habe Herzklopfen. Er schnauft. Er hat Narben im Gesicht, fällt mir ein. Es ist Onkel Norbert!! – Er zieht sich aus. Weil ich mich nicht wehre. Zieht seine Hose aus. Führt meine Hand zu seinem Penis. Eklig. Spielt mit seinem Penis an meiner Scheide. Will eindringen. Der Schmerz! Es klappt nicht. Dann alles klebrig. Er zieht sich an, sagt: ‹Darfst du niemand erzählen! Sonst kannst du nie mehr laufen!› Das bezieht sich auf meine Schwester, die im Rollstuhl sitzt. Er droht mir damit. – Das war wirklich der Norbert, aber noch bevor er die Schwester meiner Mutter heiratete, ein halbes Jahr vorher war das! – Ich renne weg. Heim. Will es erzählen. Mutter prügelt mich durch. Vater auch. Was mir einfiele, so lange wegzubleiben. Die Eltern sehen überhaupt nicht, wie's mir geht! Ich leg' mich ins Bett und wimmere.»

Daß die Eltern sie «nicht gesehen» haben (Giselas Negativprogramm), empfindet die kleine Gisela als bedeutend schlimmer als den eigentlichen Mißbrauch. «Der hat mich wenigstens wahrgenommen», sagt sie, «für den war ich was Besonderes.» Sie fügt hinzu: «Später hat mich der Pfarrer mißbraucht, und das hab' ich den Eltern gesagt, aber wieder haben sie mich bestraft. Weil der Pfarrer so was nicht macht. Keiner sieht mich. Logisch!» Ihr fallen Parallelen zu ihrem Leben auf: «Kein Wunder, daß meine zwei Ehen so liefen, wie sie nun mal liefen!» Klar – wenn einen keiner sieht (oder man das glaubt).

Die Sitzung nähert sich ihrem Ende. Gisela hat die Informationen zum Ablauf wiedergewonnen; sie hat die Emotionen durchlebt; sie hat das Erlebnis in Bezug zu ihrem späteren Leben gesetzt und erkannt, was da für Weichen gestellt wurden. Am Schluß muß sie lachen: «Immerhin hat er mir sein bestes Stück gezeigt!» Wir beenden die Sitzung. (Sitzungsdauer: 9:07 Std.)

Jochen (I): Ein «harmloser» Unfall

Auch der folgende Fall zeigt, wie tief vergraben die Erinnerung an Ereignisse sein kann, die nur wenige Jahre zurückliegen, sogar an solche, von denen man, wie in dem hier geschilderten Fall, eigentlich das meiste weiß. Weiterhin erleben wir hier, wie selbst ein zutiefst skeptischer Sitzungspartner beim Aufarbeiten seiner psychischen Bürde nicht umhin kann, sich einer ihn völlig verblüffenden Erinnerungswelt zu öffnen.

Jochen, 40 Jahre alt, Oberarzt an einer Klinik, bezeichnet sich als «reinen Mediziner». Von psychischen oder psychoenergetischen

Einflüssen hält er wenig. Viel lieber beruft er sich auf Biologie, Chemie und Physik.

Jochens Problem: Bei einer Klettertour in den Alpen brach er sich vor über einem Jahr den Knöchel. Die Heilung setzte nur zögerlich ein; mehrere Operationen folgten einander ohne Erfolg. Trotz aller Skepsis fragt sich Jochen mittlerweile, ob die Komplikationen unter Umständen nicht vielleicht doch auf psychische Faktoren zurückzuführen seien. Deswegen sitzt er jetzt bei mir.

Wir steigen direkt in den Ablauf des Unfallgeschehens ein. Keine große Sache, sollte man meinen, denn schließlich braucht man nur ein paar Sekunden, um sich einen Knöchel zu brechen. Tatsächlich aber beschäftigt uns dieser Knöchelbruch im Laufe der nächsten beiden Tage gute zehn Stunden! Zehn Stunden voller Wut, Ärger und Tränen. Denn an diesem Knöchelbruch hängt eine ganze Lebenseinstellung von Leistungswillen, Sportgeist und Abenteuerlust; es hängt daran eine elterliche Erziehung in Richtung auf bestimmte Wünsche und Ideale. Der Streß, um den es hier geht, entstand nicht allein im Moment des Unfalls, sondern im Verlauf eines ganzen Lebens. Ein ziemliches Paket!

Der Hergang des eigentlichen Unglücks in Kürze: Die acht Bergkameraden hatten den schwierigeren Teil des Abstiegs hinter sich gebracht, befanden sich nun auf relativ ebenem Gelände und beschlossen, in zwei Gruppen auf getrennten Routen mit unterschiedlichem Schwierigkeitsgrad den ausgemachten Zielpunkt anzusteuern. Jochen schloß sich zunächst Gruppe A an, entdeckte aber dann, daß man hier doch eine weit anspruchsvollere Route zu gehen vorhatte, als er sich zutraute, und entschied sich für Gruppe B.

Obwohl man sich erst vor wenigen Minuten getrennt hat, ist Gruppe B bereits außer Sicht. Jochen verabschiedet sich von Gruppe A und eilt Gruppe B nach. Bei dieser Gelegenheit gerät er mit dem Fuß in eine auf dem Boden liegende Astgabel, stürzt, verdreht sich Knie und Knöchel, der Knöchel bricht. Keiner hat's bemerkt. Weder Gruppe A noch Gruppe B machen sich Gedanken um Jochen, denn jede Gruppe wähnt ihn bei der anderen. Jochen bleibt in der Wildnis liegen, bis ihn zu seinem Glück viele Stunden später Waldarbeiter finden und abtransportieren.

Am ersten Sitzungstag gehen wir zwar bei jedem Durchgang von der eigentlichen Szene des Unglücks aus, durchstreifen aber gleichzeitig in aller Breite Jochens Leben. Nicht, weil wir das wollen, sondern weil sich diese Inhalte hereindrängen. Die psychische Entlastung tut Jochen gut. In den Pausen läuft er aufrechter und mit mehr Spannkraft; sein Knöchel schmerzt ihn weniger. Doch gelingt es ihm erst am zweiten Tag, nach insgesamt neun Stunden, den Schrecken und das Entsetzen des kritischen Moments konzentriert wiederzuerleben:

«Ich fühle mich stark nach einer Woche Wandern. Morgen die Rückreise und wieder zurück in die Tretmühle – kein schöner Gedanke. Ich ärgere mich über mich selbst, daß ich mir den Genuß des Jetzt nehme, weil ich an die unschöne Zukunft denke. Wir sitzen vor einer Hütte und genießen die Aussicht. Ich aber kann sie nicht mehr genießen, denn ich weiß, es ist rum!»

Jochens Stimmung war gespannt, und wegen dieser angespannten Stimmung passierte das Unglück: «Ich passe nicht auf, falle. Es knackt, als ich aufschlage. Es gibt was nach. Wie ein morscher Ast. Ich hab' Angst! [Tränen] Daß was passiert! [Entsetzen] Ich stehe auf. Au weia! Das Bein gibt nach.»

In diesem Moment ereigneten sich das eigentliche Trauma und der Akt des Verdrängens: «Ich will's nicht wahrhaben. Will's ungeschehen machen. Das darfst du doch nicht, denke ich. Soweit darfst du's nicht treiben! [Tränen]» Und dann: «Ich muß doch funktionieren! Ich versuch's noch mal. Es geht nicht. Ich kann nicht auftreten. Es darf nicht schlimmer sein als bloß ausgerenkt!» Das Geschehnis überstieg Jochens Toleranzkraft, er wehrte sich, wollte es ungeschehen machen.

Jochen als Opfer hat nun ausgeredet; nun kommt Jochen als Täter zu Wort: «Irgendwie ist mir klar, da ist was kaputt, und ich verschaff mir 'ne Auszeit.» Und später: «Als hätte ich das geplant. Daß ich die Verletzung wollte. Wegen 'ner Auszeit. Und dann entglitt es mir. Eine kleine Verletzung hätte ja gepaßt!» Er muß grinsen. «Schöne Tour!» sagt Jochen.

Im Verlauf von zehn Stunden Sitzungszeit wurde zunächst lange und ausgiebig die Opferseite in diesem Unglück beleuchtet; erst gegen Ende traten die ersten Hinweise zur Täterseite auf, zu Jochens Verantwortung am Geschehen, zu seinen Schuldgefühlen. Und erst da konnte er lächeln! Erst als er sich zu seiner Täterschaft bekennen konnte, verlor das Erlebnis sein Spannung.

Exkurs: Toleranzkraft – je mehr, desto besser

Obwohl Opfer wie auch Täter wie die beiden Seiten einer Münze gleichermaßen im Urerlebnis stecken, wird ein traumatisches Erlebnis anfangs immer von der Opferseite her erzählt: «Schau, was mir zugestoßen ist!» Erst wenn sich diese Seite beruhigt hat, kommt der Sitzungspartner allmählich und ganz wie von selbst auf seine Verantwortung für das Unglück zu sprechen. Er war nämlich nicht nur Opfer, sondern auch Täter. Irgend etwas hat auch er damit zu tun, daß es kam, wie es kam. Zumindest muß er unaufmerksam gewesen sein, damit es geschehen konnte.

Wie kommt es zu dieser Wende? Dadurch, daß der Sitzungspartner die Opferseite bewältigt hat und infolgedessen seine Toleranzkraft angestiegen ist.

In der Physik ist «Toleranz» als die Fähigkeit eines Materials definiert, nach einer Belastung wieder seine ursprüngliche Form anzunehmen. Stahl hat diese Eigenschaft, und auch bei Weizen, Bambus, Weiden oder Birken findet man sie: Die Materialien gehen mit, neigen sich zwar, brechen jedoch nicht, sondern stehen wieder auf.

Das Wörterbuch erklärt «tolerant» als «duldsam, nachsichtig, weitherzig, großzügig». Wer über Toleranzkraft verfügt, der kann etwas wahrhaben, wie es nun mal ist, ohne die Fassung zu verlieren. Das Gegenteil davon wäre das Ignorieren, das Nicht-wahrhaben-Wollen. Nimmt einer etwas schmollend und grollend hin, schluckt er es mit geballter Faust in der Tasche oder mit Tränen in den Augen, dann ist das *kein* Anzeichen von Toleranzkraft – ganz im Gegenteil! Denn Toleranzkraft bedeutet: Veränderungen gleich welcher Art mit Heiterkeit und Humor zu nehmen wissen.

«Humor ist, wenn man trotzdem lacht», heißt es ganz richtig. Warum lacht der Sitzungspartner am Ende einer MindWalking-

Sitzung? Weil er nun mit Humor zu nehmen weiß, was ihn zuvor noch betrübte. Die Toleranzkraft zu steigern ist somit das wesentliche Anliegen einer MindWalking-Sitzung. Es ereignet sich mit jedem ausgeräumten und neutralisierten Urerlebnis. Denn mit jedem Bündel weniger auf den Schultern läuft sich's unbeschwerter. Zweifellos steckt das Leben nach wie vor voller Probleme, doch geht man sie mit gesteigerter Toleranzkraft beschwingter und mutiger an als zuvor, und vor allem: Man entwickelt neue Perspektiven.

Weitere Synonyme für Toleranzkraft wären Souveränität, Liebe, Vergebung, Großzügigkeit, Duldsamkeit, Langmut. Nur der hat wirklich mit seiner Vergangenheit abgeschlossen, der seinen Feinden nichts nachträgt; nur der kommt mit der Gegenwart zurecht, der nicht grundlos überall Feinde sieht.

Stünde jemandem ausreichend große Toleranzkraft zur Verfügung, so würde der Betreffende bereits im Moment des Geschehens nicht mauern und verdrängen. Schon *während* die Dinge sich ereignen, würde er sie mit Leichtigkeit zu nehmen wissen, und natürlich erst recht, wenn er sich später an sie erinnert. Er würde keine abgesperrten Mentaldateien aufhäufen und daher keine Einschaltungen erleiden – die wiederum schlechte Laune, Depressionen und irrationales Verhalten mit sich bringen –, sondern bliebe immer fröhlich und souverän.

Ein Beispiel für ungewöhnliche Toleranzkraft angesichts drohender Überwältigung gibt Tristan Jones, ein Weltumsegler, bei der Beschreibung eines tropischen Wirbelsturms: «Man wird sich bewußt, daß die eigene Angst das logische Denken blockiert und außerdem zu nichts führt. Man fängt an zu denken: Du bist nun einmal in dieser Situation. Alles, was du machen kannst, ist, die Katastrophe zu vermeiden. Alles andere liegt in Gottes Hand. Wenn dieser Moment kommt, befindet sich ein Mensch im größten Frieden mit sich selbst, den er je erfahren kann. In diesem Moment wird ihm klar, daß der Tod nicht das Wichtigste ist, obwohl er unausweichlich scheint. Es wird ihm klar, daß er sein Leben gelebt hat, so wie er es wollte, auf seine eigene Art und Weise. Wenn dies das Ende ist, dann also gut, sein Leben geht zu Ende, ein neues wird kommen!»[10]

Dieser Weltumsegler hat sein Erlebnis nicht entsetzt weggedrängt und abgesperrt, er hat es mit Fassung angenommen. Deswegen hinterließ es keine «bleibenden Schäden».

Toleranzkraft ist demnach eine aktive Lebenseinstellung, in der sich das Kämpferische mit dem Verständnisvollen synergetisch kombiniert; sie ist kein passives Erdulden und Wegstecken. Dies kommt auch in dem bekannten Christuswort zum Ausdruck: «Wenn dir jemand auf deine rechte Wange schlägt, dann halte ihm auch die andere hin» (Matthäus 5,39). Was er damit sagen wollte, ist: «Du kannst mich auf diese Weise nicht beeindrucken und nicht einschüchtern und auch nicht provozieren. Was immer du tust, ich werde mich nicht verleiten lassen, über Haß- oder Rachegefühle in das Spiel von Schlagen und Zurückschlagen einzusteigen.» Warum nicht? Weil man höhere Lebensziel erkannt hat, so wie auch Jesus sie vorlebte.[11]

Der Weg dorthin geht sich nicht von selbst. Er will mit Ziel, Absicht und Beharrlichkeit gegangen sein. «Der Weg ist das Ziel», hört man oft – gewiß, aber ganz ohne Ziel führte selbst dies im Kreise herum.

KAPITEL 2

Man lebt nur einmal – aber dafür ewig

Jochen (II): Erpreßt in der Folterkammer

Zurück zu Jochen und seinem Knöchelbruch beim Wandern. Im ersten Sitzungsabschnitt haben wir den Ablauf des Unfalls entschärft, nun, im zweiten Schritt, wollen wir uns den Hintergründen zuwenden. Daß dieser Knöchelbruch trotz mehrerer Operationen nicht verheilte, liegt das möglicherweise an noch tiefer liegenden psychischen Ursachen? Es könnte ja immerhin sein, daß sich im Verlauf von Jochens Unfall ältere, bereits bestehende Urerlebnisse eingeschaltet haben, daß die von Schmerz und Gewalt geprägte Unfallszene also frühere, ähnliche Szenen heraufbeschworen hat. Das würde eine Genesung beträchtlich erschweren.

Einen Hinweis auf solche Hintergründe gab Jochen selbst. Während der gestrigen Sitzungen äußerte er mit verzweifeltem Unterton das Negativprogramm: «Ich bin alt!»

Merkwürdig. Obwohl gerade mal vierzig und ein sportlicher Typ, machte Jochen sein Alter für die schlechte Heilung des Bruchs verantwortlich. Was wird hier dramatisiert?

Weil dieses «ich bin alt» so richtig aus ihm hervorbrach, mit resigniertem Unterton, könnte es von Bedeutung sein.

Mit Jochens Einverständnis untersuchen wir dieses Negativprogramm. Ich fordere ihn auf, sich Szenen ins Gedächtnis zu rufen, in denen sich jemand «alt» fühlt, ganz gleich, ob sich Jochen selbst alt vorkam, jemand dies von ihm meinte oder andere dies von sich selbst sagten. Jeder Eindruck zum Thema «ich bin alt», der sich Jochen eingeprägt hat, hilft uns weiter.

Spontan erinnert sich Jochen an den Tod seiner Großmutter, danach an den seines Vaters. Beide fühlten sich alt, als sie starben. Beide Tode bedeuteten große Verluste für Jochen (der damals noch ein kleiner Junge war), und in unserer Sitzung weint er viele Tränen. Wir lassen die aufgestauten Emotionen ausrauschen, bis Jochen bei seinen Erinnerungen wieder lächeln kann. Gut so. Wieder ein Bündel weniger.

Nach einer Pause geht es weiter, denn bisher hat Jochen ja von anderen gesprochen, die sich alt fühlten, nicht von sich selbst. Wenn es ihn aber so beeindrucken kann, wenn sich andere alt fühlen, steht zu erwarten, daß bei ihm selbst zu diesem Thema bereits etwas vorliegt und sich dazuschaltete.

Unangemessene, übersteigerte Reaktionen auf schlechte Nachrichten oder erschreckende Erlebnisse lassen darauf schließen, daß unter dem eigentlichen Erlebnis älteres Material sitzt. Dies macht die Sache schlimmer, als sie ist, und entsprechend überreizt sind die Reaktionen des Betreffenden. Angemessene emotionale Reaktionen von Ärger, Zorn oder Traurigkeit klingen nämlich bald wieder ab und machen einem rationalen, lösungsorientierten Verhalten Platz. Bewirkt eine schlechte Nachricht oder ein erschreckendes Erlebnis aber eine «Einschaltung», d. h. die Öffnung einer abgesperrten Mentaldatei , so wird deren Inhalt unbewußt dramatisiert und macht das Verhalten irrational und lösungsfern.

Ich lasse Jochen den Satz «ich bin alt» wiederholen. Schon nach einigen Malen beginnt er, schwer zu atmen. «Ich bekomme schlecht Luft», sagt er, «es lastet etwas auf mir.» Er weiß nicht, woher das kommt. Kein Erinnerungsbild. Seine Hände kribbeln, «als sei Strom drauf». Sie wollen sich festkrallen und sind gleichzeitig kraftlos. Jochens Atem geht schwer, sein Mund ist trocken. Plötzlich richtet er sich im Stuhl auf, starrt auf einen Punkt im leeren Raum, seine Augen quellen ihm fast aus dem Kopf vor Entsetzen, seine Nackenhaare sträuben sich, es graust ihn regelrecht. «Ich weiß nicht, was es ist», stößt er hervor, «aber es ist bedrohlich!»

Nach unserem langen Sitzungstag von knapp sechs Stunden ist Jochen zu erschöpft, als daß er das sich hier anbahnende Geschehnis noch zu fassen bekommen könnte. Keine Reserven mehr. Für heute machen wir besser Schluß. Wir wollen nicht in etwas hineingeraten, was wir nicht unter Kontrolle halten können.

Jochen ist völlig verblüfft über das, was sich ihm da andeutete. «Unglaublich!» sagt er. Er habe sich ja schon über die Erkenntnisse zu seinem gegenwärtigen Leben gefreut, aber das hier, so spürt er, sei wirklich etwas ganz anderes. Jetzt will er es genau wissen!

Am nächsten Morgen (dritter Tag) berichtet Jochen, es habe ihn die Nacht zuvor im Garten gegruselt, weil es dunkel war, was sonst gar nicht seine Art sei. Seine Haare hätten sich ähnlich wie in der Sitzung gesträubt. «Als käme etwas von hinten.» Irgend etwas ist da psychisch am Kochen. Es wird sich bestimmt bald zeigen.

Wir steigen über einige weitere Wiederholungen von «ich bin alt» wieder in unser Thema ein. Jochen erinnert sich daran, wie er als Kind panische Angst vor geschnitzten Karnevalsmasken in Form von Teufelsfratzen hatte. Aber das ist es noch nicht, worum es hier wirklich geht, das weiß er. (Doch fiel ihm die Maskengeschichte nicht «rein zufällig» ein. Wie sich später zeigen wird, ist sie ein Einschalterlebnis zu dem bald auftauchenden Urerlebnis.)

Die gleichen körperlichen Erscheinungen wie gestern tauchen wieder auf. «Mit meinen Armen ist was ...», spürt Jochen. «Ich kann sie nicht beugen. Ich liege. Die Arme über den Kopf nach hinten. Sie werden gestreckt. Eine Folterkammer?»

Jochen glaubt sich das zunächst selbst nicht. Aber er sieht, was er sieht, und spricht es aus: «Ein stickiger Raum. Ein Kellergewölbe. Fackeln. Ich auf einer Streckbank. Bin ein Mann, etwa fünfzig. Meine Füße in einem Holzblock fixiert. Hinter mir schreit einer, ich soll gestehen oder so was. Meine Arme abgeschnürt. Sie kribbeln. Die Beine in Lederschlaufen. Da ist eine Winde mit einem Holzkreuz dran. Zum Strecken.» Er stöhnt. «Wenn ich das sage, belaste ich eine Frau [Tränen]. Es geht um meine Tochter. Schritte. Es kommt noch jemand herein. Meine Tochter! Die Frau, die ich retten will, wird hereingebracht, an den Haaren reingezerrt! Schmutzig ist sie, verdreckt. Alles war umsonst! Der ganze Widerstand! [Stöhnt vor Entsetzen.] Eine Maske aus Messing an der Wand wird abgehängt, an mir vorbeigebracht. Im Raum ein Holzpfosten. Ihre Arme werden nach hinten gezogen und daran festgebunden, ihr Kopf nach hinten gezogen. Die Maske vor ihr Gesicht gehalten. Stacheln sind drin, das habe ich gesehen, als sie vorbeigetragen wurde von einem Typ mit einer roten Kutte. Der nimmt einen Riesenhammer – und [flüstert vor Entsetzen] – haut drauf!»

«Die Frau fällt in den Dreck – meine Tochter! Ich zerre an meinen Fesseln, schreie, zapple. Knalle mir den Kopf an [Schmerzempfindung am Scheitel links]. Sehe von der Frau nur die nackten Füße. Die Folterbank verdeckt mir den Blick. Ich weiß: Sie ist tot. Ich will nicht mehr leben, nicht mehr kämpfen. Wofür auch? Sinnlos.» Pause.

Wie geht's weiter, frage ich? «Sie vergewaltigen ihren toten Körper von hinten. Der Rote onaniert mein Glied dabei. Ejakulation. Sie lachen. Entwürdigend! Ich hasse mich und meinen Körper, daß er so reagiert. Ich will sterben, ich schreie: ‹Bringt mich auch um!› Sie sagen: ‹Unterschreibe!› Der Folterknecht verhöhnt mich: ‹Den letzten Samen, den du hast, den verspritzt du einfach so? Jetzt bist du trocken, jetzt kannst du unterschreiben!› Ich sage: ‹Ja, jetzt ist sowieso alles sinnlos, jetzt kann ich auch unterschreiben.›»

Jochen weiß, daß er sich hier nichts vormacht, denn dazu sind seine Emotionen und Schmerzen viel zu stark und kommen viel zu spontan. Obwohl er das Erschaute noch nirgendwo einordnen kann, ist er dennoch bereit, sich der Sache zu stellen. Mutig! Anschauen, aussprechen, akzeptieren und dadurch auflösen – in dieser Reihenfolge. Anders geht es nicht.

Tatsächlich soll uns dieses Geschehnis noch ganze 6:15 Stunden in Atem halten, den ganzen Rest dieses Tages. Hier die Zusammenfassung: Im Jahre 1288 lebte Jochen in Cornwall, Südengland. Er war zu Anfang des Geschehens vierzehn Jahre alt. (Er bezieht das Geschehnis auf sich selbst, denn er sagt «ich», wenn er die Hauptfigur, nämlich diesen Jungen, beschreibt.) Die Bauern revoltierten gegen die unbarmherzige Herrschaft seines Vaters, des Grafen. Die gräfliche Familie mußte mit Sack und Pack flüchten, doch die Bauern lauerten ihnen auf und massakrierten sie alle. Jochen kam unter einem Leichenhaufen zu liegen und blieb unentdeckt. In unserer Sitzung steigt die ganze Blutrünstigkeit der damals aufgezeichneten Schreckensbilder in Jochen auf. Er floh zu Verwandten nach Frankreich. Jahre später kehrte er in Begleitung seiner Tochter zurück nach England. Seine Frau war bei der Geburt des zweiten Kindes in Frankreich gestorben.

Jochen hatte es in der Fremde nicht länger ausgehalten; zudem wollte er sich seinen Familienbesitz wieder aneignen, den die Kirche nach der Ermordung seines Vaters mangels Erben kassiert hatte. Die Kirche wußte nichts von seiner Rettung und bestritt die Rechtmäßigkeit seines Anspruchs. Jahrelang kämpfte er gegen Advokaten und Intrigen an. («Was nützt eine Lanze gegen eine spitze Feder?») Seine geliebte Tochter sah er nie, denn vorsichtshalber hatte er sie bei Freunden versteckt. Er wußte, wenn sie seine Tochter finden, haben sie ihn in der Zange. Gegen Ende der Auseinandersetzung wurde er unter falschen Anschuldigungen einem brutalen Verhör unterzogen (die oben beschriebene Szene). Er selbst wurde dabei nicht körperlich gefoltert, sondern seelisch: Man ermordete seine Tochter auf bestialische Weise vor seinen Augen, um ihn psychisch zu brechen. Kurz darauf fand er sich in einer vornehmen Versammlung wieder; alles war zur Unterschrift vorbereitet. Obwohl er die lateinischen Worte überhaupt nicht lesen konnte, unterschrieb er doch. Er wußte: «Ich bin alt und habe versagt. Alles wollte ich für meine Tochter tun, aber jahrelang habe ich sie nicht sehen können, und nun ist sie tot.» (Die gesamte Sitzung war begleitet von Tränen und heftigem Schluchzen.)

«Ich bin alt» – das ist das Negativprogramm, das uns zu diesem Geschehnis geführt hat. Als Jochen nach der Ermordung seiner Tochter erkennen mußte, daß er versagt hat, wurde es geprägt. Und diese längst vergangene psychische Überwältigung, ausgelöst und eingeschaltet durch Jochens Bergwanderunfall und durch seine Angst, er sei zu alt für eine volle Genesung, belastete seinen gebrochenen Knöchel noch zusätzlich.

Mit dem damaligen Geschehnis sind wir noch nicht ganz am Ende: Jochen, als müder, gebrochener alter Mann, steht nach erfolgter Unterschrift am Fenster und will in den Burggraben hinabspringen. Selbstmord. Sein Blick gleitet über die Landschaft, die er liebt; noch zögert er. Da stößt ihn der Mönch mit der roten Kutte mit einem Schürhaken über die Fensterbrüstung, Jochens Hände wollen nach dem Schürhaken greifen, sich halten – aber der ist glühend heiß! Er stürzt hinaus; beim Aufprall auf die Felsen wird sein Körper zerschmettert.

Man erinnere sich: Eine der somatischen Dramatisierungen ganz zu Anfang waren kribbelnde Hände, die sich irgendwo festkrallen wollten, aber zu kraftlos waren! Es fügt sich alles zusammen.

Jochen zieht Parallelen zwischen dem Geschehnis und seinem Leben und erkennt Zusammenhänge, besonders im Hinblick auf seine Panik als Kind beim Anblick von Masken. Das Urerlebnis damals in England kann nun als neutralisiert gelten. Jochen kann es sich entspannt anschauen und staunen. Es hat keine Wirkung mehr auf ihn.

Wer erst einmal über etwas staunen kann, hat keine Furcht mehr. Er kann die Eindrücke, die sich ihm zeigen, voll an sich heranlassen. Er braucht keinen mentalen Airbag mehr, um sich ihrer zu erwehren. Seine Toleranzkraft ist gestiegen – das wichtigste Ergebnis einer Sitzung.

Paul (II): Alpinistentod

Paul kennen Sie schon aus einem früheren Kapitel: Er ist der, der als Vierjähriger bei einer Blinddarmoperation per Elektroschock wiederbelebt wurde. In der heutigen Sitzung hat Paul ein neues Thema. Man sagt ihm nach, er sei emotionslos. Mit seinen 32 Jahren ist Paul ein Arbeitstier und Karrieretyp. Seine Energie ist endlos, er liebt Herausforderungen. Er wählt immer den direktesten Weg, sachlich wie auch menschlich. Seine unangemessene Direktheit und seine emotionale Kühle sind seinen Mitarbeitern unheimlich. Man macht ihm zum Vorwurf, daß er nicht ausrastet. Wo andere zu toben und zu zetern anfangen, bleibt er ruhig. Denn er weiß: «Ich muß die Lösung finden!»

Was mir auffällt, ist die Intensität dieses Satzes. Paul sagt ja nicht entspannt und heiter: «Ich finde immer eine Lösung», sondern mit Hochspannung: «Ich muß die Lösung finden!» – Ein Negativprogramm. Aus dieser Intensität heraus entstehen die für Paul so typischen Züge Hochspannung, Direktheit und Rastlosigkeit.

Mit diesem Negativprogramm als Thema steigen wir in die übliche Erinnerungsarbeit ein. Paul erzählt von verschiedenen Erlebnissen, als er in seinem Leben eine Lösung finden mußte. Als Paul davon erzählt, wie ihm sein Vater das Skifahren beibrachte, fallen mir die riesigen Spannungsentladungen dabei auf (ich kann sie am Mindwalker beobachten). Gewiß, einfach war es nicht, das Skifahren. Wie hält man nur die Knie ordentlich zusammen beim Abfahren? Dafür mußte der kleine Paul eine Lösung finden. Aber wie kann eine so harmlose, untraumatische und sogar mit Spaß verknüpfte Erfahrung wie das Skifahren so viel Spannung erzeugen, daß mir mein Mindwalker fast heißläuft? Schon in der Pause vor unserer Sitzung kam die Rede aufs Skifahren (weil draußen Schnee lag). «Ich komm' überall runter», lachte Paul, «egal, wie steil es auch ist!» Hat das etwas zu bedeuten? Es hat, wie sich bald zeigen wird.

Paul wiederholt sein Negativprogramm («ich muß die Lösung finden») ein paarmal und achtet dabei darauf, was sich auf seinem geistigen Bildschirm zeigt. Unversehens geht sein Atem schwerer. Es kommt keine Luft mehr in die Lungen herein. Ein Stechen im Zwerchfell. Schultern und Oberarme steif. Als würde er einfrieren, sagt er. Der Nacken schmerzt, als sei der Kopf irgendwie in einer unbequemen Stellung fixiert.

Welches Erlebnis spielt er hier durch? Geistige Eindrucksbilder steigen auf: Es geht um einen Mann, dreißig Jahre alt, der im Eis steckt. Pauls Füße werden beim Reden kalt. Ein Bergsteiger ist das! Im März 1934. Er ist Italiener, sein Freund auch. Sie haben die «Direttissima» gewählt, die direkteste und schwerste Route zum Gipfel (paßt zu Paul!). Sie sind bereits über 3000 Meter hoch, sind beide erschöpft, der Tag ist schon fortgeschritten. Die Kälte ist groß. Paul will trotzdem weiter, sein Begleiter nicht. Die beiden sitzen auf einem Felsvorsprung und sind mit Seilen und Haken gesichert. Paul beschreibt die Szene von oben, wie von einer darüberschwebenden Kamera aus.

Es kommt zum Streit. Paul stapft wütend weiter bergauf, stolpert im Tiefschnee, stürzt – und rutscht ab! Haarklein beschreibt Paul seinen Fehltritt, wie er den Fuß setzt, wie er den Pickel einzustemmen sucht, dann aber doch ins Straucheln gerät – und schließlich unaufhaltsam nach unten schießt. Im Zorn der Auseinandersetzung vergaß er, daß sein Seil während der Pause bereits ausgehakt war. Zwar ist das Seil selbst gesichert – doch hängt er nicht mehr dran! Rettungslos rutscht er den fast senkrechten Abhang hinunter. «Ich muß eine Lösung finden!» denkt er verzweifelt. Aber hier gibt es keine Lösung. Er rutscht ab, schießt über den Felsvorsprung hinaus und fällt ins Leere.

Bis hierher dauerte unsere Sitzung 3:40 Std. Hiermit, so könnte man meinen, sei der Fall geklärt: tödlicher Unfall in einem vergangenen Leben, Bildung eines Negativprogramms, Einschaltung beim Skifahren. Tatsächlich aber wurde dieses Negativprogramm nicht damals gebildet, sondern hat einen ganz anderen, viel früheren Ursprung. Paul wird noch verschiedene Stadien der Wahrheitsfindung durchlaufen, und wir werden ihn dabei begleiten. Sie werden ihn in späteren Kapiteln wieder treffen.

Lisa: Opfer schwarzer Magie

Manche Sitzungspartner schauen bedeutend weiter in die Vergangenheit hinein als nur ein paar hundert Jahre. Ein Beispiel dafür gibt uns Lisa.

Zum Eingangsinterview: Trotz ihrer 36 Jahre hat es Lisa noch nicht fertiggebracht, im Leben Fuß zu fassen. Ihre Unfähigkeit, Grenzen zu ziehen und auf ihren Rechten zu beharren, zieht sich wie ein roter Faden durch ihr Leben. Von Männern läßt sie sich sexuell ausnutzen und betrügen, macht aber ihrerseits ebenfalls Seitensprünge (ohne dies «eigentlich» zu wollen). Sie erlebt sich selbst als unverantwortlich. Kurz gesagt: viele Konflikte und kein Ziel in Sicht. Lisa kommt sich «vergeudet» vor. Schon während des Interviews kommen ihr gelegentlich die Tränen.

Am ersten Sitzungstag schauen wir uns Gelegenheiten an, als Lisa sich «vergeudet» vorkommt. Sie erzählt von Situationen mit ihren Eltern, mit Kollegen und mit Männern. Obwohl gelegentlich Tränen fließen, ist das Thema nach bereits einer Stunde ausgereizt. Unversehens stellt sich ganz unabhängig von den erinnerten Erlebnissen ein eigenartiges Körpergefühl ein: Lisas linke Seite wird schwer und zieht nach unten, gleichzeitig wird ihre rechte leicht und zieht nach oben. Zur Linken ist es hell, zur Rechten dunkel. Sie kommt sich vor wie zweigeteilt. «Das paßt», sagt Lisa, «denn ich zeige nicht, wer ich wirklich bin.» Nach außen hin sei sie brav, doch innen habe sie eine schwarze Seele. Und sie habe Angst davor, «aufgedeckt zu werden». Riesenentladungen am Mindwalker, als sie das sagt. Diese Richtung müssen wir weiterverfolgen. Hier liegt die heiße Spur zum Urerlebnis.

Wir sammeln Erinnerungen zu dem Negativprogramm «ich zeige nicht, wer ich wirklich bin». Verblüffenderweise nimmt die Sitzung aber zunächst eine positive Wendung: Lisa kommt in den Sinn, daß sie als Jugendliche oft durch gute Leistungen glänzte. Sie erkennt, wie ehrgeizig und ehrenhaft sie damals war, wie aber dieser positive Zug langsam aus ihrem Verhalten entschwand. So glanzvoll hat Lisa ihr Leben schon seit langem nicht mehr gesehen. Sie strahlt vor Begeisterung (nach bisher 2:10 Std.). Doch wurde noch keine Erklärung für das Zustandekommen des Negativprogramms gefunden, also kann das Thema noch nicht als erledigt gelten. Zudem wurde seine Erwähnung von merkwürdigen körperlichen Erscheinungen begleitet: links schwer und hell, rechts leicht und dunkel. Was steckt wohl dahinter?

Lisa sagt ein paarmal vor sich hin: «Ich weiß nicht, wer ich wirklich bin», da wird ihr «strudelig» im Kopf, so als schaute sie eine sich drehende Spirale an. Ihr wird übel. Ich ermutige sie dranzubleiben. Lisa weiß, daß dies nichts mit ihrem gegenwärtigen Leben zu tun haben kann. Vergangene Leben hält sie prinzipiell für möglich, hat sich aber bislang noch an keine erinnern können. Ein plötzlicher Tränenausbruch; sie schluchzt. «Wie wenn einer etwas aus mir herausholen will, mit Gewalt.» Schmerzen am Hinterkopf. Sie heult laut und verzweifelt auf. (Ich bin froh, daß die Fenster geschlossen sind.)

Jetzt kommen die Erinnerungen: «Ein schwarzes Wesen mit einer Kapuze auf. Andere Wesen weiter hinten. Ein Innenraum, eine Art Höhle. Der Schwarze hat eine intensive Präsenz, als könnte er meinen Willen brechen – mit präzis gelenkter Mentalenergie.»

Wie üblich bitte ich Lisa, jedes Detail auszusprechen, das ihr in den Sinn kommt; nur so läßt sich das Erlebnis entlasten und zur Gänze ergründen. Lisa wurde gefesselt in eine Höhle geschleppt: «Tische und Stühle sind dort. Der Schwarze kommt näher. Er will sich Leute hörig machen, damit sie andere bespitzeln und er seine Macht ausdehnen kann.»

Lisa soll spionieren; daher darf sie nicht zeigen, wer sie wirklich ist. «Es hat mit Magie zu tun. Ich habe magische Fähigkeiten und werde genötigt, sie anzuwenden. Die Kleidung der Männer ist eine Mischung aus Mittelalter und futuristisch: grausilbrig glänzende Oberteile, enge Hosen, Stiefel, enganliegende Helme wie aus Kunststoff, ähnlich wie Langstrecken-Eisläufer. Sie bewegen sich starr, als seien sie nicht ganz bei sich. Dann tritt der Schwarze näher. Ich bin Schülerin der Weißmagie, etwa 30 Jahre alt. Er will was von mir, aber ich will mich nicht unterwerfen. Er meint, ich hätte keine Chance, ist siegessicher. Ich habe keinen Überblick über die Dimensionen der Sache. Alles läuft im telepathischen Austausch, ohne gesprochene Worte.»

Ich frage Lisa, wann sich dieses Geschehnis wohl ereignet haben könnte. Ihre spontane Antwort: «In Atlantis.» Was sie damit meint, kann sie nicht erklären. Es fühlt sich für sie einfach richtig an. Gut, darüber läßt sich nicht diskutieren. Wie geht es weiter?

Tagelang versucht der Schwarze, Lisa zu überreden, denn von freiwilliger Zustimmung hat er mehr, als wenn er ihren Willen bricht. «Er will Macht», sagt Lisa, «und er bietet mir Macht. Magische Macht. – Da fällt mir ein, ich mochte es schon immer gern mystisch, aber bloß nicht mit Horror. Mein Interesse an Magie verstehe ich jetzt. Und daß ich bei Vorträgen darüber immer eingeschlafen bin, wundert mich jetzt auch nicht mehr.»

Kurze Erklärung: Vorträge über Magie bewirkten bei Lisa die Einschaltung der damaligen Überwältigung. Die damit einhergehende Bewußtlosigkeit (von der gleich die Rede sein wird) wurde von Lisa in Form von Einschlafen bei Vorträgen dramatisiert.

Wieso brauchte dieser Magier überhaupt Spitzel, wenn er doch so fähig ist? Wieso nicht gleich alles per Telepathie ausspionieren? Lisa sagt, er sei schon zu bekannt. «Die Menschen haben gelernt, sich gegen ihn abzuschirmen. Mich aber kennen sie nicht. Ich soll Schwachstellen in den Abwehrschirmen der anderen Wesen auskundschaften. Und durch mich hindurch, wenn ich erst mal drin bin, schlüpft er dann auch hinein. Die Menschen damals sind leichtere Wesen als wir heute. Alles ist aus leichter, transparenter Materie, aus Mentalstoff.»

Lisa öffnet die Augen: «Ich begreife diese Intentionen nicht, sie sind mir so fremd. Trotzdem habe ich in meinem Leben Gruppen immer gemieden, mich immer draußen gehalten. Ich wollte den gleichen Fehler nicht nochmals machen!» Sie hat eine Dramatisierung erkannt. Als weitere Dramatisierung des Urerlebnisses fällt ihr auf, daß die Abhängigkeit von dem Schwarzmagier schon damals eine starke erotische Komponente hatte. Dies erklärt ihr, wieso sie ihrer eigenen Erotik so hilflos ausgeliefert ist. Manchen Männern habe sie sich regelrecht «unterworfen», erzählt sie.

Am nächsten Tag geht es weiter. Noch verspürt Lisa starke emotionale Entladungen, wenn sie an ihre Verschmelzung mit dem Magier denkt, ein Endergebnis ist somit noch nicht eingetreten.[12] Sie berichtet, wie sich eine Schicht um sie legte wie zwei Eierschalenhälften und sich zusammenzog. Dann begann eine «Zentrifuge»: ein Drehen um die eigene Achse, ein Strudel in ihr drin, Schwindel (das ist die Szene, bei der Lisa gestern ohne erkennbaren Anlaß so laut schrie). Immer mehr Strudel kommen hinzu. Der ganze obere Chakrenbereich* vom Herzen aufwärts wird verwirbelt (das zeigte sich gestern, als sich Lisa gleichzeitig nach oben und unten gezogen fühlte). Die Wirbel umgeben den Kopfbereich und stehen in rechten Winkeln zueinander. Die Energie entströmt den Augen des Schwarzmagiers. Mit seinen Händen dirigiert er die Wirbel. «Aufhören!» schreit Lisa. Der Magier zieht seine Kraft zurück und sagt ironisch: «Darf ich dich in unseren Reihen begrüßen?»

* Chakren sind Energieknotenpunkte. Zwischen Dammbereich und Scheitelpunkt gibt es davon sieben. Jedes Chakra hat bestimmte Funktionen im Rahmen der vitalenergetischen Strömungen im Körper. Disharmonie in den Chakren führt zu geistigen, seelischen und körperlichen Störungen.

Sie gehen in einen anderen Raum. Er ist hell und abgerundet, ohne Ecken. Lisa bekommt die Anweisung, sich in diesem Raum auszudehnen, ihn auszufüllen. Dabei umhüllt sie den Magier. Dieser hilft mit Energieschüben nach, die von innen nach außen gehen. Eine machtvolle Vibration geht von ihm aus.

Lisa sieht zwar, auf was sie sich da eingelassen hat und daß sie nicht mehr aussteigen kann, doch will sie im Grunde schon gar nicht mehr aussteigen – so groß ist die Faszination der schwarzen Macht. Obwohl sie sich dafür verachtet, unterwirft sie sich ganz dem Schwarzen. «Als ob ich nichts wäre und er alles.» (Als Parallele dazu erkennt Lisa jetzt, während der Sitzung, ihren ständigen, das ganze Leben durchziehenden Konflikt zwischen Lust und Pflicht.)

Während sich Lisa in dem Raum ausbreitet, fühlt sie sich von dem Magier durchdrungen und vereinnahmt. Er breitet sich in ihr aus! Sie ist ihm verfallen und kann sich nicht mehr von ihm lösen. Gleichzeitig spürt sie Erregtheit, denn sie ist größer geworden durch diese energetische Bindung, ist zu einem Teil von ihm geworden. «Ich fühl' mich wie ein vibrierender Hochspannungsmast.» Neue Dimensionen der Wahrnehmungsfähigkeit stellen sich ein, ihre telepathische Begabung potenziert sich um ein Mehrfaches. Der Magier verdichtet sich in ihr nach innen hin, in ihr Zentrum hinein. «Als Kind dachte ich immer, ich habe ein schwarzes Herz», sagt Lisa zu mir. Sie versteht jetzt, warum.

Nun marschiert sie los, in Richtung «Zielgruppe». Unbeachtet durchwandert sie den Sicherheitsschirm ihrer Heimatstadt; kaum ist sie drin, erfolgt eine Umstülpung. Nun ist der Magier außen und sie selbst innen. «Der Magier wirft seine Energieharpunen aus und bindet die Menschen an sich.»

Lisa wird nun nicht mehr gebraucht. Der Magier zerstückelt sie. Damit widerfährt ihr genau das, was sie eigentlich vermeiden wollte, als sie «aufhören!» schrie. Er zieht sie in sich hinein, verwirbelt und verdichtet sie und spuckt sie hinaus ins Universum. Ihr Astralleib*

---

* Der subtile, aus «Mentalstoff» bestehende, transparente Körper eines Wesens wird auch «Astralleib» genannt.

wird zersplittert und löst sich auf. Sie selbst als eigentliches Wesen, als Quellpunkt ihres Seins, überlebt die Katastrophe natürlich, ist aber zunächst funktionsunfähig und zudem durch ein Negativprogramm langfristig belastet.[13]

Am Ende muß Lisa lachen. «Vielleicht wirkt sich das positiv auf meine finanzielle Situation aus, daß ich jetzt nicht mehr zerstückelt bin!» Sie fühlt sich leicht und fröhlich. Das Negativprogramm «ich zeige nicht, wer ich wirklich bin» ist neutralisiert. Es zeigt bei weiterer Wiederholung keine Wirkung mehr.[14] (Sitzungsdauer: insgesamt 9:38 Std.)

Kurzer Rückblick: Lisa sprach von «Atlantis». Gab es diesen sagenhaften Kontinent wirklich? Ich weiß es nicht. Auffällig aber ist, daß von wundersamen Erlebnissen in magischen Welten häufig berichtet wird und daß die Sitzungspartner gerne als Ort des Geschehens Atlantis nennen. Vielleicht ist «Atlantis» ja nichts weiter als ein Sammelbegriff für eine Zeit und einen Ort, wo solche Szenen wie die beschriebene zur Tagesordnung gehörten, wann und wo immer das gewesen sein mag.

Soll das heißen, fragt sich nun gewiß mancher Leser, daß ich, der Autor, magischen Welten wie zum Beispiel einem Atlantis Realität zugestehe? Lassen wir meine Meinung dazu vielleicht beiseite, denn auch sie wäre nur eine Meinung, und befassen wir uns besser mit der Frage: Was bedeutet «wirklich»?

Exkurs: Was ist wirklich wirklich?

«Woher wollen die Leute denn wissen, ob das stimmt, was sie da in ihren Sitzungen erzählen? Ob das wirklich vergangene Leben waren, ob es so was überhaupt gibt – das kann doch keiner beweisen!» Ein beliebter Einwand. Gehen wir auf ihn ein.[15]

Das Problem bei der Beweisführung ist, daß sich das zu Beweisende im persönlichen geistigen Raum abspielt, den man nur mit dem geistigen Auge erblicken kann. Zeugen gibt es keine; man betritt ihn alleine. Zwar können Sie anderen von Ihren Erlebnissen und Erkenntnissen erzählen, aber beweisen können Sie nichts. Mit

Ihrer persönlichen Wahrheit stehen Sie zunächst einmal alleine da. Es mangelt an überprüfbaren Raum/Zeit-Koordinaten.

Witzigerweise stellt sich dieses Problem nicht nur hinsichtlich vergangener Inkarnationen, sondern auch schon bei ganz alltäglichen Erinnerungen. Beispiel: Sie haben auf einem Waldspaziergang einen Bären gesehen. Sie bekommen den Schreck Ihres Lebens – mitten im harmlosen deutschen Mittelgebirge ein Bär? Aber bitte, da oben am Waldrand steht er, höchstens 50 Meter weg. Und dann huscht er hinter einen Busch und verschwindet. Sie gehen nach Hause und erzählen es Ihren Freunden. Deren Reaktion kann man sich vorstellen: «Du hast 'n Knall!», «Einen zuviel getrunken?», «Das kannst du deiner Großmutter erzählen!» Und so weiter. Nun können Sie sich aber ganz genau an den Bären erinnern; Sie *wissen*, daß Sie ihn gesehen haben. In Ihrem geistigen Raum ist dieser Bär in voller Größe und ohne jeden Zweifel vorhanden, Schreck inklusive – aber beweisen können Sie nichts.

Der Spott aus Ihrer Umgebung mag zur Folge haben, daß Sie Ihr eigenes Erlebnis in Frage stellen, denn Sie wollen sich vor Ihren Freunden ja nicht lächerlich machen. Sie sagen: «Ihr habt Recht, das mit dem Bären kann wirklich nicht so gewesen sein. Das hab ich mir wahrscheinlich nur eingebildet. War wohl ein Fuchs oder ein Reh. Also so was!»

Sie verdrängen das Erlebnis aus Ihrem geistigen Raum und drücken es in den hintersten, dunkelsten Winkel, wo es keiner sehen kann, nicht einmal Sie selbst.

Wenn aber eine Woche später in der Zeitung steht, daß genau in der Gegend, wo Sie damals spazierengegangen sind, ein entlaufener Bär aufgegriffen wurde, dann sind Sie ganz stolz auf Ihr Abenteuer und denken: «Wußt' ich's doch, daß das keine Einbildung war!» Und für Ihre Freunde sind Sie auf einmal der Held. So schnell kann sich das ändern mit der Wirklichkeit.

Die Moral von der Geschichte: Wirklich ist für einen immer das, womit man übereinstimmen kann. Erst sahen Sie den Bären und stimmten damit überein, daß es ihn gab. Sie trauten Ihrer Wahrnehmung. Später, als Sie sich an den Bären erinnerten, stimmten Sie mit Ihrer Erinnerung überein. In beiden Fällen war für Sie der

Bär wirklich. Dann aber zweifelten Ihre Freunde den Bären und damit gleichzeitig Ihr Erlebnis und Ihre Erinnerung daran an. Ihre persönliche Wirklichkeit fand bei Ihren Freunden keine Zustimmung. Das führte schließlich dazu, daß auch Sie selbst nicht mehr mit Ihrer Erinnerung übereinstimmten. Von diesem Moment an wurde der Bär für Sie zunehmend unwirklich. Am Schluß jedoch, als der Bär groß in der Zeitung stand, bekamen Sie wieder Aufwind und polierten die Wirklichkeit des Bären wieder auf. Die mächtige Übereinstimmung seitens der Medien und der Allgemeinheit blies all Ihre Zweifel hinweg. Ihre höchst private und deswegen leicht verletzbare Übereinstimmung mit sich selbst wurde endlich auf ein solides, unerschütterliches Podest gestellt. Zweifel sind nunmehr ausgeschlossen. («Da, bitte, das Foto! Genau so hab ich ihn gesehen!»)

Nicht immer finden sich so schöne Beweise wie oben. Leider wird man mit seinen Erlebnissen zumeist allein gelassen und sitzt auf dem altbekannten Problem: «Also, hab' ich mir das jetzt zusammenphantasiert, oder war das wirklich so?»

Auch hierzu ein kleines Beispiel: Sie zeigen Ihrer Freundin ein Babyfoto und sagen: «Das war ich mit fünfzehn Monaten!» Nehmen wir mal an, die Freundin glaubte Ihnen das nicht. Nehmen wir weiterhin an, es gebe für die Fotoszene keine Zeugen mehr. Was machen Sie jetzt? Wie können Sie beweisen, daß das Baby auf dem Foto wirklich Sie waren?

Sie können es nicht. Aber das stört Sie nicht einmal – denn Sie *wissen* ja, daß Sie das waren. Sie brauchen überhaupt keinen Beweis.

Wer etwas mit Gewißheit weiß, braucht keine Beweise. Er hat sie nicht nötig, denn er zweifelt nicht. Was aber noch lange nicht heißt, daß er sich nicht vielleicht doch geirrt haben könnte! Jahre später könnte sich das Gegenteil als wahr herausstellen. Peinlich. Aber kann vorkommen.

«Objektive» Wirklichkeit ist das, was man subjektiv gerade für wahr hält. Dies gilt für Individuen wie auch für Gruppen, ja sogar für die hochheilige Wissenschaft der Physik. Wirklichkeit entsteht durch Übereinstimmung.[16]

Norbert (I): Reinkarnationserinnerung durch Internet bestätigt

Dem 45-jährigen Norbert mangelt es an Zukunftsorientierung. Früher, als Student, träumte der heutige Manager von einer Karriere im akademischen Bereich. An einen recht altertümlichen Hörsaal an der Universität Köln, wo er sich «so richtig zu Hause gefühlt» habe, erinnert er sich gerne zurück. Doch fehlte ihm schon damals die rechte Zielausrichtung, und aus der akademischen Karriere wurde nichts.

Haben die alten Holzmöbel, die eichene Wandtäfelung und die besondere Stimmung jenes Raumes Norbert vielleicht an frühere, weiter zurück liegende Räume erinnert? So frage ich ihn, denn seine emotionale Bewegtheit wie auch der gleichzeitige Ausschlag des Mindwalkers lassen vermuten, daß hier eine Einschaltung angetippt wurde. Innerhalb weniger Minuten erscheinen Szenen aus der Vergangenheit auf Norberts geistigem Bildschirm; seine Augen werden feucht. Zurückversetzt ins Jahr 1624, erblickt er einen knapp dreißigjährigen Mann, der einen leeren Hörsaal der Universität Tübingen besichtigt, bereit, dort einen Lehrstuhl zu übernehmen. Norbert schließt nicht aus, daß es sich um ihn selbst in einer früheren Inkarnation gehandelt haben könnte. Jener junge Mann, so Norberts Erinnerung, hatte zunächst Pfarrer werden wollen, doch wurde ihm seitens eines bedeutenden Förderers die akademische Laufbahn ermöglicht. Jedoch erlitt seine Universitätstätigkeit einen jähen Schlag, als ein Teil des Lehrgebäudes abbrannte und er hilflos vor den verkohlten Resten des Hörsaals und einer ruinierten Zukunft stand. Ein hochwichtiges Projekt hatte nicht zu Ende geführt werden können. Welches das gewesen sein mochte, stellt sich in Norberts Erinnerung jedoch nicht heraus.

Soweit die erinnerten Erlebnisse. Norbert fühlt sich von dem Erschauten persönlich zutiefst angesprochen; es läßt ihm keine Ruhe. Wieder zu Hause, setzt er sich an den Computer und gibt in die Internet-Suchmaschine drei Wörter ein: «Tübingen – 1624 – Brand». Zu seinem äußersten Erstaunen werden ihm der Name und die Lebensgeschichte eines Tübinger Gelehrten namens Wilhelm

Schickard präsentiert! Alles, was Norbert als Erinnerung erschaut hat, bestätigt sich hier: Geboren 1592, wurde Schickard mit 18 Jahren zunächst Pfarrer, schlug aber bereits nach kurzer Zeit eine Universitätslaufbahn ein, die ihm der württembergische Herzog ermöglicht hatte. Dieser hoffnungsvollen Zukunft wurde ein jähes Ende gesetzt, als die Tübinger Universität während der Wirren des Dreißigjährigen Krieges abbrannte.

Parallelen zum eigenen Leben tun sich Norbert auf: Er selbst hatte einmal mit dem Gedanken gespielt, Pfarrer zu werden. Als er Tübingen erstmals kennenlernte, verspürte er zu dieser Stadt sofort eine unerklärlich hohe Affinität. Des weiteren sah Norbert in seiner Sitzung den damaligen «jungen Mann» als Kind in dörflicher Umgebung, welches mit Holzleisten Bastelarbeiten ausführte. Nun, Schickards Vater war Schreiner und Werkmeister gewesen, sein Onkel ein berühmter Baumeister. Norbert selbst wollte als Kind Baumeister werden (wie Schickards Onkel), später aber Erfinder (wie Schickard selbst). Denn es war Schickard gewesen, der 1623 für den kaiserlichen Mathematiker und Astronomen Johannes Kepler die erste Rechenmaschine baute. Die beiden einzigen Exemplare dieser Maschine kamen abhanden, eine beim Brand der Tübinger Universität, die andere durch die Kriegswirren (womit wir nun wissen, was das hochwichtige Projekt war, das nicht zu Ende geführt werden konnte, nämlich nichts weniger als die Erforschung des Kosmos). Weiterhin machte Schickard einige bedeutende Erfindungen im Bereich der Kartographie. Im Jahre 1635 starb er an der Pest.

Und Norbert? Immer in Schickards Fußstapfen, nahm er als Kind Uhren auseinander, kaufte sich als Junge mit dem Geld aus der Spardose einen Taschenrechner, programmierte an den ersten Computern herum, arbeitete schließlich im Rechenzentrum. Heute ist er Marketingleiter einer Computerfirma. Die damals abhanden gekommenen Rechenmaschinen ließen ihm offensichtlich keine Ruhe.

Privat fühlt sich Norbert fasziniert von der Möglichkeit einer Synthese zwischen psychologischem, religiösem und naturwissenschaftlichem Wissen. Und Schickard? Der war mit Johann Valentian Andreä befreundet gewesen, dem Verfasser eines der Gründungsmanifeste der Rosenkreuzer, die sich zu jener Zeit anschickten, die Brücke zwischen Glauben und Wissen zu finden.

Norbert spielte aus irgendeinem Grunde Schickard nach, ohne auch nur dessen Namen zu kennen. Wenn er jemanden brauchte, mit dem er sich identifizieren konnte – noch dazu unbewußt! –, warum dann gerade Schickard und kein anderer? Oder sollte Norbert gar doch der wiederauferstandene Schickard sein? (Praktisch gesprochen, wäre letztere Annahme die akzeptabelste, denn sie hat unter allen möglichen den Vorzug, daß sie die naheliegendste und einfachste ist.)

Norbert (II): Nochmals im Internet fündig

Zweifel an der Richtigkeit der eigenen Erinnerung wurden bei Norbert noch ein weiteres Mal durch das Internet ausgeräumt. Sitzungsleiterin war in diesem Fall seine Trainingspartnerin. Er verfaßte dazu den folgenden Bericht:

«Ausgangspunkt der Sitzung war ein Gefühl, als ob ich etwas tun will, es aber nicht tue, oder nicht weiß, was der nächste Schritt ist, oder diesen Schritt nicht mache. In der Sitzung haben wir dann mit dem Satz gearbeitet: ‹Ich will etwas tun, aber tue es doch nicht.› Langsam entwickelte sich ein Bild von einer schwarzen, zähen, nachgiebigen Masse, und ich stand mit den Schuhen in dieser Masse und blieb darin stecken. Daraus entwickelte sich dann die folgende Geschichte:

Ein Naturforscher bereitet sich auf eine Forschungsreise vor. Besonders eindrücklich erinnere ich mich, wie er zusammen mit seiner Frau den Koffer packt und die Ausrüstungsgegenstände zusammenstellt. Er ist ganz euphorisch und freut sich auf diese Reise. Seine Frau ist sehr fürsorglich und erklärt ihm, was sie alles im Koffer verstaut hat. Dann fährt er mit der Eisenbahn nach Hamburg, um sich einzuschiffen. Ein Erinnerungsbild ist der Abschied am Bahnhof. Es folgt die Schiffsreise, hier sind keine weiteren Eindrücke. Im Zielland angekommen, das sich irgendwo auf der Südhälfte der Erde befindet, ist er in einem Hotel untergebracht. Bald macht er sich auf zu seinem Zielpunkt. Jetzt kommt das Bild mit der schwarzen Masse. Es ist wie ein See, auf dem ich stehe, aber es gibt kein Wasser, sondern diese schwarze, glänzende Masse. Vor allem dort, wo die Masse aufreißt, bilden sich diese glänzenden Spalten. Die Landschaft drumherum ist faszinierend. Um diesen ‹See› sind sanfte Hügel, die von der Seite beleuchtet sind, so daß sich ein malerisches Bild ergibt. Doch dann stecke ich in der Masse fest, d.h., meine Schuhe bleiben kleben. Aber es nützt ja auch nichts, die Schuhe auszuziehen, dann würde ich mit den Füßen einsinken. Ich habe den Eindruck, in Asphalt zu stecken, mitten in einem Asphaltsee.

In der Sitzung kommt mir das sehr merkwürdig vor. Ich kenne keinen Asphaltsee und bin der Meinung, Asphalt werde irgendwie hergestellt, sei also ein künstliches Produkt. Dann fällt mir das Wort ‹Basalt› ein, und ich spreche in der weiteren Sitzung lieber von einem Basaltsee statt von einem Asphaltsee.

Ich bin allein in diesem Asphaltsee, und langsam wird mir bewußt, daß ich hier nicht mehr herauskomme. Es ist eine merkwürdig bizarre Situation, in dieser schönen Landschaft mit dem faszinierenden Licht, und ich stecke fest; niemand kommt mir zu Hilfe. Mein letzter Gedanke ist der an meine Frau, und ein starkes Gefühl der Sehnsucht mit der Erinnerung an die gemeinsame Vorbereitung der Reise steigt in mir auf.»

Wieder zu Hause, schaute Norbert ins Internet unter «Asphalt» und fand zu seinem Erstaunen heraus, daß es nicht nur natürlichen Asphalt gibt, sondern sogar Asphaltseen, und zwar nur auf Trinidad. Was bedeutet, daß er Erinnerungsbilder von etwas bekam, was er eigentlich während der Sitzung in Abrede gestellt hatte, denn – so vermeinte er – Asphalt in natürlicher Form gäbe es nicht, daher müsse es sich wohl um Basalt gehandelt haben (was nicht für seine geologische Informiertheit spricht).

Exkurs: Und wenn wir wirklich alle wiederkämen …?

So faszinierend die Vorstellung vergangener Inkarnationen für manchen Leser sein mag, so sehr müssen wir uns darüber klar sein, daß wir uns hier lediglich auf Erinnerungsbilder stützen, allenfalls auf ein paar Indizien wie im Falle Norberts.[17] Aber nehmen wir einmal den Fall an, es gäbe sie wirklich, diese vergangenen Inkarnationen – dann hätte das unbequemerweise zur Folge, daß wir auch mit zukünftigen Inkarnationen rechnen müßten, nicht?

Angenommen also, wir kämen wirklich alle wieder, was wäre dann? Dann sollten wir unsere Verantwortung für die Zukunft weit ernster nehmen, als wir es gegenwärtig tun. Denn wir selbst sind diejenigen, die morgen die Suppe auszulöffeln haben, die wir uns heute einbrocken – was für jede Ebene des gesellschaftlichen Lebens gilt, ob im privaten, wirtschaftlichen oder politischen Rahmen.

Die Reinkarnationshypothese hat, wie oben schon angedeutet, den Vorzug der Einfachheit. Sie erklärt auf wünschenswert unkomplizierte Weise sehr viel, was bekanntlich immer ein Zeichen dafür ist, daß ein Erklärungsmodell recht nahe an der Wahrheit ist. Reinkarnation würde viel Irrationalität erklären, zum Beispiel, warum manche Menschen oder Menschengruppen, vernarrt in bestimmte Projekte, ihre gesamten Ressourcen an Geld, Zeit und Energie in die Verwirklichung des Utopischen verpulvern, warum sie als Sammlernaturen möglichst alle Medaillen, Messer oder Milchtöpfchen dieser Erde in der Dachkammer anhäufen müssen, warum sie unter Todesgefahr auf die höchsten Berge steigen oder über die wildesten Meere segeln müssen, warum sie immer wieder Kriege mit immer den gleichen Gegnern führen oder die Weltherrschaft anstreben müssen.

Das Leben einzelner Menschen wie auch die Geschichte der gesamten Menschheit ließe sich sehr simpel dadurch erklären, daß bei der «letzten Runde» – wann immer die gewesen sein mag – etwas Unerledigtes zurückgelassen wurde, sei es auf der Täterseite oder auf der Opferseite. Aktionsabläufe, einmal gestartet, wollen abgeschlossen werden – wenn nicht in diesem Leben, so eben im nächsten.

KAPITEL 3

Wenn sich der Geist vom Körper trennt

Paul (III): Sich selbst aus der Hubschrauberperspektive gesehen

Rückblende: Bei der Besteigung eines Dreitausenders strauchelte Paul im Tiefschnee, rutschte den steilen Abhang hinab über eine Felsnase hinaus und fiel ins Leere; tief unten schlug sein Körper auf einem Felsen auf. Vielleicht fiel Ihnen auf, daß Paul den Vorfall «wie aus der Hubschrauberperspektive» schilderte, wie er das nannte.

Mit dieser Szene endete die bisherige Berichterstattung. Tatsächlich aber beschrieb Paul sein Erlebnis noch weiter: «Den Aufschlag bekomme ich schon gar nicht mehr mit. Es hebt mich weg. – Ich bin ruhig. – Die ganze Situation wird uninteressant.» Nachdem es ihn «weggehoben» hat, sieht er seinen Bergkameraden unter sich stehen und entfernt sich immer weiter von ihm, bis in einer Entfernung von etwa 600 Metern der Erinnerungsfilm abreißt. Ende.

Wie ist das zu erklären? «Nun, der Geist ist eben der Geist und der Körper der Körper», sagt da mancher Sitzungspartner spontan, wenn ich ihn auf dieses Phänomen der außerkörperlichen Wahrnehmungsposition anspreche. Wohl gesprochen, nur: erklärt ist damit noch nichts. Schauen wir uns also einige weitere Beispiele an.

Jochen (III): Ob Himmel oder Hölle – es geht weiter

Auch Jochen erzählte noch mehr als bisher berichtet. Nachdem seine Tochter in der Folterkammer umgebracht und ihm seine

Unterschrift abgezwungen worden war, stieß ihn der rotgekleidete Mönch mit einem heißen Schürhaken aus dem Fenster hinunter in den Burggraben. Soweit der bisherige Bericht. Doch geht das Protokoll noch weiter: «Ich falle – tief – und denke: Gott, verzeih mir! Bin erleichtert. Spüre die Knochen splittern, den kurzen Schmerz überall, fließe auseinander – und gehe, löse mich auf. Ich fliege auf – als ich selbst –, sehe unter mir die Felsen, die blutigen Kleider, den Knochenmatsch. Das warst du, denke ich. Wieso bin ich noch da? Angst! Was kommt jetzt? Hört das nie auf? Himmel? Hölle? Ein neuer Kampf? Und ich weiß: Es geht weiter. Wie mit einem Nebelschweif hinter mir steige ich nach oben – unten die Reste des Körpers –, friedlich. Es ist alles vorbei. Ich denke zurück [Tränen]. Es war so schön, und was hast du draus gemacht? Nur gekämpft – und wofür? Ich fließe immer mehr auseinander, löse mich auf. Ich weiß: keine Ruhe nach dem Tod; es geht weiter – bis ich mehr mache aus meinem Leben [schluchzt].»

Hier öffnet Oberarzt Jochen seine Augen, die er während des Erinnerungsvorgangs geschlossen hatte. Er schaut mich an, erst ernst, dann muß er grinsen. Verschmitzt, sozusagen pflichtgemäß sagt er: «Also, als naturwissenschaftlicher Nihilist muß ich das aber ablehnen!»

Jon, Beck, Reinhold: Drei fliegende Bergsteiger

Man muß nicht unbedingt sterben, um seinen Körper von außen zu sehen. Auch bei extremer Belastung oder in Todesnähe kann ein «Aussteigen» erfolgen. Ich gebe hier drei Berichte von Bergsteigern wieder. Zwei von ihnen, Teilnehmer derselben Expedition, gerieten unabhängig voneinander beim Abstieg vom Mount Everest in einen Schneesturm und mußten ohne Sauerstoffreserven extreme Kälte und Erschöpfung erdulden:

Beck Weathers: «Zuerst überwältigt einen das Gefühl der Kälte, dann verliert man das Gefühl dafür. Man spürt einfach gar nichts. Ich glaubte irgendwann, über das Eis zu fliegen. Irgendwann gehen die Lichter aus, und man verliert das Bewußtsein.»[18]

Jon Krakauer: «Allmählich bekam ich das Gefühl, daß mein Verstand mich im Stich ließ, und mit einer Mischung aus Faszination und Schrecken sah ich mit an, wie mein eigenes Ich aus der Realität rutschte. Ich war weit jenseits gewöhnlicher Erschöpfung, und plötzlich passierte es, daß mein eigener Körper wie losgelöst von mir war, so, als würde ich meinen Abstieg von ein paar Metern weiter oben beobachten.»[19]

Auch der bekannte Bergsteiger Reinhold Messner beschreibt ein Aussteige-Erlebnis, das ihn um seinen Verstand fürchten ließ: «Zitternd laufe ich über den Schneehang. Dabei stolpere ich und überschlage mich einige Male. Es ist mir dabei, wie wenn ein Zweiter da läge. Als ob ich mich von oben sehen würde. [...] Habe ich für einen Augenblick die Sinne verloren? Spaltet sich mein Ich? Ja, ich sehe mich selbst in der dritten Person, finde diese Spaltung aber nicht außergewöhnlich. Wie ein Bündel rolle ich selbst hinter mir her. Es ist, als sähe ein Ich das andere, der Geist den Körper.»[20]

Exkurs: Außersinnliche Wahrnehmung

«Die Lichter gehen aus», wie Beck Weathers es formuliert – aber nur scheinbar. Denn selbst wenn der Körper ohnmächtig am Boden liegt, nimmt der entschwebende Geist weiterhin die Umgebung wahr und zeichnet seine Wahrnehmungen auf. Wäre dem nicht so, so könnte man sich an nichts erinnern. Man kann es aber! Daß man unabhängig von der sinnlichen Wahrnehmung, unabhängig von Körper und Gehirn also, weiterhin zu bewußter Wahrnehmung fähig ist, geht aus diesen Bergsteigerepisoden und vielen Berichten in diesem Buch hervor. Und was man wahrgenommen hat, an das kann man sich auch erinnern.

Wie kommt es dann, daß jemand, nachdem er wieder «zu sich gekommen» ist (was für ein treffender Ausdruck!), meist eine Erinnerungslücke hat, sich das betreffende Geschehnis also nicht zurückrufen kann? Offenbar tritt also doch Bewußtlosigkeit ein!

Gewiß tritt sie ein – aber nur der Körper ist bewußtlos! Der Geist ist draußen und registriert nach wie vor. Geht er wieder in den

Körper zurück, so weiß man von nichts mehr. Unsere drei Bergsteiger bilden da ein Ausnahme, und nicht nur sie, sondern auch die vielen Berichte von Nahtoderfahrungen, außersinnlicher Wahrnehmung, usw. Dennoch ist es nicht jedem möglich, sich nach einer solchen Erfahrung unmittelbar daran zu erinnern. Wie kommt das?

Offenbar haben wir nach solchen Erlebnissen eine Erinnerungslücke. Eine Erinnerungslücke ist eine Zeitspanne, über deren Inhalt man keine Auskunft zu geben vermag. Sie kann aus drei Gründen (oder deren Kombination) entstehen: zum einen durch das Verdrängen grausiger Mentaldateien (wie schon beschrieben), zum anderen ganz einfach dadurch, daß man einem Ereignis zu wenig Aufmerksamkeit schenkte. Bei einem geringfügigen Vorfall ist die Aufzeichnung zu schwach, um erinnerbar zu sein. Außerdem mag einem das Erlebnis allzu ungewöhnlich vorgekommen sein. Auch dies ist ein Grund für eine Erinnerungslücke, sogar ein häufiger!

Ist man geistig unvorbereitet auf ein Ereignis, so sagt man sich spontan: «Das kann doch nicht wahr sein! Was ich da gerade erlebe, das kann man überhaupt nicht erleben!» Auch dies ist eine Form der Absperrung, hier jedoch nicht auf traumatischer Basis, sondern entstanden aus Nichtübereinstimmung mit dem eigenen Weltbild. Es handelt sich um eine selbstgeschaffene Unwirklichkeit.

Die Wahrnehmung des eigenen Körpers von außen ist solch ein ungewöhnliches Erlebnis, selbst wenn es nicht traumatisch war. Man will es nicht wahrhaben, weil man absolut nicht darauf vorbereitet ist, und reagiert dementsprechend verängstigt. Es stand in keinem Schulbuch, es war nicht Teil des Religionsunterrichts. Was soll man mit einer solchen Erfahrung nun anfangen? Aus reiner Hilflosigkeit sperrt man sie ab.

Zum ungewöhnlichen Charakter einer außerkörperlichen Wahrnehmung trägt bei, daß sie nicht über die Körpersinne läuft, sondern eben außersinnlich ist. Das ist ein ganz anderer Wahrnehmungsmodus als der gewohnte. Bei der außersinnlichen Wahrnehmung wird ohne Umweg über den Gesichts-, Gehör- oder Tastsinn *direkt* registriert, was die verströmte Aufmerksamkeit abtastet. Es handelt sich um eine reine Mentalwahrnehmung. Man leuchtet die

Umgebung mit seiner Aufmerksamkeit ab wie einen dunklen Keller mit der Taschenlampe. Nur das, worauf man den Strahl der Aufmerksamkeit richtet, wird wahrgenommen. Alles andere bleibt im Dunkeln.

So wie es wahrgenommen und aufgezeichnet wurde, wird es auch wieder abgerufen. Darauf kann man sich als Sitzungsleiter verlassen. Der Punkt, von dem aus der Sitzungspartner seinen Erinnerungsfilm sieht, ist auch der, wo ursprünglich, im Moment des Aufzeichnens, die «Kamera» stand, d.h. wo die Wahrnehmungsposition lokalisiert war.

Achten Sie einmal darauf, wenn Sie sich an etwas erinnern, ob Sie sich dabei von einer Außenposition aus selbst im Bild herumspazieren sehen. Wenn das so ist, dann hatten sie zum fraglichen Zeitpunkt eine Mentalwahrnehmung von einer Position außerhalb Ihres Körpers. Sehen Sie hingegen nur die Umgebung und nicht sich selbst darin, dann handelt es sich um eine sinnliche Wahrnehmung aus der Innenposition heraus.

Das gleiche Experiment läßt sich auch bezüglich der Gegenwart anstellen: Sie als Leser nehmen diese Zeilen durch Ihre Augen wahr. Ist Ihre geistige Wahrnehmungsposition deswegen im Kopf? Nicht unbedingt! Denn von wo aus sehen Sie sich gerade sitzen? Von wo aus erblicken Sie Ihren Körper? Von innen oder von außen? Spüren Sie dem mal nach. Stellen Sie sich dabei bitte nichts «mit Gewalt» vor, sondern lassen Sie die Wahrnehmung kommen. Wie fühlt sich das an?

Übrigens schließen sich die beiden Wahrnehmungspositionen «innen» und «außen» gegenseitig nicht aus. Erinnern Sie sich mal an eine Situation beim Sport (Jogging!) oder bei intensiven erotischen Begegnungen, als Sie «sich selbst vergaßen», wie es so trefflich heißt: Erleben Sie diese Szene von innen, oder sehen Sie sich von außen? Oder aus beiden Positionen abwechselnd?

Um einem Sitzungspartner das Auffinden seiner Wahrnehmungsposition zu erleichtern, sind zwei Fragen nützlich: 1) Wo ist die «Kamera»? 2) Wer hält die «Kamera»? Aus diesem Grunde wird der Leser immer wieder auf Angaben treffen wie: «Ich sehe das von schräg hinter meinem Körper aus knapp drei Meter Höhe.» Der

Grund für die Notwendigkeit einer so exakten Angabe der Wahrnehmungsposition wird bald ersichtlich werden.

Horst (I): Sohn in Todesnot erscheint seinem Vater

Der fast achtzigjährige Horst erzählte mir von einer Gefechtsszene während des Zweiten Weltkriegs in Rumänien: «Wir saßen auf einem Lkw und wurden von Granaten beschossen. Alle hatten Mützen auf, nur ich einen Helm. Eine Granate schlug in den Lkw ein. Dem vor mir flog der Schädel weg, sein Hirn landete auf meinem Schoß.» Wer übrigblieb, sprang ab und verschanzte sich irgendwie. Doch war der Feind übermächtig; Horst gab sich keine Chance mehr. Er dachte an seine Eltern: «Wahrscheinlich sitzen sie gerade im Luftschutzkeller.»

Wie sich nach dem Krieg per Datums- und Uhrzeitvergleich feststellen ließ, taten sie das zum fraglichen Zeitpunkt tatsächlich. Und just zu diesem Zeitpunkt, im Luftschutzkeller sitzend, sah Horsts Vater seinen Sohn vor sich erscheinen und sich von ihm verabschieden – während Horst gleichzeitig in Rumänien um sein Leben kämpfte.

Offenbar stieg Horst mit solcher Macht aus seinem Körper aus und wünschte sich so intensiv zu seinen Eltern hin, daß sich seine Mentalenergie am Zielort regelrecht «zusammenballte» und dem Vater das Bild seines Sohnes greifbar vor Augen erscheinen ließ.

Wolfgang (I): Sich selbst an der Theke erblickt

Sogar ganz ohne traumatische Umstände kann es einem geschehen, daß man sich bzw. seinen Körper von einer Außenposition her anschaut, wie das nun folgende Erlebnis Wolfgangs veranschaulicht.

Wolfgang ist ein mittlerweile pensionierter Techniker. Weder beruflich noch familiär, noch sexuell hat er im Leben bekommen, was er sich gewünscht hätte. Sein Selbstwertgefühl sei immer sehr schwach gewesen; er habe sich nie durchsetzen können. Wenn es drauf ankam, steckte er zurück. «Immer mußte ich passen», sagt er. Zum Trost griff er zur Flasche, und das dreißig Jahre lang. Eines Tages aber ließ er es bleiben, und zwar für immer. Und das kam so:

«Es ist Freitag mittag, 10. Juni; ich bin als Pendler auf dem Rückweg von der Arbeit. Aber erst mal in die Stammkneipe, dann nach Hause. Ich sitz' an meinem Platz an der Theke und trink' meine zehn, zwölf Bier. Plötzlich – ich guck' nach draußen, sehe durch den Türrahmen das Licht auf der Straße – plötzlich denk' ich: Das kann's nicht sein! Mir war, als wenn was genug wäre. Ich lauf' nach Hause. Das Bier im Magen blubbert. Ich war voll! Ich wollte nicht mehr. Und ich hatte die Kraft, das durchzuhalten. Es ging wie von selbst. Ich war erleichtert. Denn ich hatte immer mit schlechtem Gewissen getrunken – um zu vergessen, zu dämpfen.»

Woher bezog Wolfgang diese Kraft? Was hatte sich da so plötzlich in ihm geändert? Um seinen Erfolg zu würdigen und zu stabilisieren, schlage ich ihm vor, dieser Frage nachzugehen. Er ist einverstanden. Zunächst verfolgen wir die Erinnerungskette zum Thema «habe immer mit schlechtem Gewissen getrunken». Denn darin steckt rein logisch ein Widerspruch: Wenn einer schon trinkt, sollte er doch Spaß dabei haben. Wenn er aber ein schlechtes Gewissen beim Trinken hat, warum trinkt er dann? Hier liegt ein Konflikt vergraben.

Wolfgang erzählt von einschlägigen Szenen: wie nach drei Flaschen Whisky der «Film reißt» und er am nächsten Morgen mit Schuhen im Bett liegt, ohne zu wissen, wie er da hingekommen ist; wie er in den Schrank uriniert und glaubt, er sei auf der Toilette; wie er im Suff Auto fährt. Und so weiter. Alkohol macht ihn lustig, Alkohol ist Ersatz für alles, was ihm das Leben vorenthält. Speziell dämpft Alkohol den Frust bei sexuellem Versagen.

Mir fällt auf, daß Wolfgang häufig die Szene so beschreibt, als stünde die Kamera außerhalb seiner Person. Als ich ihn darauf anspreche, sagt er: «Ich sehe mich oft von außen in der Erinnerung. Zum Beispiel einmal bei den Schwiegereltern, wie ich die ganze Flasche Whisky trinke.»

Wie war das genau, bitte? «Die Flasche kommt auf den Tisch. Ich hab' aber sowieso schon Alkohol drin. Ich geh' langsam aus dem Körper raus. Sehe den Zecher sich zubechern, habe Sympathie mit ihm. Er macht Jux, die Umgebung macht mit. Da hab' ich übrigens kein schlechtes Gewissen, da gönne ich es mir. Das schlechte Gewissen kommt erst am nächsten Tag. Daß ich mich mal ohne Kritik akzeptiere, daß ich mal das Kind in mir rauslasse, das hat Seltenheit, das gönn' ich mir! Das durft' ich ja sonst alles nicht. Weder bei meiner Mutter noch in meiner Ehe.»

Nun hat Wolfgang den Konflikt auf den Punkt gebracht: Gut am Alkohol war, daß er sich in betrunkenem Zustand kritiklos akzeptieren konnte. Schlecht daran waren seine Manipulierbarkeit und seine Verantwortungslosigkeit. Dadurch entstand (hinterher) sein schlechtes Gewissen.

Gut. Wie aber kam es zur Wende? Diese Frage ruft ihm die schon beschriebene Thekenszene noch einmal in den Sinn: «Ich seh mich da sitzen, von hinten rechts, ein fleischiger, schwitzender Kerl. Bin drei bis vier Meter weg. Dann ein Ruck. Stehe auf. Raus. Gehe auf den Heimweg.» Wolfgang überlegt: «Das helle Licht draußen durch die Tür spielt eine Rolle. Da hatte ich die Idee: Das kann's nicht sein.»

Er fügt hinzu: «Irgendeiner hat den Abwärtstrend gestoppt.»

Wer? «So ein Gefühl, daß da was von oben mich umgibt. Dachte immer – nach dem, was ich mittlerweile von der Esoterik her kenne –, das bin nicht ich, das ist eine positive Kraftquelle, das höhere Selbst oder so. Aber wie ich das Licht draußen auf der Straße sehe, da denke ich: Die Kugel halten wir jetzt an. Also war das *ich!* – Ich bin über mich hinausgewachsen.»

Sehr gut. Wolfgang hat seine Alkoholzeit entlastet und sich für deren Beendigung gewürdigt. Er hat erkannt, daß er selbst – aus der Außenposition heraus – es war, der «die Kugel angehalten» hat. Er hat sein «höheres» oder besser «wirkliches» Selbst wiederentdeckt.

Wolfgang strahlt. «Übrigens», fügt er noch hinzu, «ich mache keinen Druck gegen Alkohol. Seither ist das Verlangen einfach nicht mehr da.» (Sitzungsdauer: 2:35 Std.)

Kerstin (I): Gebärende sieht sich beim Kaiserschnitt zu

Kerstin brachte vor fast zwei Jahren eine Tochter zur Welt, doch war die Geburt so schwer, daß Kerstin die Tränen kommen, wenn sie daran zurückdenkt.

Das schlimmste dabei war, daß Kerstin ihre neugeborene Tochter erst nach Verlassen der Intensivstation sehen durfte, nachdem sie (Kerstin) sich von ihren Strapazen erholt hatte. Erst drei Tage nach der Geburt war das. «Sie kam auf die Welt, und ich war nicht dabei! [Tränen] Ich hab' geschlafen, war in Vollnarkose. Wegen dem Kaiserschnitt. Und ich wollte doch so gerne wach sein! Einfach wach sein und mein Kind begrüßen!»

Kerstin hat hier eine leere Stelle auf ihrem geistigen Film. Zwischen dem Einsetzen der Vollnarkose und dem Erwachen fehlt ihr eine halbe Stunde, schätzt sie. In dieser halben Stunde kam ihre Tochter zur Welt, und Kerstin bemerkte nichts davon.

Vielleicht gelingt es uns, diese blanke Stelle wieder aufzufüllen. Die Chancen scheinen dafür gut zu stehen, denn schon jetzt, während des Interviews, hat Kerstin Dinge erwähnt, die sie eigentlich gar nicht wissen kann, zum Beispiel folgende Szene: Sie liegt mit örtlicher Betäubung auf dem Operationstisch, der Chirurg setzt den ersten Schnitt; Kerstin spürt nichts davon. Sehen kann sie davon nichts, denn vor ihren Augen – zwischen ihrem Kopf und ihrem Bauch also – hängt ein grünes Tuch, das als Blicksperre dient. Den zweiten Schnitt aber spürt Kerstin extrem deutlich; ein wilder Schmerz durchfährt sie, und sie schreit laut auf: «Dann merk' ich den Schnitt [Tränen] ... der Schmerz! Ich hab gebrüllt! Der Bauch klappt auf. Dann gleich Vollnarkose. Ich bin heulend eingeschlafen und wieder aufgewacht. Eine Stimme sagte noch: Die Kleine kriegen wir gleich.»

Einen Fachmann mag es angesichts dieser laienhaften Darstellung grausen: Bei einem Kaiserschnitt wird nicht «örtlich betäubt», sondern sediert; ein Bauch «klappt» nicht auf, sondern der Einschnitt wird gespreizt; eine Vollnarkose würde nicht während einer laufenden Entbindung gegeben, sondern erst nach ihrem Abschluß, um das Neugeborene nicht zu gefährden. Aber Kerstin, die von Medizin nichts versteht, beschreibt, was sie sieht, und zwar so gut, wie sie eben kann. Entscheidend ist, daß sie sich ihren subjektiven Erinnerungen an das Erlebnis stellt, selbst wenn ihre Beschreibung «objektiv falsch» ist.

Was mir an ihrer Beschreibung auffällt, ist dies: Wie kann Kerstin sehen, daß ihr Bauch «aufklappt», wenn ein Blickschirm sie doch daran hindert? Wie kann sie eine Stimme hören, wenn sie bereits «unter Vollnarkose» steht?

Also nochmals von vorn (jetzt in der Sitzung), und ganz langsam: «Der zweite Schnitt. Der Bauch ist offen. Rot und fleischig. Er klafft auseinander. Wie ein Schlund. Ich sehe das von oben. Gleichzeitig fühle ich den Schmerz – und dann der Schrei! Hastige Aktivität um mich rum. Mit meinen Augen sehe ich nichts wegen dem grünen OP-Vorhang vor mir, nur den Anästhesisten über mir sehe ich. Dann bin ich weg.»

Und die Außenposition, von der sie eben berichtete? Können wir hier anknüpfen? Geht es auf dieser Spur weiter? Ja, es geht: «Ich sehe, wie er schneidet, sehe das Skalpell. Die Wunde klafft auf, rot, nicht schön. Dann kommt der Spruch: ‹Die Kleine haben wir gleich!› Ich blicke vom Kopf her aus einer leicht erhöhten Position meinen Körper entlang. Da hat einer das Kind in den Händen! Es wird hochgehalten. Ich höre Geräusche. Dann werde ich geweckt. Ich soll mein Kind anschauen, bin aber viel zu benebelt. Ich sehe nur einen dunklen Kopf und was Weißes. Dann bin ich wieder weg.»

Offenbar spielen hier zwei Wahrnehmungspositionen ineinander: zum einen die mentale Wahrnehmung von außerhalb des Körpers, zum anderen die sinnliche von innerhalb des Körpers. Die sinnliche Wahrnehmung ist durch die Narkose vernebelt, die geistige ist klar.

Schauen wir uns das noch mal an, Kerstin! «Ich spüre, wie der Bauch zugenäht wird. Aber vorher spüre ich noch, wie das Kind aus dem Bauch geholt wird – eine Hand wühlt in mir rum! Ekelhaft! Wie ausgeweidet werden. [Sie schüttelt sich.] Eine Hand in mir – als würde eine Gans ausgenommen. Widerlich! Ich sehe die Hand mit einem langen Handschuh, wie sie da reingeht, der Bauch ist ganz ausgebeult. Ich sehe es von über den Köpfen, unter mir lauter grüne Mützen, die fuhrwerken da rum. Ich sehe die Hand drin von außen und gleichzeitig spür' ich sie von innen. Dann holt sie meine Tochter da raus. Und dann das Zunähen – ich sehe die Hand mit dem Faden, die Narbe ist schon zu drei Vierteln zu. Der Faden wird so richtig durch das Fleisch gerissen. Dann werde ich aufgeweckt, ich soll mein Kind anschauen. Aber ich sehe nur diffus was Dunkles und was Weißes.»

Kerstin kann nun ganz ruhig und sachlich über ihr Erlebnis sprechen. Sie fügt noch hinzu: «Die Narbe ist zwar sehr klein und tut nicht weh – aber ich bin da bis jetzt immer sehr empfindlich gewesen. Ich schütze den Bauch bis heute.»

Das Trauma ist jetzt neutralisiert. Wir gehen zu anderen Themen über. (Dieser Sitzungsabschnitt dauerte knapp zwei Stunden. Hinzugefügt sei, daß dies Kerstins zweite Sitzungsrunde war; sie hatte also schon Erfahrung.)

Charlotte (I): Trotz Vollnarkose voll dabei

Mit Charlotte, einer erfolgreichen Unternehmerin, geht es seit einem halben Jahr geschäftlich bergab. Nichts wird verkauft, kein Geld kommt herein. Charlotte weiß nicht, woran es liegen könnte. Das nagende Gefühl hat sich in ihr festgesetzt: «Das wird nichts mehr!» Sie ist verzweifelt.

Wir stellen fest, daß die Talfahrt nach einer Schilddrüsenoperation begann. Vorher lief alles bestens. Irgend etwas muß sich also während dieser Operation zugetragen haben. Aber was? Denn schließlich war Charlotte zum fraglichen Zeitpunkt unter voller Anästhesie.

Wir durchlaufen das Operationsgeschehen einige Male. Mit jedem Mal werden mehr Details an die Oberfläche des Bewußtseins geschwemmt. Schließlich kann sich Charlotte an die gesamte Operation erinnern. Während des Geschehens schwebte sie als feinstoffliches Geistwesen über dem Operationstisch und verfolgte jede Bewegung des Chirurgen und der Schwester. Sie hörte jedes

Wort. Da sagte der Chirurg mit einem Blick aus dem Fenster zur Schwester: «Das wird nichts mehr!»

Jetzt, während unserer Sitzung, wird Charlotte klar, daß sich dieser Satz auf eine Verabredung der beiden bezogen haben muß, aus der wegen des schlechten Wetters nichts mehr wurde. Doch in ihrem nur halbbewußten Zustand während der Operation, in dem sie alles unterschiedslos aufnahm, bezog sie diesen Satz auf sich selbst. Er wirkte im Sinne eines posthypnotischen Befehls* und bestimmte ihr weiteres Leben. Von nun an glaubte sie, «daß das nichts mehr wird».[21]

Während der Operation verwendete der Chirurg ein Instrument, dessen Zweck Charlotte in unserer Sitzung nicht enträtseln kann. Die Sache interessiert sie, daher fragt sie den Chirurgen einige Wochen später danach. Der ist mit Recht verblüfft – denn wie kann Charlotte wissen, welche Instrumente er verwendet hat, da sie doch unter Vollnarkose stand? (Sitzungsdauer: 8:10 Std.)

Stanley: Vietnam auf zwei Ebenen

Da gibt es also Wesen, die über Operationstischen herumgeistern – bemerkt das Krankenhauspersonal denn nichts davon? Die meisten nicht, denke ich mal. Denn um etwas so Subtiles zu bemerken, muß man es erstens mal für möglich halten und zweitens sich darauf einzustellen verstehen. Weiß man aber von diesen Dingen nichts, wie in unserer gegenwärtigen Zivilisation nun mal üblich, so achtet man auch nicht darauf.

Dessenungeachtet trifft man auch hier gelegentlich auf «Naturtalente». Die beiden folgenden Geschichten werden uns das zeigen. Die erste, die von Stanley, einem Amerikaner, spielt im Vietnam-Krieg. Nicht während einer Sitzung erzählte er sie mir, sondern ganz nebenher in einer Seminarpause.

---

* Ein posthypnotischer Befehl ist eine Anweisung des Hypnotiseurs an den hypnotisierten Klienten, verbunden mit der Aufforderung, diese Anweisung erst nach (lat.: «post») dem Erwachen aus der Trance auszuführen.

Stanley schlich gerade einen Dschungelpfad entlang, total auf der Hut, denn der Gegner war nahe. Aus dem Augenwinkel nahm er eine Bewegung wahr. Ein Vietcong, eben noch hinter einem Baum verborgen, stürzt hervor und geht auf Stanley los. Stanley drückt ab und erschießt den Mann. Dann durchfährt es ihn: ‹Ich habe einen umgebracht!› Es war sein erstes Mal.

Stanley ist verwirrt und bestürzt. Gleichzeitig aber spürt er den anderen in seiner Nähe. Der abscheidende Vietnamese sagt zu ihm: «Mach dir nichts draus. Nimm es nicht persönlich. Wenn du nicht mich erwischt hättest, dann hätte ich eben dich erwischt. So ist das nun mal bei diesem Spiel.»

Der Geist des Vietnamesen wirkte heiter und versöhnlich. Nach seiner Rede entschwebte er «gen Himmel».

Nach diesem Erlebnis begann Stanley, den Krieg auf zwei Ebenen wahrzunehmen. Oberhalb der Welt der Waffen befand er sich fast ständig im Dialog mit der Welt der Geister. Und als er selbst verletzt und von Kugeln durchschossen dalag und seinen Körper von oben betrachtete, war ihm, als sei das Ganze nur ein großer kosmischer Witz («a cosmic joke»).

Ingrid: Seminarleiter außer sich

Die zweite «Geistergeschichte» stammt von Ingrid, die sie mir während einer Sitzungspause erzählte. Nicht so dramatisch wie die von Stanley, ist sie doch nicht weniger aufschlußreich.

Ingrid, die im Verkauf arbeitet, nahm an einem Weiterbildungsseminar ihrer Firma teil. Den athletischen Körper des Seminarleiters wie auch seine kraftvolle Ausstrahlung fand sie attraktiv. Während sie ihn anschaute, «kippte» plötzlich ihre Wahrnehmung, und sie sah den Mann als einen von den Farben seiner Aura umwaberten Körper. Dieses irisierende Farbenspiel der Aura pflegt Ingrid gelegentlich zu sehen, es war ihr also nicht fremd. Neu aber war ihr, daß sie darüber hinaus, außerhalb von Körper und Aura, noch eine weiße Lichtkugel erblickte. Sie wußte: «Das ist *er!*», also die Person selbst als geistiges Wesen.

Sie beobachtete, wie der Körper des Vortragenden von der Kugel aus hin- und herdirigiert wurde. Die Kugel nahm eine bestimmte Position ein, der Körper bewegte sich auf dem Podium hin und her, die Kugel folgte ihm zu der jeweils neuen Position nach. Bei schnellen Positionsänderungen des Körpers sah es aus, als würde die Kugel wie an einem elastischen Band hängend vom Körper «nachgezogen» (obwohl ja eigentlich sie es war, die die Bewegungsbahn des Körpers vorgab).

Verständlicherweise war Ingrid von diesem Schauspiel aufs höchste fasziniert – wodurch die Worte des Vortragenden allerdings eher in den Hintergrund traten.

Exkurs: Von Mensch, Geist und Quellwesen

Der Begriff «Geister» wird meistens im Sinne von «Gespenst» gebraucht, womit ein Wesen gemeint ist, das keinen feststofflichen Körper mehr hat, also «tot» ist. Der Begriff läßt sich aber noch weiter fassen, nämlich allgemein in bezug auf Personen, die getrennt von ihrem Körper erscheinen. Ein Beispiel hierfür ist die Geschichte von Horst, der während des Krieges seinem im Luftschutzkeller weilenden Vater erschien. Aus der Sicht des Vaters war diese Mentalprojektion seines noch lebenden Sohnes eine «geisterhafte Erscheinung».

Woraus besteht nun ein Geist, wenn man ihn sogar «sehen» kann, wie von Horst, Stanley und Ingrid beschrieben? Er besteht aus «Mentalstoff», aus geistiger Energie. In diesem Sinn wäre unter «Geist» ein mentalenergetisches Feld zu verstehen, kurz ein «Mentalfeld», das sich außerhalb eines Körpers oder sogar ganz unabhängig von einem Körper manifestiert.

Die Quelle eines solchen Mentalfeldes, wie es z. B. von Horst projiziert wurde, ist selbstverständlich nicht Horst als Körper, sondern Horst als bewußtes Wesen: als «Quellwesen», wie ich es nenne.

Geister im umgangssprachlichen Sinn wären also «Quellwesen mit Mentalfeld ohne Körper». Wir Menschen sind «Quellwesen mit Mentalfeld und mit Körper». Nach dem Tod wären demnach auch wir Geister, d. h. Quellwesen mit einem Mentalfeld oder Mentalkörper, auch «Astralkörper» genannt. Steigen wir während des Lebens zeitweilig aus dem Körper aus (bei Unfällen, schweren Krankheiten oder im Drogen- bzw. Alkoholrausch), so sind wir für den betreffenden Zeitraum ebenfalls Geister ohne Körper, begreifen dies aber nicht immer. Denn unter solchen Umständen bleibt der Körper bewußtlos zurück, und weil sich die meisten Menschen mit der körperlichen Sinneswahrnehmung identifizieren, kommt es hier zu den im letzten Exkurs erwähnten Erinnerungslücken. Eine weitere Möglichkeit wäre noch, wenn der Geist bei wachem, nicht bewußtlosem Körper eine Wahrnehmungsposition von außen einnimmt.

All dies ist keine am Schreibtisch entwickelte Theorie, sondern läßt sich aus dem ableiten, was beim MindWalking zu beobachten ist. Denn praktisch in jeder Sitzung berichten Menschen von Situationen, in denen sie ihren Körper von außen wahrnahmen, woraus sie für sich klar erkennen, daß sie nicht mit dem Körper identisch sind.

Interessant und vielschichtig wäre hier auch die Frage, welche Beziehung zwischen Quellwesen und Mentalfeld besteht, wie ersteres das letztere hervorbringt und damit arbeitet, um seine Beziehung zu Welt und Körper herzustellen. Dies wird im weiteren Verlauf des Buches und vor allem in Band II ausführlich zur Sprache kommen.

KAPITEL 4

Der Start ins nächste Leben

Gisela (II): Zeugin der eigenen Geburt

Nicht nur Müttern, sondern auch Neugeborenen kann es geschehen, daß sie die Geburt von einer Außenposition heraus erleben – z. B. Gisela, die Sie bereits aus Kapitel 1 kennen. In ihrer ersten Sitzung entdeckte sie, daß sie als Kind von ihrem Onkel mißbraucht worden war. Beim weiteren Bearbeiten ihres Negativprogramms «ich werde nicht gesehen» bekommen wir einen knappen Eindruck von Giselas eigener Geburt, die sie selbst von außen beobachtet.

Sie konzentriert sich gerade auf ihr Negativprogramm und forscht nach weiteren Erinnerungen, da empfindet sie urplötzlich Kälte und bekommt eine Gänsehaut. Sie dramatisiert ihre Kälteempfindung als Neugeborenes. Sie sieht ihre Mutter und sich selbst von oben: «Die Mutter liegt da ... Ich komm' da raus ... werde weggelegt ... bin allein ... strample ... komme in einen anderen Raum ... liege da rum. Die Mutter hat kein Interesse an mir.»

Letzteres sollte sich während der Kindheit Giselas leider immer wieder bestätigen. Sie wurde von ihrer Mutter einfach nicht gesehen.

Ian: Eltern nach Wahl

Ian, der auch im gegenwärtigen Leben aus Schottland stammt, starb 1965 in Glasgow an Krebs. Kaum hat er das in unserer Sitzung herausgefunden, versteht er auch, warum er Heilpraktiker geworden ist, denn intuitiv verfolgt er das Ziel, sich und andere vor dem gleichen Schicksal zu bewahren.

Nach seinem damaligen Tod verweilte Ian als Geist in der Umgebung der Klinik. Nach zwei Tagen sieht er einen Mann, der ihm körperlich zusagt. Das ist Ian wichtig, denn er möchte einen gesunden, starken Körper «beziehen», wie man sich angesichts seines Krebstodes leicht vorstellen kann. Der Mann käme als Vater zweifellos in Frage. Ian folgt dem Mann und entdeckt, daß dessen Frau schwanger ist. Glücklicher Zufall!

Bereits zwei Tage nach seinem Tod hat Ian einen neuen Körper für sich in Beschlag genommen. «Ich wußte vorher nicht, wie einfach das geht!» lacht Ian. (Dauer dieses Ausschnitts: 15 Minuten.)

Corina: Embryo bereits belegt

Corina, 28 Jahre alt, ist Betreuerin in einem Kindergarten. Ihre Arbeitsstelle gefällt ihr nicht. Sie bekommt dort das Gefühl: «Mich will keiner.» Trotzdem bringt sie es nicht fertig, sich eine neue Stelle zu suchen. Ihre Sitzung findet im Rahmen eines MindWalking-Basiskurses unter meiner Supervision statt. Corinas Sitzungsleiterin ist also genauso «grün» wie Corina selbst.

Zunächst kämmen die beiden alle leicht zugänglichen Geschehnisse durch, in denen Corina fühlte, «mich will keiner». Schon nach recht kurzer Zeit fällt ihr nichts mehr dazu ein. Die Sitzungsleiterin läßt Corina nun das Negativprogramm einige Male wiederholen, um ihr Gelegenheit zu geben, tiefer in ihre Psychokiste vorzudringen. Tatsächlich taucht bald eine Erinnerung auf, die sich als Urerlebnis entpuppt. Corina sieht ihre Eltern am Küchentisch Suppe essen, Blickwinkel schräg von oben, ein halbes Jahr vor Corinas körperlicher Geburt. Die Mutter ist im dritten Monat. Die Eltern reden gerade über die Schwangerschaft. Der Vater ist davon nicht begeistert. Er will die Schwangerschaft lieber nicht.

Rein logisch paßt diese Szene zwar zum Thema «mich will keiner», doch weil sich Corina von der Haltung ihres Vaters keineswegs beeindrucken ließ (kein Trauma, kein Verlusterlebnis, keine Mißstimmung, nichts), muß das Negativprogramm an anderer Stelle gebildet worden sein. Die Sitzung wird fortgeführt.

Corina schaut von außen in den Leib der Mutter hinein auf den kleinen heranwachsenden Körper und findet ihn wunderbar. Ihre Mentalwahrnehmung scheint ihr ungefähr das zu liefern, was man im Ultraschall sehen würde. Trotz der Ablehnung durch den Vater möchte sie bleiben.

Plötzlich fällt Corina auf, daß sie die beiden Personen da unten am Tisch zwar als «Eltern» bezeichnet, sie aber gar nicht kennt. Ihre leiblichen Eltern sehen nämlich anders aus! Auch entspricht die Küche nicht ihren Erinnerungen aus der Kindheit. Zudem wird Corina immer trauriger, je mehr sie von dem Erlebnis erzählt. Was ist los?

Der weitere Verlauf der Sitzung bringt die Erklärung: Corinas embryonaler Körper, den sie von außen gesehen hat, ist bereits von jemand anderem belegt! Sie kann nicht hinein. Corina löst die Situation, indem sie den «Eigentümer» anspricht. Dieser räumt den Platz (was ihn dazu bewegte, fanden wir nicht heraus) und entfernt sich.

Nun ist Corina glücklich. Sie umhegt und umsorgt den Körper während der Schwangerschaftsmonate. Die Geburt wird schmerzhaft, als sich der Kopf durchpreßt. Corina bekommt starke Kopfschmerzen, als sie davon erzählt. Während des laufenden Geburtsvorgangs verläßt sie den kleinen Körper, weil es ihr zuviel wird. Nichts Ungewöhnliches, denn wenn es dem Körper schlecht ergeht, steigt das Geistwesen gerne aus und überläßt die Aufräumarbeit dem vitalenergetischen Feld, das den Körper umgibt und durchdringt.*

Corina steigt also aus und «geht spazieren», bis die Geburt vorüber ist. Als sie einige Stunden später wieder hineinwill, ist ihr der Zugang ein weiteres Mal versperrt. Ein anderer hat ihren Körper übernommen, ihn ihr vor der Nase weggeschnappt! Corina ist unaufmerksam gewesen, hat nicht auf die Konkurrenten geachtet. Riesenverlust. Mehr, als sie zu verkraften vermochte. Schmerz und Tränen in der Sitzung. In jenem Moment entstand der Gedanke: «Keiner will mich!»

---

* Mehr zum vitalenergetischen Feld in Teil Drei.

Corina geht auf «Wanderschaft». Erst anderthalb Jahre später findet sie eine Schwangere, die ihr zusagt. Aber es ist einfach nicht das gleiche wie damals. Sie erholt sich nie von ihrem Verlust. Das Negativprogramm «keiner will mich» wirkt weiter.

Nachdem Corina ihr Erlebnis aufgearbeitet hat, fühlt sich sie erleichtert. Sie kann über die herausgefundenen Zusammenhänge nur noch staunen und schmunzeln. (Sitzungsdauer: 4:45 Std.)

Einige Monate vergehen. Corina ruft mich an und erzählt, sie habe eine neue Stelle gefunden, in der sie total aufgeht und wo sie spürt: «Hier wollen mich alle!»

Hätte Corina diese positive Haltung nicht auch ohne Sitzung bekommen, einfach dadurch, daß sie die Stelle wechselt? Vielleicht. Nur konnte sie vor der Sitzung die Stelle nicht wechseln. Damals hatte es ihr noch an der nötigen Kraft und Entschlossenheit gefehlt.

Exkurs: Denken ohne Gehirn?

Immer wieder hören wir, daß da jemand außerhalb seines Körpers herumgeistert und dabei problemlos denkt, fühlt, Entschlüsse faßt und Entscheidungen fällt. – Ist das überhaupt möglich?

Offensichtlich ja, denn die Sitzungspartner erzählen schließlich davon. Erklären läßt sich das nur damit, daß man dem Geist, wie in einem früheren Exkurs ausgeführt, ein vom Körper unabhängiges Eigenleben zugesteht. In dieser Sichtweise würden Denkvorgänge nicht vom Gehirn verursacht, sondern vom Wesen selbst. Als energetische Veränderung würden sie sich zunächst im Mentalfeld manifestieren und anschließend, eine Etage tiefer, im Gehirn, wo sie als bioelektrisches Phänomen meßtechnisch erfaßbar sind. Die «Verschaltungsfolge» wäre demnach: ausgehend vom Wesen auf dem Wege über den Geist hin zu Hirn und Neuronen – und damit zum Körper.

Durch Messung neuronaler Aktivität läßt sich zwar ablesen, wann geistige Arbeit geleistet wird, doch ist damit noch nichts über Ursache und Wirkung ausgesagt. Im Sinne der hier präsentierten Theorie wären Hirnfunktionen lediglich Begleiterscheinung geistiger Regungen, nicht deren Auslöser. Nicht die neuronale Aktivität wäre Ursache, sondern das geistige Wesen «im Hintergrund». Es wäre also verkehrt zu sagen: «Weil die Neuronen feuern, arbeitet der Geist.» Richtig wäre: «Immer dann, wenn der Geist arbeitet, feuern auch die Neuronen.» Die Schaltzentrale Gehirn ließe sich demnach als «Interface» zwischen Geist und Körper betrachten.

Bei elektronischen Geräten flackern die Leuchtdioden, wenn elektrische Impulse hindurchgehen. Kein technisch versierter Mensch würde die Leuchtdioden für das Zustandekommen elektrischer Impulse verantwortlich machen. Das wäre genauso aberwitzig, wie wenn einer das Radio aufschraubte, um herauszufinden, wer da spricht, oder in die Steckdose guckte, um zu schauen, wo die Fernsehbilder herkommen.[22]

Franz (I): Die Oma war die Mutter, und die Mutter war die Schwester

Bekanntlich können Familienverhältnisse eine sehr komplexe Angelegenheit sein. Noch schlimmer wird es, wenn dabei vergangene Leben ins Spiel kommen.

Ein Beispiel dafür gibt der 55-jährige Franz, Heilpraktiker, mit folgender Erinnerung an seine vorgeburtliche Zeit: «Ich frage mich, als mein Vater mich gezeugt hat, ob mich die Mutter damals überhaupt gewollt hat. Sie war achtzehn. Der Vater hat mich sowieso abgelehnt. Der wollte sich drücken. Und meine Mutter – mit einem unehelichen Kind auf einem erzkatholischen Bauernhof im Alpenland der vierziger Jahre? Keine leichte Sache. Die beiden haben eine Aussprache im Schlafzimmer, das zum Hof hin liegt. Der Vater will, daß die Mutter abtreibt.»

Wie kann Franz das wissen? «Ich sehe es vom Türrahmen aus» (also von einer externen Wahrnehmungsposition aus).

Wie kommt es, daß Franz als Geist in einer ihm so feindlichen Umgebung verbleibt? Warum sucht er sich nicht bei netteren Leuten einen Körper? «Ich habe mir die Großeltern ausgesucht», ist die spontane Antwort.

Wegen der Großeltern also blieb Franz bei seinen Eltern – wieso? «Ich kenne sie von früher, von 1920 – da war ich mal deren Kind.»

In welchem Alter ist Franz damals als Kind seiner Großeltern gestorben? «Mit drei Jahren.» An was? Franz kramt in seinen Erinnerungen herum: «Krankheit – nein. Unfall – ja! Traktor ... Maschine ... mahlen oder dreschen ... in einen Riemen reingekommen oder so ... aus.»

Noch mal ganz von vorn, bitte: «Ich sehe den Großvater vor dem Haus. Ein schönes Bild. (Franz meint seinen damaligen Vater, der aus heutiger Sicht der Großvater ist.) Ich sehe mich als blonden Jungen, der ein Pferd streichelt. Auf dem Feld. Da ist die Egge. Ich sehe die Pferde vor der Egge. Ich ziehe an der Maulkette, daß die Pferde auch gehen sollen. Dann bin ich unter der Egge. Die Egge geht über mich weg. Und dann sehe ich aus fünf bis sechs Meter Höhe, wie das Kind unter der Egge liegt.»

Vorbei. Ende des Mentalfilms. Mehr können wir über den Unfall nicht erfahren, auch später nicht, als ich ihn noch einmal zur Sprache bringen will, um die Sache abzurunden.

Trotz seiner Knappheit zeigt dieses Erlebnis, wie eng und unerwartet wir Menschen doch miteinander verstrickt sein können. Zusammengefaßt: Die Großeltern, die Franz hier beschreibt, sind die Eltern seiner Mutter. Im vorigen Leben also waren die Eltern seiner Mutter auch die Eltern von Franz. Woraus folgt, daß die gegenwärtige Mutter von Franz im damaligen Leben seine Schwester war! Vom Altersvergleich her paßt das zusammen: Franz datiert seinen Unfall auf 1920, seine Geburt in diesem Leben war 1947; zu diesem Zeitpunkt war seine Mutter achtzehn. Demnach wäre Franz' Mutter neun Jahre nach dem Egge-Unfall geboren worden – was insofern paßt, als Franz in seiner Erinnerung keine Geschwister um sich sieht. Er war der Erstgeborene gewesen.

Heidrun: Tochter mit Mutter verheiratet gewesen

Eine spannende Kombination von Geburtserlebnis, vergangenem Leben und verblüffender Familienkonstellation bot eine Sitzung mit Heidrun. Mit ihren fünfzig Jahren hat sie ein hartes Leben hinter sich: Bevormundung und Lieblosigkeit in der Kindheit («mich hat nie einer gefragt»), in der Ehe Überkontrolle, emotionale Kälte und krankhafte Eifersucht seitens des Ehemannes, schließlich Flucht, Trennung und ein schwieriger Neubeginn als Bürokraft. «Ich bin vierzig Jahre lang gelebt worden», faßt Heidrun ihr Leben zusammen, «und die ganze Zeit war ich einsam.»

«Ich bin einsam» – das ist die durchgängige Grundnote in Heidruns Leben, dort sitzt der «Knoten, den ich in mir spüre und der aus meiner Kindheit kommt». Dieser Spur folgen wir – und wir werden fündig. Aber anders, als es Heidrun oder ich je vermutet hätten.

Am ersten Sitzungstag geht es hauptsächlich um Heidruns Beziehungen zu Mann und Kindern, es geht um Verluste und Sterbefälle – eben um Momente, als sie sich einsam fühlte.

Nach 4:45 Std., etwa eine Stunde vor Schluß des ersten Sitzungstages, kommt Heidrun auf die Geburt ihrer Kinder zu sprechen und die Einsamkeit, die sie in diesen Augenblicken der Not fühlte. Ganz nebenbei erwähnt sie auch ihre eigene Geburt: «Ich bin eine Zangengeburt, bin zu Hause geboren.»

Wieso schlägt der Mindwalker hier so kräftig aus? Ich hake nach. Was fällt Heidrun zu ihrer Geburt ein? «Ich hab' ein Gefühl, wie wenn die Löffel (der Geburtszange) mir die Ohren zusammendrükken. Mir wird kalt ... Druck von innen, bis ins Herz hinein ... oben spannt's ... Arme am Körper, werde rausgezogen. Spielt sich ab im Schlafzimmer der Eltern. Ich wehre mich. Der Hals drückt (sie bekommt, jetzt in der Sitzung, keine Luft), Druck auf den Brustkasten. Ich sehe die Hebamme und die Mutter von außen.»

An die Wahrnehmung aus einer externen Position heraus hat sich Heidrun im Laufe des heutigen Tages bereits gewöhnt; es kommt häufig bei ihr vor. Kein Problem für sie.

Von der Geburt am stärksten in Erinnerung ist ihr die Geburtszange: «Die Mutter ist im Bett. Die Hebamme kommt mit dem Koffer. Die Mutter hat Angst und auch Vertrauen. Ich spüre ihre Verkrampftheit. Deswegen schimpft die Hebamme mit der Mutter. Die Mutter weint und wird lockerer. Ich spüre Erleichterung. Jetzt sehe ich von der Position der Mutter aus, wie die Hebamme die

Zange holt. Die Mutter hat Angst. Die Hebamme sagt: ‹Entweder so, oder es wird nix.› Da ist noch ein Mann, der beruhigt die Mutter. Das ist der Vater. Ich spür' die Löffel, wie 'ne Gurkenzange … Zange um den Kopf … Baby halb draußen … werde gezogen. Die Zange ist kalt. Au! Ein Schmerz! Jetzt wird's leichter. Der Mann schneidet die Nabelschnur durch. Ich lieg' auf dem Tisch. Die Mutter weint, das seh' ich.»

«Mann!» schnauft Heidrun, «das geht übers Herz! [Sie hat feuchte Augen.] Da rauscht was raus!»

So sehr Heidrun die Entspannung auch fühlt – der Mindwalker ist doch noch im roten Bereich (hohe Anspannung); offenbar ist noch nicht alles gesagt. Ich lasse Heidrun ihren Geburtsvorgang sicherheitshalber noch einmal durchlaufen. Diesmal setzt sie früher ein, bereits im fünften Monat der Schwangerschaft. Die nun folgende Szene nimmt eine Schlüsselstellung ein, was wir zu diesem Zeitpunkt aber beide noch nicht ahnen können; erst später wird es sich herausstellen:

«Ich bin beim Opa auf dem Bauernhof, sehe die schwangere Mutter in der Sonne sitzen. Sie ist im fünften Monat. Muß im Herbst sein, Oktober oder so. Sie genießt das, ist glücklich. Es ist am Spätnachmittag. Die Kühe werden gemolken. Ich seh' mich da im Bauch drinliegen, mit dem Rücken zur Sonne. Innen im Mutterleib drin spür' ich die Wärme. Die Mutter streichelt übern Bauch. Das ist schön. – Jetzt ist es später. Sie geht in die Küche. Ich seh' die Küchenuhr, es ist fünf vor sechs! – Huch! [Erstaunen] Das *seh'* ich ja richtig!» Heidrun staunt, wie klar sich ihre Erinnerungsbilder ablesen lassen. Und dann: «Die Uhr hängt heut' noch bei mir an der Wand, so primitiv die auch ist.»

Welch große Bedeutung Heidrun Gegenständen aus ihrer vorgeburtlichen Vergangenheit beimißt, läßt sich daran ablesen, daß sie sich bis heute mit ihnen umgibt, zum Beispiel mit der alten Küchenuhr. Noch weitere Beispiele dafür werden bald folgen. Die Gründe für ihre Nostalgie werden im Verlauf der Sitzung begreiflich werden.

Es geht weiter mit der Küchenszene: «Die Mutter kocht einen großen Pott Suppe. Sie rührt um. Ich höre das Arbeiten im Hof, spüre die Leute. Das Essen ist fertig. Teller auf den Tisch. Sie greift sich ins Kreuz – denn sie hatte ein Hohlkreuz, und jetzt ist sie dazu noch schwanger!»

Noch einmal durchläuft Heidrun ihre Geburt, wobei sich ein Bezug zum Thema «Einsamkeit» zeigt. Als ihr nämlich als Kind im Mutterleib die Zange angesetzt wird, da fühlt sie sich «allein und hilflos. Vorher im Bauch war's schön. Jetzt die Zange an den Ohren – bin gefesselt und wehrlos.»

Heidrun entspannt sich und lächelt: «Also, das muß ich erst mal verdauen. Aber befremdlich war's eigentlich nicht.» Schluß für heute.

Am nächsten Morgen berichtet Heidrun, vieles sei ihr klar geworden und sie fühle sich befreit und gestärkt. Allerdings hat sie nach dem Aufstehen Kreuzschmerzen gehabt. Wessen Schmerz war das? Der ihrer Mutter! («Ach so, ja, die hatte ja ein Hohlkreuz!») Sofort kommt ihr das Bild wieder, das wir gestern schon hatten, als ihre Mutter auf Opas Bauernhof in der Sonne sitzt.

Da dieses Bild trotz des gestrigen gründlichen Betrachtens offensichtlich immer noch eine beträchtliche Eigendynamik aufweist, muß wohl noch mehr dahinterstecken. Also frage ich Heidrun, ob ihr ein noch früheres Ereignis während dieser Schwangerschaft in den Sinn kommt. Heidrun sieht die Fotografie der elterlichen Hochzeit vor sich. «Ich sehe das Foto vor mir. Exakt neun Monate später wurde ich geboren.» Entladung am Gerät.

Warum wohl? Was für eine Spannung hat sich da bei der Erinnerung an ein altes Foto entladen, das zu einem Zeitpunkt gemacht wurde, als es Heidrun «noch gar nicht gab»?

Wegen der starken Entladung lasse ich Heidrun das Hochzeitsfoto genauer beschreiben, was uns im Verlauf der nächsten Stunden auf ein absolut unvermutetes Gleis bringen wird. Der Anfang ist ganz harmlos; er besteht aus einer sachlichen Information: «Auf dem Foto sehe ich die Traudel, das ist die Mutter von Klaus, dem ersten Mann meiner Mutter. Die Traudel nannte mich immer ihre Enkelin! Klaus ist im Krieg gefallen.»

Noch mal: Heidruns Mutter war zweimal verheiratet gewesen. Ihr erster Mann hieß Klaus; dessen Mutter hieß Traudel. Klaus fiel im Zweiten Weltkrieg. Heidruns Mutter heiratete ein zweites Mal. Dieser zweite Ehemann ist Heidruns Vater. Die Ausleuchtung der hochdramatischen Beziehung meiner Sitzungspartnerin Heidrun zu Klaus (obwohl der nicht ihr Vater ist) und Traudel (dessen Mutter) wird den Rest dieser Sitzung bestimmen.

«1942 haben Mutter und Klaus geheiratet. 1944 ist er gefallen. 1949 heiratet Mutter zum zweiten Mal, davon ist das Foto. 1950 komm' ich auf die Welt. Bei Traudel zu Besuch habe ich immer im Bett von Klaus geschlafen.» Wiederum große Entladungen. Wieso nur?

Was weiß Heidrun von Traudel und deren Sohn Klaus? «Sie war eine Frohnatur. Klaus war ein toller Typ. Mutter und er hatten eine Prachthochzeit. Dann starb er in Rußland in einem Lazarett. Kopfschuß.»

Welche Bedeutung hat dieser Klaus für Heidrun? «Na ja, viel Bedeutung halt!» Der Mindwalker schlägt aus. Was für eine Beziehung besteht hier wohl?

Was weiß sie von seinem Tod? «Ich hab' die Idee, er ist auf einem Feld in Rußland, trägt eine Brille – da trifft ihn ein Querschläger. Er hatte eine Nachricht zu überbringen – da trifft ihn der Querschläger in die linke Schläfe. Er hätte gerettet werden können. Die ganze Korrespondenz zwischen dem Militärpfarrer und Klaus' Vater hab' ich zu Hause liegen.»

Noch mehr dazu? Heidrun beginnt etwas zu ahnen; es dämmert ihr etwas, aber sie weigert sich, den Gedanken anzunehmen: «Ich wehr' mich! Ich häng' mit dem Mann zusammen! Wieso seh' ich das Bild, wie der stirbt?»

Sprich es aus, Heidrun! «Das Leben der Mutter wäre so anders geworden – wie sie da auf der Bank in der Sonne hockt, denkt sie über den Klaus nach.» Gemeint ist die Szene, als die Mutter mit Heidrun schwanger war, dem Kind ihres zweiten Mannes also, und auf Opas Bauerhof in der Sonne saß.

«Puh! [Sie schnauft.] Ich bin so ähnlich wie der Klaus. Nein! Doch. Deswegen hat mich die Traudel so geliebt! Klar! Deswegen stehen sein Schreibtisch und seine Bücher bei mir im Keller. Mit seinem Namen drin! Und auch seine Hausaufgaben aus der Schule. Sein Name … die Handschrift … seine Kinderbücher … mir wird ganz anders! Und ich will das Zeug nicht hergeben! Ich hab 'ne Verbindung zu dem! Warum ist der Mann für mich so wichtig? Der hat so was, wie ich bin. Der Mann ist meine Wurzel!»

Beschreibe bitte noch einmal seinen Tod, Heidrun! «Ich wehr' mich, daß ich das seh'! Ob ich da was fabrizier'?» Ich erkläre Heidrun den Unterschied zwischen Erinnern einerseits (kommen lassen, was kommt) und sich etwas vorstellen andererseits (bewußt etwas vor sich hinstellen, etwas konstruieren). Ich erkläre ihr, daß das Erzählen von Erinnerungen immer entlastend wirkt (denn der Druck geht raus), wohingegen das Aufrechterhalten von bewußten Vorstellungen auf die Dauer anstrengt (denn man braucht kontinuierlich Energie, um die Konstruktion aufrechtzuerhalten).

Heidrun fühlt sich nun beruhigt. Was also sieht sie? Was kommt ihr ganz von selbst in den Sinn, spontan, ohne ihr Zutun? «Ich seh' ein Zelt, groß und grau, davor der Klaus, der läuft da. Er trägt einen Kopfverband. Er läuft ums Lazarettzelt rum. Ein Brillenglas ist kaputt. Der ist wegen irgendwas anderem erst danach gestorben. Die Briefe vom Pfarrer und vom Lazarettverwalter hab' ich oft gelesen, da steckte für mich immer 'ne Unwahrheit drin. – Und dann hat er sich auf die Seite gelegt und ist eingeschlafen.»

Noch ein weiterer Durchgang, diesmal möglichst von Anfang an! «Er ist auf einem Meldegang oder so. Trägt keine Waffe, hat einen Bürojob. Trägt eine braune Aktenmappe unterm Arm. Jetzt der Treffer. Er sinkt um. Beim Hinfallen geht ein Brillenglas kaputt [genaue Details des Fallens]. – Dann das Lazarett. Er läuft rum, schnappt Luft. In seinem Kopf ist was nicht in Ordnung, er spürt was im Kopf. Wie eine Fliege in seinem Kopf. Er hat Kopfweh. Deswegen ist er raus, Luft schnappen. Sein Hinterkopf tut weh. Da ist was ... Der Schuß kam von vorne links, aber im Kopf ist hinten was – ein Splitter? [ständige Entladungen am Gerät] Der Splitter ist innen rum durch nach hinten. Nur die Wunde ist geheilt. Der hat einen Granatsplitter im Gehirn! – Jetzt schläft er ein auf seinem Feldbett. Er liegt auf dem Rücken, unter der grauen, ekelhaften Decke. Es ist kalt. Er wacht nicht mehr auf ... dreht den Kopf nach rechts, weil die Schläfenwunde links näßt. Er denkt an meine Mutter. Er will schlafen, einfach schlafen – wie ich auch so oft [Tränen].

Er ist so hilflos. In seiner Brusttasche ist seine Brieftasche aus schwarzem Leder – die hab' ich! –, samt Entlausungsausweis und Warnung vor Geschlechtskrankheiten [lacht]. Woher weiß ich das alles? Nur von dem Kopfschuß selbst weiß ich, aus den Briefen vom Lagerpfarrer! Sonst nichts.»

Heidrun ist ganz aufgeregt, sie strahlt. Wir machen erst mal Pause, zum Abregen. Danach sagt sie: «Ich bin in einer anderen Welt – fühl' mich so viel freier. Es hat sich was gelöst.»

Gut so, wir liegen richtig. Nach der Pause gehen wir den Tod von Klaus noch einmal durch. Wieder kämpft Heidrun gegen ihre Bilder an: «Ich wehr' mich, daß das alles so deutlich kommt!»

Die Regel ist: Früheres Erinnerungsmaterial belastet späteres Erinnerungsmaterial. Läßt sich etwas nicht auflösen, dann deswegen, weil zeitlich früheres Material noch nicht gesichtet wurde. Können wir vielleicht noch früher einsteigen, Heidrun? «Ich sehe jetzt seine Hochzeit [die von Klaus und Heidruns Mutter] – von der hab' ich aber *kein* Foto! Die Mutter geht gerade aus dem Haus der Schwiegereltern. Sie ist dort angezogen worden von den Frauen. Sie geht die Treppe runter. Er wartet unten, schaut zu ihr hoch. Opa wartet mit dem Auto. Es geht zur Kirche. Tante Lotte ist dabei. Die Zuschauer freuen sich.»

Detailliert beschreibt Heidrun den Weg von Klaus und ihrer Mutter zur Kirche, beschreibt den Stolz und die Freude der Brautleute und ihrer Verwandten, beschreibt Dinge, die nirgendwo aufgezeichnet sind. Wie kann sie das wissen?

«Als er auf der Pritsche liegt und stirbt, da sieht er noch mal seine Hochzeit an [weint] … nimmt Abschied … Er weiß, er kommt nimmer heim [schluchzt laut auf]. Die Mutter sitzt daheim und spürt's – gleichzeitig! Sie kann nicht sagen, was sie da spürt [Tränenströme].»

Abrupt schaut sie auf: «Also, das kann man keinem erzählen. Wieso hab ich da so eine Verbindung? – Als Kind, wenn ich bei Traudel zu Besuch war, hab' ich immer in seinem Bett geschlafen, aber für mich war das regelrecht mein Zimmer!»

Weil Heidrun mir viele Geschehnisse aus einer externen Wahrnehmungsposition heraus geschildert hat, erlaube ich mir die

Frage: Glaubt sie an ein Leben unabhängig vom Körper? «Ja.» Sie gibt sogar ein Beispiel: «Kurz nach ihrem Tod hat sich meine Mutter von mir verabschiedet, und ich hab' sie gesehen! Nachts kam sie zu mir ins Zimmer. Erst am nächsten Morgen hab' ich erfahren, daß sie um 22:30 Uhr gestorben war.»

Gut. Und was könnte das heißen in bezug auf ihre Beziehung zu Klaus? «Dann wär' ja die Seele vom Klaus in mich rein!» Sie fängt an zu lachen. «Kein Wunder, daß mir mal einer gesagt hat, ich hätt' so viele männliche Eigenschaften!»

Heidruns Weltbild gerät ins Wanken; sie kämpft mit sich: «Klaus konnte Steno – und ich hab mit zwölf Steno gelernt! Nein! Ich will da nicht hin … aber es paßt! Und da liegt der Friede für mich. Aber es kann nicht sein!!»

Heidrun kann es nicht leicht fassen, daß sie Klaus gewesen sein soll, der erste Mann ihrer eigenen Mutter. Verschmitzt grinst sie mich aus den Augenwinkeln an: «Also, mein Unterbewußtes sagt ja. Aber mein Kopf sagt nein!»

Wir kämmen die ganze Geschichte noch mehrmals durch, und langsam fällt alles an seinen Platz. Daß sie sich ihr Leben lang allein fühlte, wundert Heidrun jetzt nicht mehr: «Klaus war allein im Feld, allein unterm Weihnachtsbaum mit den Kameraden, allein im Lazarett, allein bei seinem Tod, die Mutter allein nach seinem Tod; ich war allein im Mutterleib.»

Und weiter: «Kein Wunder, daß ich so oft mit der Mutter zusammengerasselt bin; das war nicht wie Mutter und Kind; das war ich als Klaus! Das war ein Ehestreit! Jetzt versteh' ich die Mutter viel besser! Heut morgen hab' ich mir noch gedacht, ich bin wie 'n Mensch, der in 'nem falschen Körper steckt!»

«Ich hab so ein schönes Gefühl in mir, jetzt, wo ich seinen Tod kenn' und wie die Mutter das miterlebt hat. Ich bin jetzt ein anderer Mensch. Ich akzeptier' das ja alles [grinst], aber mein Verstand nicht.» Sie strahlt mich an: «Das neue Leben fängt an!» (Sitzungsdauer: 11:13 Std.)

Eine Woche später schreibt mir Heidrun: «Letztes Wochenende ist meine Freundin im Alter von 41 Jahren plötzlich verstorben. Es war für mich schlimm, aber durch die positiven Todeserfahrungen bzw. die Erlebnisse bei Ihnen habe ich bis jetzt gut damit umgehen können. Trotz Trauer fühle ich mich nicht alleine. [...] Irgendwie habe ich im Moment eine herrliche Ruhe in mir. Ich hoffe, daß dies noch lange anhält.»

Antje: Ich bin mein Bruder

Auch Antje sah ihre Familienverhältnisse nach unserer Sitzung aus einem erstaunlich anderen Blickwinkel als zuvor. Sie ist 28 Jahre alt, Chemielaborantin, frisch verheiratet. Nach der Hochzeitsreise war ein Kind geplant – aber es kam keines. Dabei ist Antje mit ihrem Traummann verheiratet, die Hochzeitsreise war traumhaft, von einem Kind träumen beide. – Also woran kann es liegen, fragt sie sich. Die diesbezüglich konsultierte Ärztin meinte, das Problem sei psychisch bedingt. Antje stimmt zu: «Ich habe offenbar Spannungen aufgebaut, die ich selber nicht loswerde. Jetzt, wo ich wirklich ein Kind will, klappt's nicht!»

Dabei kommt Antje ihre Mutter in den Sinn: «Die Mutter hat mich ermahnt: ‹Mach keinen Druck!› Sie hatte eine Totgeburt bei meinem Bruder; der war der erste, ich die zweite. Sechs Jahre lang haben sie's versucht, und dann eine Totgeburt! Mutter wartete dann zwei oder drei Jahre, dann kam ich. Deswegen sagt sie zu mir: ‹Mach keinen Druck!› Aber ich mache den gleichen Fehler wie meine Mutter.»

Hat Antje die Sorgen ihrer Mutter «übernommen», ist das unser Thema? Nein, dem ist nicht so, wie Antjes nächster Gedanke beweist: «Da ist noch was – ich sehe da eine Verbindung mit dem Bruder. Ich hab' da etwas nicht aufgearbeitet. Und zwar, warum der nach neun Monaten gegangen ist.»

Moment mal! Wieso sollte sie, Antje, die Totgeburt ihres Bruders nicht aufgearbeitet haben, ein Geschehnis, das drei Jahre vor ihrer eigenen Geburt lag? Riesenentladung am Mindwalker. Hier scheint unser Thema zu liegen – wozu auch paßt, daß Antje plötzlich sehr ärgerlich wird und auf den Bruder schimpft, als ich sie auf ihre Beziehung zu ihm anspreche:

«Den hab' ich nie getroffen. Der soll mich in Ruhe lassen. Wieso stellt der sich in die Schlange und geht nach neun Monaten wieder? Hat sich erst die Eltern ausgesucht – und dann wieder weg?»

Erstaunliche Sprüche von jemandem, der nach eigener Aussage mit Esoterik nichts am Hut hat. Woher bezieht Antje diese doch eher ungewöhnliche Idee, daß man sich die Eltern aussuche und dazu Schlange stehen müsse? «Ich geh' davon aus, daß man die Eltern von oben sieht.»

Tatsächlich? Daran kann sie sich erinnern? «Ja! Ich hab mir die Familie ganz bewußt ausgesucht.»

Wo war sie denn, als sie das tat? «Tja ... ich war da nicht körperlich da, denke ich. Bin rumgeschwebt ... um die Eltern rum. Kriege alles mit: Worte, Gefühle. Die gefallen mir. Will mich da einnisten. Sehe die beiden in der früheren Wohnung. Bin bei der Mutter in der Küche, fühle sie. Jetzt beim Vater. Ich hab' das Gefühl, die wissen, ich bin da, haben aber Angst, es passiert noch mal so. Ich schwalle gute Gefühle rüber zu ihnen.»

Das Bild auf Antjes geistigem Bildschirm wird dünn. Ihre Konzentration läßt nach. «Mann, das strengt an!» sagt sie, strahlt aber trotzdem. Wir legen besser eine Pause ein. (Bisher 1:20 Std.)

Danach kommt die gleiche Szene noch mal, aber kräftiger: «Meine Wahrnehmungsposition ist im Wohnzimmer, mitten zwischen den beiden. [Es folgen Details der Wohnung.] Sie sitzen beim Abendbrot. Nun gehe ich mit der Mutter in die Küche zurück. Ich bin nur 50 cm weg, halte engen Kontakt, sonst krieg' ich nichts mit. Sie macht sich Gedanken über etwas. Wie sie das Gespräch mit dem Vater anfangen soll. Sie ist sehr emotional: Wie sag ich's ihm? Sie geht wieder ins Wohnzimmer. Ich ahne, es geht um mich. Sie ist freudig erregt. Der Vater auch, das spüre ich. Sie eröffnet ihm, daß sie schwanger ist. Der Vater freut sich. Ich mich auch. Ich will da bleiben.»

«Ich verabschiede mich von meiner Nichtkörperlichkeit. War ein schöner Zustand. Ich dringe in den Körper ein. Jetzt seh' ich das Kind im Bauch – es ist schon ganz groß. Ich habe ganz kurz die Innenposition. Dann bin ich wieder draußen. Die Außenposition funktioniert also doch noch!» Beide Wahrnehmungspositionen sind ihr verfügbar (was ja normal ist).

Antje begleitet das Ungeborene und die Mutter bis zur Geburt. Diese verläuft problemlos und wird von ihr mit entsprechend wenigen Worten skizzenhaft beschrieben. Alles prima, könnte man meinen – doch kaum hat sie ihr Geburtserlebnis bewältigt, zieht es ihre Aufmerksamkeit sofort wieder zu ihrem Bruder hin: «Ob's bei meinem Bruder vielleicht nicht so war? Daß er weniger dazu beigetragen hat? Nicht seine ganze Energie reingepumpt hat?»

Und dann fällt Antje plötzlich etwas auf, was unsere Sitzung auf ein unerwartetes Gleis hebt: «Moment mal, ich erzähl' hier ja gar nicht von der zweiten Wohnung der Eltern, wo ich auf die Welt kam, sondern von unserer ersten Wohnung! Diese Räume [die sie beschrieben hat] hab' ich nie gesehen. Das war Jahre vor mir!»

Hängen da vielleicht zwei Filmstreifen hintereinander? «Erst seiner, dann meiner mit meiner eigenen Geburt. Denn daß das ein Mädchen ist, das seh' ich ja!»

Im Klartext bedeutet das, daß Antje oben nicht ihre eigene Annäherung an ihre Eltern beschrieb, sondern, ohne es zu bemerken, den Filmstreifen ihres Bruders abgelesen hat. Erst jetzt wird ihr das bewußt. Reihenfolge: Seine Annäherung an die Eltern in der Küche – Schnitt – ihre Geburt. Der dazwischenliegende Zeitraum von drei Jahren war eben, beim ersten Durchlaufen des Erlebnisses, völlig unter den Tisch gefallen.

Woher hat Antje die Informationen über die Annäherung ihres Bruders an die Eltern in der ersten Wohnung, drei Jahre vor ihrer Geburt? Hat sie das telepathisch von ihrer Mutter aufgeschnappt? Oder von ihrem Bruder? «Letzteres», antwortet Antje mit Überzeugtheit. «Ich bin schon länger dabei gewesen [bei den Eltern]. Bin ich erst kurz nach dem Abgang des Bruders dazugekommen? Oder war ich sogar gleichzeitig da?»

Sie erkennt: «Das in der ersten Wohnung. Wer da zuschaute, das war ich – und der Bruder hatte den Körper schon belegt! Ich bin sauer, weil der den Abgang macht und der Körper tot ist, statt daß er ihn wenigstens mir überläßt!»

Wir machen erst mal Pause (weitere 1:24 Std. sind vergangen). Danach schauen wir uns genauer an, was sich bei der Geburt des Bruders abspielte: «Ich komme von außerhalb … schwebe über die

Straßen. Es ist die Stadt, wo meine Eltern früher wohnten. Ich gucke in verschiedene Fenster rein. Überall ist es weihnachtlich. Ich schaue die Leute durch die Fenster an – alles nicht mein Spiel. Ich düse rum, fliege Saltos und Kurven im Schneegestöber. Ich gelange zum Elternhaus, schaue durch das Fenster im ersten Stock rein. Mutter macht Plätzchen. Sie trägt eine Schürze. Gemütlich ist es. Ich gehe rein, durchs Fenster, bleibe bei der Eckbank. Der Vater kommt heim, die Begrüßung ist herzlich. Sie merkt, er ist noch nicht bereit zum Reden, kommt gerade aus dem Geschäft. Sie geht noch mal in die Küche, ich folge ihr, jetzt wieder ins Wohnzimmer. Sie sagt ihm, daß sie schwanger ist. Ich will bei ihnen bleiben, nehme Abschied von der Körperlosigkeit. Sehe den Embryo – aber der Bruder teilt sich mir nicht mit!»

«Ich spüre: Der Körper ist besetzt! Etwas läßt mich nicht ran! Da ist kein Durchkommen. Ich kann meine Energie nicht eingeben, um diese Materie zu übernehmen, es ist abgeblockt! Eine Hülle drum herum wie eine Gummihaut. Energie kommt mir entgegen. Wie ein Elektronenbeschuß! Aber da ist keiner da!» Kein Wesen wohnt in diesem Embryo.

«Der Körper sieht aus wie eine Kaulquappe, ich sehe sein Auge. Wenn ich ihm nah bin, tut mir's weh in Brust und Kopf, bei Distanz geht das wieder weg. Ich bin zwar im Bauch der Mutter, aber noch nicht im Embryo. – Eben [in der Sitzung] hatte ich einen Kopfschmerz! Diese Energie, die setzt mir zu. Ich raff' nicht, was da los ist.»

«Jetzt sehe ich das Kind, wie es größer ist, etwa drei Monate alt. Da ist keiner drin, null Energie! Der Körper ist leblos. – Mir wird übel! [in der Sitzung] … Wie ein Toter, eklig. Ein toter Embryo – aber im dritten Monat? Die Vergiftung war doch erst im achten Monat, sagt Mutter. – Mir ist übel!»

Wessen Übelkeit dramatisiert Antje hier aus? «Das ist die meiner Mutter! Übrigens war die Todesursache nie geklärt. Vergiftung, hieß es. Und die Mutter hat das Kind nie zu sehen bekommen. Es wurde ganz schnell entsorgt. Aber das Kind, das ich hier sehe, lebt! Ich sehe Blut durch seine Adern laufen. Aber es ist ganz schwarz! – Mir kommt's fast hoch!»

Dranbleiben, Antje! «Ich will Kontakt, will in diesen Kopf rein, aber er läßt mich nicht. Mit acht Monaten ist er schöner als mit drei, keine Kaulquappe mehr, sondern alles weicher, wie ein Baby. Er lebt noch, das Blut fließt in den Adern. Aber er ist sozusagen dreckig. Das ganze Baby wird von außen immer schwärzer, wie verkohlt. Am Ende sieht's aus wie eine Nabelschnur mit einem Stück Kohle dran.» Sie muß kurz auflachen: «Mann, ist das kraß!»

Was bedeutet das Ganze nun in bezug auf ihren Bruder? Wer hat dieses Erlebnis gehabt? Wer hat diesen Mentalfilm aufgenommen? Sie? Er? Sonst wer? «Tja – hab' ich dem dauernd beigewohnt? Denn es war ja keiner drin ...»

War sie also selbst die Aufzeichnende gewesen? War sie es, die in den Körper des Bruders hineinwollte und nicht konnte? War sie gar selbst der Bruder? ... Antje wird knallrot. «Hab' ich mir auch schon gedacht», sagt sie. «Wollte aber erst sichergehen.»

Zwei Anläufe hatte Antje bei ihren Eltern gemacht: Erst als ihr Bruder, was mit einer Totgeburt endete, ein zweites Mal drei Jahre später, diesmal mit Erfolg.

Nun möchte sie herausbekommen, wieso das beim ersten Mal schiefging: «Der Körper war tatsächlich besetzt – aber anders, als ich das zuerst meinte. Ich hab' ihn zweimal angeschaut, einmal im dritten Monat und dann im achten. Erst sah es aus, als wär' da ein fieser Typ drin, und dann war der ganze Vitalkörper schwarz. Was war an dieser Vitalenergie so mies?»

Antje differenziert hier zwischen dem physischen Körper und seinem vitalenergetischen oder auch morphogenetischen Feld. Was eingangs aussah wie ein Stück Kohle, war offenbar nicht der physische Körper gewesen, sondern der Vitalkörper.

Mit ihrer Frage brachte Antje die Sache auf den Punkt: «Was war an diesem Vitalfeld so mies?» Genau das ist die Frage! Wieso sperrte hier ein vitalenergetisches Feld ein Geistwesen aus, das sich im Körper heimisch machen wollte? Höchst ungewöhnlich!

Antjes Batterien sind nun leer, sie ist erschöpft – nach 5:32 Std. am ersten Sitzungstag. Schluß für heute.

Der zweite Sitzungstag wird die Beantwortung von Antjes Frage bringen. Sie wird entdecken, von welchen Kräften ihr Vitalfeld manipuliert wurde – eine so abenteuerliche Geschichte, daß ich sie nicht einmal in Band II aufgenommen habe. Aber soviel sei gesagt: Ein Jahr nach der Sitzung brachte Heidrun eine gesunde Tochter zur Welt – was ja der Sinn der Sitzung war.

Magda (I): Geist sperrt sich gegen Körper

Auch bei Magda, 38 Jahre alt, Krankenschwester, verlief der Einstieg in den Körper alles andere als glatt. Aber natürlich wußten wir zum Zeitpunkt unseres Eingangsinterviews davon noch nichts.

Im Interview sagt Magda, ihr ganzes Leben lang habe sie immer und überall gespürt: «Ich gehör' nicht dazu.» Als sie mir davon erzählt, fließen schnell die Tränen. Im Bestreben, diesem Negativprogramm auf den Grund zu gehen, stoßen wir nach knapp fünf Stunden allgemeiner Aufräumarbeiten schließlich auf Magdas Geburt.

Als erstes erblickt Magda ihre Oma auf dem elterlichen Hof, und zwar mit Blick von der Straße her. Die Oma tritt gerade aus der elterlichen Wohnung in den Hof hinaus; sie blickt zurück zur offenen Wohnungstür und wirkt ungehalten. Magda weiß von Erzählungen ihrer Mutter, daß die Oma auf sie, Magda, praktisch schon während der laufenden Geburt schroff und ablehnend reagiert hatte. Denn schon das erste Kind war ein Mädchen gewesen, und nun gar noch ein zweites!

Magda weiß intuitiv, daß sie selbst es ist, die diese Szene aus einer Außenposition heraus erblickt, und daß sie direkt nach ihrer Geburt spielt. Sie war nicht erwünscht gewesen; offenbar gehörte sie schon von Anfang an nicht dazu.

Ihre Geburt von Anfang an: «Ich sehe die Mutter auf dem Sofa liegen. Meine Wahrnehmungsposition ist oben bei der Tür und dem Fenster. Sie ist schwanger und hat einen Riesenbauch. Das muß ich sein, da drin. Ab und zu kommt der Vater rein. Meine Schwester spielt auf dem Hof. Sie ist vier Jahre alt. Ich kann sie durch die Wand hindurch draußen spielen sehen. Sie ist sehr neugierig auf das, was sich drinnen abspielt. Sie weiß, daß sie ein Brüderchen kriegt.»

«Der Vater meint, es müsse jetzt aber langsam mal losgehen. Meine Wahrnehmungsposition ist nun höher als vorher. Da ist wer am Fußende des Sofas – die Hebamme. Die Oma steht im Türrahmen, der Vater am Kopfende. Die Oma baut Spannung auf. Die Mutter fühlt sich von ihr gestört. Sie soll weggehen! Die Oma bleibt aber stehen. Die Mutter ist ärgerlich [Tränen], denn die Oma soll auf die Schwester draußen aufpassen. Statt dessen steht sie in der Tür!»

«Jetzt preßt die Mutter. Es tut sich nichts. Der Vater ist hilflos. Ich gucke von oben zu. Die Oma ist teilnahmslos und neugierig. Die Mutter quält sich [Tränen]. Es geht nicht voran. Der Vater wird ungehalten. Er sagt: ‹Das muß doch weitergehen!› Die Hebamme wartet ab. Ich denke: ‹Warum kommst du nicht raus?› Gleichzeitig denke ich: ‹Ich gehör' da nicht hin! Ich hab keine Verbindung zu dem Körper da drin. Ich bin da nicht drin [Entsetzen]! Und ich [als Geist] kann da nicht raus [aus dem Körper], wenn ich erst mal drin bin!›»

«Langsam formt sich der Babykopf vor meinen Augen, aber im Bauch drin. Jetzt sehe ich den ganzen Fötus. Ich weiß: Ich gehör' da nicht hin. Ich bin nicht beteiligt. Ich guck' nur zu. Ich will nicht durch den Bauch da rein in den Körper. Ich muß aber wohl doch da hin [Angst]. Ich weiß nicht, wie ich je wieder wegkann.»

«Die Mutter kann nicht mehr. Ich muß jetzt da raus [als Körper]! Es gibt keine Alternative. Ich muß da durch! [Sie spricht jetzt vom Standpunkt des Babys aus.] – Jetzt ist das Baby draußen. Es mußte da durch. [Ständig fließen die Tränen.] – Nun liegt es auf der Brust der Mutter und guckt sich um. Ich bin immer noch in der Außenposition. Mir ist das so fremd. Jetzt blickt es zu mir hoch. Durch den Blick werde ich zu ihm hinuntergezogen. Ich kann mich diesen Augen nicht entziehen! Jetzt bin ich halb drin, halb draußen. Jetzt bin ich das Kind. Die Personen um mich rum sind wie Kulissen. Ich gucke in zwei Welten. Obwohl ich dazugehöre, bin ich separat.»

Dieser so knapp berichtete Sitzungsteil dauerte gute zwei Stunden, denn das Wiedererleben dieser unerwarteten, bizarren Szenen fiel Magda nicht leicht. Doch war das Geburtsgeschehen nur die Spitze eines gewaltigen Eisbergs, wie sich bereits am folgenden Tag zeigen wird. Wo Magda herkam, bevor sie sich inkarnierte, davon wird in Band II berichtet werden.

Bärbel: Später Einstieg in den Körper

In Anbetracht der bisherigen Darstellung mag es so aussehen, als ob ein Geist immer vor oder während der Geburt in seinen Körper «einzöge». So sehr das die Regel zu sein scheint, gibt es dazu doch Ausnahmen. Auch ein Einstieg in den Jahren nach der Geburt scheint möglich – was allerdings mit einem unter Umständen unsanften «Führungswechsel» einhergeht.

Bärbel, 38 Jahre alt, hat bislang ein beneidenswert spannungsfreies und katastrophenarmes Leben geführt, hier als Ehefrau, dort als Sachbearbeiterin bei einer Bank. Bärbels Problem ist, daß sie «nicht in die Gänge kommt». Sie erlebt das so, «daß ich als Wesen voll reingehe und dann gebremst werde». Irgend etwas in ihr stellt «Weichen ins Nirgendwo», und allmählich bekommt sie das Gefühl, daß sie an sich selbst vorbeilebe.

Wir steigen ein über das Negativprogramm «ich gehe voll rein und werde gebremst». Während der ersten Stunden wird viel «lokkeres Geröll» abgeräumt; noch zeigt sich kein Hinweis auf ein traumatisches Urerlebnis. Erst nach knapp zehn Stunden stellen sich Hinweise auf Tieferliegendes ein. Schließlich erinnert sich Bärbel an ihren Fahrradunfall mit neun Jahren: Das Rad geriet in den Graben, Bärbel stürzte in den Lenker und riß sich an der Lenkstange die Wade auf. Nichts Gravierendes, sollte man meinen, zumal Bärbel auch selbst der Ansicht ist, daß da eigentlich nichts mehr «drauf» sein dürfte, denn dieser Unfall sei bereits schon vor Jahren ausgiebig behandelt worden, als Bärbel anderswo Sitzungen erhalten hatte. Dessenungeachtet klebt ihre Aufmerksamkeit noch immer an diesem Geschehnis. Also darf man annehmen, daß dazu noch nicht alles gesagt worden ist.

Beim Erzählen wird Bärbel «ganz komisch» zumute. Sie empfindet einen Druck auf der Brust. Ihr ist, als wolle ihr Herz stehenbleiben. Sie zittert innerlich. Was spielt sich hier ab? Was hat das mit dem Fahrradunfall zu tun?

Ich lasse sie den Hergang in Zeitlupe erzählen. Sie erlebt die Szene von einer schwebenden Wahrnehmungsposition in rund zehn Meter Höhe aus. Sie sieht die Radfahrerin in knapp 100 Meter

Entfernung den Berg hinuntergesaust kommen, auf sich zu. Direkt vor ihr bzw. unter ihr stürzt die Radfahrerin. Bärbel erlebt erneut, wie der Asphalt ihre Hände aufschürft, spürt das Körpergefühl der am Boden liegenden Neunjährigen, ihre Verdattertheit; das Gewicht des Fahrrads, in das sie sich mit dem Bein verfangen hat, den Schmerz in ihrer verletzten Wade.

Eigenartig an Bärbels Darstellung ist, daß sie sich von dem verunglückten Körper zurückzieht, statt sich um ihn zu kümmern. Sie sieht sich aus zwei Meter Höhe auf dem Asphalt liegen und verspürt Abneigung gegen diesen Körper. Normal wäre (nach meiner Erfahrung), daß sich der ausgestiegene Geist Sorgen um seinen Körper macht.

Je weiter Bärbel in dieses Geschehnis einsteigt, desto mehr Merkwürdigkeiten fallen uns auf. Schon ganz zu Anfang geht das los, als Bärbel beide Wahrnehmungspositionen im Wechsel erlebt, mal die interne und mal die externe: «Ich bin weit oben in einer Außenposition; ich lass' den Unfall passieren; ich arrangiere den sogar!!» Wie denn das?

«Es knallt. – Dann, von der Innenposition her, spüre ich das Durcheinander, die Angst und das Entsetzen. Dann ein Sog aus dem Körper raus. – Jetzt wieder von außen gesehen: Ein herrliches Durcheinander, denk' ich mir, so schlimm hat der andere das nicht erwartet.» («Der andere» – wen meint sie?) «Jetzt, ganz langsam, nähere ich mich dem Körper, dann schnell rein und ich hab ihn! Und dann: Ach, so fühlt sich das an! Gleichzeitig macht sich der andere aus dem Staub. Er denkt sich: ‹Gegen die komm ich sowieso nicht an!› Der bibbert richtig.»

Offenbar haben wir es hier nicht nur mit den verschiedenen Wahrnehmungspositionen von Bärbel selbst zu tun (mal von innen, mal von außen), sondern es scheint, als hätten diese Wahrnehmungspositionen auch unterschiedliche Urheber. Ähnlich wie bei Corina weiter oben spielt da wohl neben Bärbel noch ein weiteres Geistwesen mit.

Wie es scheint, hat Bärbel jemanden verdrängt. Das erkennt sie jetzt selbst: «Also *das* ist eine Körperübernahme! So einfach geht das. Und ich bin da neun Jahre alt [genaugenommen ist der Körper neun Jahre alt, nicht aber Bärbel, denn Bärbel selbst kommt ja hier erst hinzu). Der hat sich gewehrt, der andere. Daß der rausgeschleudert wird, das ist schon komisch. Denn ich kann mir nicht vorstellen, daß ich das geplant haben soll.»

Okay, noch mal bitte, aber diesmal von der Position des Mädchens aus, des Opfers: «Berg runtergerast … Platz genug auf der Straße … ich schaffe das! Aber Selbstüberschätzung! Wumm … fliege hin! Überraschung, Schmerz, Schreck. Werde aus meinem Körper rausgeschleudert, fünf Meter weg. Der andere [d. h. Bärbel] in meinen Körper rein. Bin überrumpelt worden.»

Das Thema «ich gehe als Wesen voll rein und werde gebremst» findet hier auf unerwartete Weise seine Antwort: Es handelt sich um zwei verschiedene Ichs. Der Satz setzt sich aus der Sichtweise zweier verschiedener Urheber zusammen, nämlich aus der von Bärbel, die als Wesen «voll reingeht» (in den übernommenen Körper), und aus der des Opfers. Auch dieses Mädchen wurde total gebremst, erstens in der Fortführung seiner Fahrradfahrt durch einen ganz realen Sturz, zweitens in seinem Weiterleben in einem Körper, den es bis zum fraglichen Zeitpunkt erst neun Jahre bewohnt hatte. (Sitzungsdauer: 14:20 Std.)

Exkurs: Der «leere» Raum ist dicht bevölkert

In diesem Kapitel erfuhren wir, daß geistige Wesen offenbar sehr absichtsvoll und zielstrebig zu handeln vermögen, vor allem dann, wenn es darum geht, sich passende Eltern auszusuchen und dabei der Konkurrenz einen attraktiven Körper möglichst noch vor der Nase wegzuschnappen.

Bei Schmerzen, Schocks, Vergiftungen, Unfällen – also immer dann, wenn es ungemütlich wird – verläßt der Geist gerne den Körper, denn draußen ist es angenehmer und schmerzfreier als drinnen. Er fährt buchstäblich «aus der Haut». Doch kann es ihm während seines Ausflugs widerfahren, daß ein anderer seinen Körper übernimmt und er selbst als «enteigneter Vorbesitzer» ratlos vor geschlossener Tür steht.

Der Umgebung entgeht dies nicht; man denke an Kommentare wie: «Seit seinem Unfall ist er nicht mehr der gleiche wie vorher.» Das könnte eventuell den Nagel auf den Kopf treffen, auch wenn der Sprecher sich über die Implikationen seiner Äußerung überhaupt nicht im klaren ist.

In allen Fällen wurden die beschriebenen Begebenheiten von Personen berichtet, die solche Dinge bis zum Zeitpunkt der Sitzung als absurd oder «abgehoben» abgetan hätten. Gerade aber weil sie diesbezüglich keine Erwartungshaltung hatten, wirken ihre Aussagen um so wahrhaftiger. Sollte das nun alles stimmen, was wir da gehört haben – und zumindest ich, der ich von diesen Dingen weit häufiger höre, als hier wiedergegeben werden kann, habe keinen Zweifel daran –, so läßt sich daraus nur folgern, daß es so etwas wie einen leeren Raum im geistigen Sinn des Wortes nicht gibt, daß vielmehr der geistige Raum kocht und brodelt vor Kommunikation, Intention und telepathischer Dynamik.

Wir sind nicht allein. Auf körperlicher Ebene mag das zwar so erscheinen – speziell bei einsamen Strandwanderungen morgens um fünf gibt man sich dieser Illusion gerne hin –, doch herrscht selbst in Momenten der Abwesenheit anderer Körper im geistigen Raum ein Gedränge. Unaufmerksamkeit, so darf man schlußfolgern, könnte gefährliche Konsequenzen haben.

KAPITEL 5

Multiple Erinnerungsperspektiven

Bislang wurden Erlebnisse immer aus der Warte des Sitzungspartners erzählt. Wenn er «ich» sagte, so meinte er tatsächlich sich selber. Das ist beileibe nicht selbstverständlich, wie sich schon einige Seiten zuvor in der Geschichte von Bärbel und dem Mädchen andeutete, das mit dem Fahrrad verunglückte. Hier kamen zwei Ichpositionen vor!

So etwas ist überhaupt nicht ungewöhnlich, wie die folgenden Beispiele verdeutlichen werden. Kommen nämlich mehrere Personen in einem Geschehnis vor, so kann man im Eifer des Erinnerns durchaus den Fehler machen, sich selbst mit ihnen zu verwechseln. Ohne es zu bemerken, spricht man aus unterschiedlichen Wahrnehmungspositionen heraus, wobei eine so real als Ichposition wirkt wie die andere. Alle erscheinen wie «mein eigenes» Erlebnis, wie «von mir selbst erlebt». Oft vermag der Sitzungspartner erst nach erfolgreichem Bewältigen eines Geschehnisses die naheliegende Frage zu stellen: «Wer war denn nun wirklich *ich* in diesem Geschehnis?»

Paul (IV): Geburtshilfe für den eigenen Körper

Von Paul und dessen Bergsteigerunglück mit nachfolgendem «Entschweben» haben Sie weiter vorne schon gelesen. Ich frage Paul, ob er sich vielleicht erinnern kann, was sich danach ereignet hat, in der Zeit zwischen den beiden Leben. Spontan kommt ihm dazu seine eigene Geburt in den Sinn, welche er allerdings nur aus der Beschreibung seiner Mutter kennt. Als Siebenmonatskind mit Nottaufe und gleich anschließend Gelbsucht und vier Wochen im

Brutkasten habe er einen schweren Start ins Leben gehabt. «Die gaben mir gleich den Segen», sagt er, «denn es war eine katholische Klinik.»

Da der Mindwalker auf diese Worte mit starken Ausschlägen reagiert, beschließen wir, hier tiefer einzusteigen. Mutters Erzählung muß bei Paul etwas Tieferliegendes eingeschaltet haben, vermutlich ein bereits vorhandenes authentisches Erlebnis. Anders lassen sich diese kräftigen Reaktionen nicht erklären.

Kann sich Paul an sein eigenes Erleben der Geburt erinnern? Wie aus der Pistole geschossen, sagt er: «Ich habe den Körper erst bei der Geburt übernommen.» Der Satz kommt total spontan aus ihm heraus. Er ist insofern bemerkenswert, als Paul mit der sogenannten esoterischen Szene nie Berührungspunkte hatte und auch von mir keinerlei Hinweise auf paranormale Zusammenhänge bekam. (Vor Erscheinen dieses Buches hütete ich mich, von solchen Dingen zu sprechen, da ich nicht Gefahr laufen wollte, meine Sitzungspartner weltanschaulich zu beeinflussen. Sie sollten Gelegenheit bekommen, ihre eigenen Erkundungen zu betreiben.)

Weiter in Pauls Erinnerung: «Eine Riesenaufregung war das. Ich kam zu früh. Die Oberschwester schnappt mich, und sofort zur Kapelle!» Paul sieht den Ablauf aus der Sicht der Oberschwester, buchstäblich aus ihren Augen heraus: «Sie muß den Großeltern [d. h. den Eltern von Pauls Mutter] mitteilen, daß ich wenig Chancen habe. Meine Mutter liegt noch in der Klinik. Sie hat den Säugling noch nicht zu sehen bekommen. War normal damals. Die Oberschwester sagt den Großeltern, was los ist.»

Diese Details hatte man Paul nie erzählt! Er schaut fasziniert auf seinen «inneren Bildschirm» und fährt fort: «Am Schreibtisch sitzt noch eine weitere Schwester. Die teilt den Großeltern ganz kalt die Sachlage mit. Die Großmutter ist bestürzt. Sie ist da erst 50! Viel jünger, als ich sie heute kenne! Der Großvater ist gefaßt, aber ratlos.»

«Ich erlebe das von einem Meter hinter der Oberschwester. Aber das ist jetzt nicht die Oberschwester, die das sieht – das bin ich, aber aus einer externen Wahrnehmungsposition heraus.»

Hier gelang es Paul, zwischen der «Persönlichkeitsqualität» der Oberschwester und seiner eigenen zu unterscheiden. Deswegen konnte er mit Sicherheit sagen, welcher Teil des Erlebnisses von wem «gefilmt» wurde. Einmal war die Oberschwester der «Kameramann», einmal er selbst.[23]

«Die Großeltern gehen. Die Oberschwester auch. Ich folge ihr. Sie geht den Gang entlang und dann links in den Säuglingstrakt. Sie schaut auf das Baby, d.h. auf mich. Sie geht hinaus. Das Baby hat Schläuche in der Nase und einen Katheter drin [zur Versorgung]. Ich habe diesen Körper erst seit ein paar Stunden. Ich bin bemüht um ihn. ‹Das muß was werden!› rufe ich ihm zu. Ich beschütze ihn von außen und oben. Gerade den mußte ich nehmen. Typisch! Ich muß die Lösung finden. Paßt!»

Paul ist erheitert, das Erlebnis abgehakt. Gut so. Doch sind wir weder mit Pauls Bergsteigertod noch mit der hier geschilderten Körperübernahme zur eigentlichen Herkunft des Negativprogramms «ich muß die Lösung finden!» durchgestoßen. Solange neues Material ans Tageslicht kommt (wie gerade eben), ist das Urerlebnis noch im Hintergrund verborgen. Paul spürt selbst, daß da in irgendwelchen noch unergründeten Tiefen einiges lauert. Wir werden später noch mehr von ihm hören. (Dieser Sitzungsabschnitt dauerte etwa 20 Minuten.)

Erwin: Inkarnation als Agent in Chicago

Erwin, 32 Jahre alt, Elektrotechniker, fühlt sich im Leben ausgebremst. Immer wenn er positive Pläne schmiedet, verwirren sich seine Gedanken. Er hat den Eindruck, «es will mich einer abhalten».

Soviel zum Interview. In der anschließenden Sitzung ruft sich Erwin Szenen zurück, als ihn «einer abhalten» will. Am stärksten von allen Erinnerungen ist die an eine Mandeloperation im Alter von neun Jahren, die ihn davon abhielt, in der Schule mitzukommen, weil er ihretwegen einige Tage im Unterricht fehlte. Erwin sieht Szenen aus dem Krankenhaus, lange Korridore, den Operationssaal, unsanfte Behandlung durch Ärzte und Personal.

Nichts Böses ist hier geschehen. Und doch verflüchtigen sich die Erinnerungen nicht, obwohl Erwin sie sich gründlich angeschaut hat. Im Gegenteil, sie werden intensiver! Offenbar rüttelten diese relativ harmlosen Szenen im Krankenhaus etwas Älteres wach. Ein Urerlebnis mußte sich während des damaligen Krankenhausaufenthaltes dazugeschaltet haben.

Was mag hier dahinterstecken? Wir gehen die Krankenhausszene mehrfach durch. Dabei lösen sich Teile der Szene, die Erwin schon kennt, allmählich auf, und ein dahinterliegendes, ihm gänzlich unbekanntes Bild baut sich vor seinem geistigen Auge auf, eine «Szene hinter der Szene». Ein gekachelter Raum tritt in Umrissen hervor und wird deutlicher. Er ähnelt einem Operationssaal. Erwin kennt diesen Raum nicht. In seinem jetzigen Leben hat er ihn nie gesehen. Er versucht, das Bild protestierend von sich wegzuschieben («Das ist mir doch wurscht, dieses Bild!»), aber es gelingt ihm nicht. Er kann nicht so tun, als gäbe es dieses Bild für ihn nicht. Es geht ihn etwas an, das spürt er.

Sechs Personen stehen um eine Liege, drei davon sind Frauen. Alle in Weiß. Ein junger Mann ist auf der Liege festgeschnallt. «Blond, groß und athletisch ist er, wie aus der Werbung.» Er liegt auf dem Bauch. Von einem Teleskop-Arm an der Zimmerdecke hängen Schläuche herab. Das Endstück unten sei 20 cm lang, beschreibt Erwin. Eine Flüssigkeit wird in den After des jungen Mannes eingeführt. «Ich glaube, das war ich», sagt Erwin. «Die wollen mich gefügig machen. Ich sollte von was abgehalten werden» [sein Negativprogramm].

Erwin sieht den Film mit den Augen eines Mannes, den er als den «Vize» bezeichnet. Er sieht die Szene also nicht von der Wahrnehmungsposition des jungen Mannes auf der Pritsche aus, mit dem er sich bereits identifizierte, sondern von der Wahrnehmungsposition einer anderen Person im Geschehnis.

Der sogenannte Vize hat vor einer weiteren Person, dem finster wirkenden «Chefarzt», Respekt. Erwin erlebt diesen Vize ganz deutlich aus einer Innenposition heraus, als seien dessen Augen die Kamera. Deswegen glaubt Erwin nun, er selbst sei dieser Vize gewesen: «Ich war nicht der auf der Pritsche, sondern der Täter. Denn den Vize dramatisiere ich in meinem Leben immer, wenn mich eine Autoritätsperson [hier der «Chefarzt»] finster anschaut. Und auch meine zwanghaften Sexbilder kommen daher, denn der Junge auf der Pritsche kriegt als Strafe ein Klistier in den Arsch. Eine fiese Marter!»

Weil sich Erwin nun bereits mit zwei Personen identifiziert hat (zunächst mit dem Opfer auf der Pritsche und später mit dem Vize als Täter), besteht die Gefahr, daß er in Verwirrung gerät, denn schließlich kann er nicht beide gewesen sein. Es herrscht Erklärungsbedarf.

Ich gebe Erwin den Hinweis, daß jede Person in einem Geschehnis dieses Geschehnis von ihrer eigenen Warte her sieht, von ihrem eigenen Blickpunkt her, von ihrer eigenen Wahrnehmungsposition aus. Und natürlich erlebt jeder sie anders, siehe die bekannte Tatsache, daß fünf Zeugen eines Unfalls hinterher fünf verschiedene Beschreibungen dafür abliefern.

Beim nächsten Durchgang sieht Erwin den gleichen Film nochmals, diesmal aber von einer wiederum anderen Wahrnehmungsposition aus, nämlich der des «Chefs». Er sieht mit dessen Augen, wie das Instrument in den After des jungen Mannes auf der Pritsche eingeführt wird. Dann schlüpft Erwin in die Wahrnehmungsposition des Opfers und spürt dabei merkwürdige Empfindungen im Darm. «Der Darm wird durchstochen. Brutal!»

Jetzt wechselt der Blickwinkel zu einer externen Wahrnehmungsposition außerhalb und oberhalb der Beteiligten. Erwin sieht den Rücken des Chefs, dahinter das Opfer auf der Pritsche. «Das Opfer ist apathisch. ‹Der wird gleich sterben›, denkt einer von denen. Blut und Scheiße kommen raus. Die Maschine ist noch drin. Fürchterlich! … Dann liegt der Körper auf den Fliesen, tot. ‹Abgehakt›, denkt der Chef, ‹Kaffeepause.›»

Wie das Ganze überhaupt angefangen habe, frage ich Erwin. Erst jetzt, nachdem der traumatische Teil des Geschehens neutralisiert ist, läßt sich diese Frage stellen. «Sie haben mich erwischt. Chicago, dreißiger Jahre. Etwa acht Uhr abends. Frühjahr. Leute, Autos. Ich gehe auf dem Gehsteig; ich gehe schnell. Zwei schnappen mich. Hüte tragen sie, Sakkos. Ich wehr' mich nicht. Keine Chance. Abgeführt in einen Keller. Da ist der Operationssaal. Ich hatte eine Spionageaufgabe … zu tun mit der Hochfinanz in den USA.»

Für Erwin hat sich nun geklärt, woher der negative Programmsatz «es hält mich einer ab» stammt: Er war ein Agent, und die gegnerische Gruppe hielt ihn davon ab, seinen Auftrag auszuführen, indem sie ihn auf die beschriebene brutale Weise tötete. Erwin ist erleichtert und strahlt. Mit Staunen erkennt er eine ganze Reihe von Zusammenhängen zwischen dem damaligen Geschehen und seinen sexuellen Schwierigkeiten im gegenwärtigen Leben. (Sitzungsdauer: 6:20 Std. an einem Tag.)

Carmen (I): Zeugin der eigenen Abtreibung

Carmen, 33 Jahre alt, Marketing-Chefin bei einem großen Unternehmen, leidet schon ewig unter Magengeschichten. Sie erbricht sich ohne erkennbaren Grund, ob sie nun vorher etwas gegessen hat oder nicht. Auch in ihrem Erlebnis mischen sich unterschiedliche Wahrnehmungspositionen.

Zum Zeitpunkt der Sitzungsphase, die ich hier wiedergeben will, hat sich Carmen bereits alle Erlebnisse zurückgerufen, wo ihr Magen verrückt spielte. Dieser Zugang ist ausgereizt, ein Urerlebnis wurde aber noch nicht gefunden. Im offenen Zwiegespräch stöbern wir deswegen herum, um einen griffigen Ansatzpunkt zu finden. Dabei hilft es uns, daß dies nicht Carmens erste Sitzung ist; sie kennt sich mit MindWalking schon aus.

Unser Gespräch kreist zunehmend um die Zeit direkt vor und während ihrer Geburt, denn erstens hat sie ihre Magenproblematik schon seit dem Babyalter, und zweitens reagiert der Mindwalker deutlich auf Äußerungen zu diesem Zeitraum. Irgend etwas ist hier am Kochen – aber was?

Carmen sieht ihre Mutter während des Geburtsvorgangs von oben, sieht zu, wie das Kind aus dem Mutterleib austritt und die Mutter das Kind achtlos zur Seite legen läßt. «Sie ist kein Muttertyp», sagt Carmen. «Wir waren alle keine Wunschkinder.»

Sie beschreibt die damalige Situation ihrer Mutter: daß sie bereits einen vierjährigen Sohn hatte, daß der Vater oft fremdging, daß sie meist alleine im Haus war. Wahrlich kein schönes Leben!

Während ihrer Erzählung drängt sich Carmen zunehmend die Wahrnehmungsposition ihrer Mutter auf; sie beschreibt bildhaft und farbig Dinge aus der Welt ihrer Mutter, die sie «eigentlich» gar nicht wissen kann:

Als Mutters erster Sohn vier Jahre alt war, stellte sich heraus, daß er nicht bloß «langsam» war, wie man allseits glaubte, sondern regelrecht geistig behindert. Die Ärzte rieten der Mutter, eine neue Schwangerschaft «nur unter sehr kontrollierten Bedingungen» einzuleiten, wenn sie ein erneutes Vorkommnis dieser Art vermeiden wolle.

Wohlweislich verschwieg die Mutter den Ärzten, daß sie zum Zeitpunkt dieser Konsultation bereits erneut schwanger war (mit Carmen), und zwar schon im sechsten Monat. Sie berät sich mit Resi, ihrer Schwester. Ergebnis des Gesprächs: Bloß nicht noch einen Behinderten in der Familie. Abtreiben!

Wer sich in diesem Geschäft auskennt, ist Tante Mizzi; sie hat das schon einmal gemacht. Die Szene spielt in einem abgelegenen Alpendorf der späten sechziger Jahre. Tatort ist die Küche; der Vater ist gerade nicht zu Hause. Resi und Mizzi bereiten heißes Wasser auf dem Herd zu; sie heizen ordentlich ein. Resi überprüft ihr Operationsbesteck: verschiedene Nadeln und Drahtschleifen unterschiedlicher Länge. Die Position, von der aus das Ganze im Moment wahrgenommen wird, liegt in der Augenhöhe eines Erwachsenen.

Die Mutter legt sich auf den Tisch. Sie ist ausgezogen bis auf die Unterwäsche. Beine hoch. Resi hält die Beine. Mizzi beugt sich über den Unterleib der Mutter. Wir sehen auf Mizzis gebeugten Hinterkopf aus dem Blickwinkel der Mutter, d. h. über Mutters Bauch hinweg. Mizzi hält einen dicken Draht in den Händen, eine Drahtschlaufe; die soll über den Fötus gestülpt werden. Zum Rausziehen. (Carmen verspürt ein Stechen im Unterleib.)

Die Wahrnehmungsposition wechselt ins Innere von Mutters Bauchhöhle hinein. Wir erleben die Szene nun aus der Sicht des Fötus. Der Draht dringt auf Brusthöhe in seinen Rücken ein. Er preßt sich in sein Gewebe. In seinem Bauch unterhalb des Nabels reißt etwas

Carmen (in unserer Sitzung) verspürt Druck im Genick und ein Ziehen im Lendenbereich. Sie verkrampft sich. «Ich wehre mich!» sagt sie [als Fötus sprechend]. Die Verspannung reicht vom Nacken bis zur Hüfte. Auch die Ellbogen sind betroffen. Der Magen ... als würde der gequetscht. Druck hinterm Ohr. Ein Blick auf die Gebärmutter: rotes Gewebe, Adern.»

Dann fährt es entsetzt aus Carmen heraus: «Ich sehe einen zweiten Kopf und Körper – von ganz nahe dran. Hätten wir Zwillinge werden sollen? Und nur einen haben sie erwischt?»

Der eine Zwilling wurde abgetrieben, Carmen aber kam durch. Denn unversehens wird die Aktion unterbrochen: «Es läutet an der Tür. Onkel Hartmuth kommt unerwartet. Panik! Mutter vom Tisch, sie blutet. Und schnell den Fötus in den Herd!»

Plötzlich sieht Carmen den Witz dabei; sie muß lachen: «Da traut sie sich schon abtreiben, und eins bleibt drin. Die beste Strafe! Bleibt ihr das ganze Leben vor Augen stehen!» Sie hat kein Mitleid mit ihrer Mutter.

Nach dieser eruptiven Entspannung fällt es uns leicht, die restlichen Details des Erlebnisses zu sammeln: «Die Schlinge geht über seinen Kopf und Nacken, hinunter über die Brust; die Ellenbogen werden angepreßt; ich sehe den Fötus wegbrechen; mein Geschwisterchen wird weggezogen.» Sie stöhnt: «Mein Magen drückt mir hoch bis zum Hals!» Weiter: «Die zieht nur einen Teil raus! Der reißt durch! Der Magen wird rausgezogen durch die Speiseröhre! So erleb' ich das oft beim Kotzen – als käm' der Magen raus!»*

Dann, sinnend: «Kein Wunder, daß ich mir immer ein Geschwisterchen gewünscht habe. Und von mir selbst hab' ich immer gedacht, ich bin ein Findelkind. Null Beziehung zu meiner Mutter. Wie eine Fremde.»

---

* Auch dies eine «wissenschaftlich unhaltbare» Stelle, wo der Mediziner nur kopfschüttelnd einwenden kann, daß das im sechsten Monat unmöglich sei. Anatomisch gesehen ist das auch richtig. Man bedenke aber, daß die komplette Anatomie mit allen Organen bereits im Sinne eines morphogenetischen Feldes vorgegeben und somit virtuell wahrnehmbar ist.

Schließlich muß Carmen wieder lachen: «Kannst du dir das vorstellen: Zwei von meiner Sorte?» Wir sind durch; Ende der Sitzung.

(Dauer dieses Sitzungsabschnitts: 1:41 Std. Ein Vierteljahr später berichtete mir Carmen, daß sich ihre Magenprobleme weitgehend gelegt haben. Nach etwa einem Jahr findet ihr Arzt anläßlich einer Magenspiegelung zu seinem Erstaunen keine Auffälligkeiten mehr vor. Hat das nun etwas mit unserer Sitzung zu tun, oder wäre es auch von selbst ausgeheilt? Allerdings nahm Carmen schon seit Jahren Medikamente.)

Exkurs: Die Persönlichkeitsverschiebung

Vom korrekten Erkennen und Zuordnen unterschiedlicher Wahrnehmungspositionen hängt der ganze Erfolg einer Sitzung ab. Ordnet man nämlich seine Erinnerungen den falschen Urhebern zu, so löst sich der Streß in einer Mentaldatei nie auf. Im Gegenteil, die Bilder und Spannungen intensivieren sich.

Jede Person hat eine bestimmte Position, von der aus sie die Umgebung wahrnimmt. Diese Wahrnehmungsposition ist sozusagen der Ort, wo die Kamera aufgestellt ist, die den geistigen Film aufzeichnet, der schließlich als Mentaldatei abgelegt wird. Die Kamera ist natürlich die Person selbst, die Person als geistiges Wesen. Sie, der Leser, lesen gerade dieses Buch und schauen dabei durch Ihre Augen. Das ist Ihre Wahrnehmungsposition (falls Sie sich gerade im Körper befinden sollten).

Eine Wahrnehmung ist mehr als nur ein Einzeleindruck; sie ist ein komplettes Paket, ein ganzheitlicher Vorgang. Nimmt man etwas wahr, so schaut man bekanntlich nicht nur mit den Augen, sondern bezieht auch andere Sinneskanäle mit ein, spürt Absichten und Emotionen und registriert darüber hinaus, was man als Wahrnehmender zum Zeitpunkt der Wahrnehmung alles gedacht hat. Dieses komplette psychische Erlebnispaket wird als Mentaldatei aufgezeichnet. Eine Mentaldatei enthält abstraktes Wissen und emotionale Schwingung, kurz gesagt Information und Emotion.

Ist man mit fünf Personen zusammen, so nimmt man naturgemäß auch deren Befindlichkeit wahr und zeichnet sie auf – aber eben nicht nur die fotografische Außenansicht ihrer Körper, sondern auch ihre psychischen Erlebnispakete, wie sie aus der jeweiligen authentischen Wahrnehmungsposition heraus aufgezeichnet wurden ... was darauf hinausläuft, daß jeder in der Mentaldatei der anderen fünf vorkommt.

Hat man etwas abgespeichert und zudem abgesperrt, so läßt sich das auch ausdramatisieren, wie wir bereits wissen. Enthält eine Mentaldatei nun mehrere Wahrnehmungspositionen (die eigene wie auch die der anderen fünf Beteiligten), so steht einem jede einzelne davon zum Ausdramatisieren zur Verfügung. Kommt es zu einer Einschaltung einer solchen «multiplen» Mentaldatei, so steht einem damit nicht nur die eigene Persönlichkeit zum Ausdramatisieren zur Verfügung – also man selbst, wie man damals war –, sondern auch die der fünf anderen! In jede einzelne dieser Verhaltensvorlagen kann man hineinschlüpfen und sie nachspielen. Unbewußt natürlich.

Für die Sitzung bedeutet das, daß der Sitzungsleiter immer klarstellen muß, wen der Sitzungspartner gerade meint, wenn er «ich» sagt. Denn da der Sitzungspartner jede Wahrnehmungsposition nachzuerleben vermag, beim Erzählen aber spontan und unterschiedslos «ich» sagt, um der gerade nachempfundenen Person gerecht zu werden, ist auf den ersten Blick nie ganz eindeutig, wen er denn nun meint. Wer ist dieses Ich, von dessen Warte her der Sitzungspartner gerade spricht?

Durch den hier beschriebenen Mechanismus der Identifikation mit fremden Wahrnehmungspositionen kommt es zur Persönlichkeitsverschiebung. Unbewußt und ungewollt ahmt man das Verhaltensmuster eines anderen nach. Unter Umständen dramatisiert man mehrere Personen gleichzeitig. Man darf schlußfolgern, daß es in extremen Fällen zu dem kommt, was in psychiatrischen Kreisen «Multiple-Persönlichkeits-Syndrom» genannt wird. «Du bist ja nicht ganz bei dir!» sagen die Leute dann. Recht haben sie.

Beim Eintreten einer Persönlichkeitsverschiebung verschwimmen oft die Grenzen zwischen Opfer und Täter, das heißt, das damalige Opfer kann im gegenwärtigen Leben zum Täter werden oder der damalige Täter zum Opfer. Nehmen wir das Beispiel eines Sexualverbrechers, der heute Frauen und Kinder lustvoll vergewaltigt und verstümmelt. Dieser Mensch könnte rein hypothetisch ein Überbleibsel der spanischen Inquisition oder der Hexenverfolgungen sein, denn beides ging mit kaum zu beschreibenden sexuellen Greueltaten einher.

Folgende Varianten schicksalhafter Verknüpfung im Rahmen der Reinkarnation sind denkbar: Der besagte (heutige) Sexualverbrecher kann damals die Rolle des Täters gehabt haben, des Folterers also, der auch heute noch seinen perversen Neigungen nachgeht. Mittlerweile «gelingt» ihm dies nur noch in reduzierter Form, und er kommt zumeist nicht mehr ungestraft davon. Dessenungeachtet steckt er ungebrochen in der Täterrolle. In diesem Fall hat keine Persönlichkeitsverschiebung stattgefunden.

Oder er war damals Opfer, eine gepeinigte Frau also, die sich im Moment ihrer Vernichtung mit dem Täter identifizierte. Ihr unbewußt, während ihr Körper ohnmächtig am Boden lag oder gar starb, könnte folgendes Gedankenmuster abgelaufen sein: «Laß mich leben, ich tu alles für dich, ich selbst zähle nicht, ich bin nichts, ich bin der Verlierer, du bist der Gewinner, ich bin du.» Ist dies der Fall, so hat hier tatsächlich eine Persönlichkeitsverschiebung stattgefunden. Kommt diese Frau heute als Mann zur Welt, so besteht die Gefahr, daß sie – ohne es zu wissen und zu wollen – die Täterseite ausdramatisiert, heute also anderen das antut, was ihr damals widerfuhr.

Dies impliziert, daß ein heutiger Täter dadurch zum Täter wurde, daß er selbst in früheren Zeiten einer Überwältigung zum Opfer fiel – was sein Tun aber nicht entschuldigen kann! Der Mechanismus hierbei ist: Der Schwächere identifiziert sich mit dem Stärkeren und imitiert ihn in der Folge, wobei er sich zwar seines Verhaltens bewußt ist, nicht aber des Umstands, daß er hier etwas ausdramatisiert. Dies erklärt, wie «Engel» zu «Teufeln» werden.

Eine weitere Möglichkeit wäre noch: Der damalige Täter bekam ein schlechtes Gewissen und identifizierte sich mit einem seiner Opfer. Ganz gleich, ob er als Mann oder als Frau auf die Welt käme, er würde die damaligen Gewaltszenen heute als übermäßige Zurückhaltung in sexuellen Dingen ausdramatisieren, als Sexualfeindlichkeit, Prüderie oder Frigidität. Gerade also die, die sich in Sachen Sex gerne zu Sittenwächtern aufschwingen, haben vielleicht eine gar nicht so fromme Vorgeschichte. Denn oft ist ihre Frömmelei nur äußerlich, in Wirklichkeit jedoch sind sie fasziniert von dem, was sie kritisieren, und üben es unter Umständen heimlich selbst aus (Pornolektüre, Bordelle, Pädophilie, Sexualfetischismus usw.).

Das schlechte Gewissen kann sich auch darin äußern, daß ehemalige Täter im Sinne einer Selbstbestrafung die Rolle des Opfers anzunehmen bereit sind (als unbewußte Dramatisierung!) und sich z. B. im Rahmen von sadomasochistischen Ersatzhandlungen auspeitschen lassen.

Johannes: Reinkarnation aus Rache

Hier ein Beispiel dafür, wie sich in einem Erlebnis zusätzlich zu der eigenen Wahrnehmungsposition nicht nur eine einzige weitere Position, sondern gleich mehrere andere auf starke und eindringliche Weise zu präsentieren vermögen.

Johannes, 46 Jahre alt, Unternehmensberater, leidet trotz seiner Erfolgskarriere unter unbegründeten Ängsten und gelegentlichem Kontrollverlust. Besonders deutlich zeigt sich das vor anstehenden Auseinandersetzungen; Johannes tritt dann geistig völlig weg. In früheren Rückführungssitzungen hat Johannes bereits einige seiner Vorleben kennengelernt, was für unsere hier folgenden Sitzungen von Vorteil ist, wie sich bald erweisen wird.

Seine mißliche Situation faßt Johannes zusammen als «Angst vor Entdecktwerden». Ihm ist, als hätte er etwas zu verbergen und eben deswegen scheue er Auseinandersetzungen. Diese emotionale Grundeinstellung greifen wir als «heißes Thema» auf und steigen in die damit assoziierte Erinnerungsverkettung ein. Eine ganze Reihe von Vorfällen kommen Johannes in den Sinn, als er als Kind und Jugendlicher «fast entdeckt» wurde (beim Knacken von Sparschweinen, usw.).

Als gemeinsamer Nenner der erinnerten Erlebnisse kristallisiert sich heraus, daß Johannes in allen Altersphasen zu beachtlichen Sonderaktionen fähig war, aber immer versuchte, seine Leistungen zu verheimlichen, wegzuerklären oder gar zu rechtfertigen – als wäre eine gute Leistung etwas Schlimmes. Warum verhält sich Johannes so?

Rund 90 Sitzungsminuten sind bisher verstrichen. Die Erinnerungskette scheint ausgereizt, aber noch ist kein Urerlebnis in Sicht. Hat Johannes vielleicht auf seinem inneren Bildschirm etwas gesehen, aber nicht ausgesprochen? (Oft spricht der Sitzungspartner etwas nicht aus, weil er glaubt, es sei zu abwegig und gehöre nicht dazu.) Tatsächlich verhält es sich so. Johannes sagt, schon seit einiger Zeit habe er «so einen komischen Eindruck, wie wenn ich meine Mutter von oben sehe und sie ist schwanger».

Dieses Bild ist Johannes nicht neu; in einer früheren Reinkarnationssitzung hat er es bereits gestreift. Weil er es kennt und es anscheinend nicht zum Thema gehört, hat er mir nichts davon gesagt. Ich fordere ihn auf, diese Erinnerung genauer zu betrachten, denn es muß ja noch mehr dahinterstecken, als bereits bekannt ist, sonst hätte sich das Bild nicht gezeigt. Johannes entdeckt, daß es sich um den ersten Schwangerschaftsmonat handelt. Und daß seine Mutter noch gar nicht weiß, daß sie schwanger ist.

Johannes sieht seine Mutter von einer Wahrnehmungsposition knapp unter der Zimmerdecke aus. «Hoffentlich merkt sie nicht, daß ich schon da bin», denkt er, als er da oben schwebt.

Aha, Angst vor Entdecktwerden durch die Mutter, die weder von ihrer Schwangerschaft noch von dem herumgeisternden Johannes etwas ahnt. Doch warum diese Heimlichkeit? «Ich wurde von meinem Vater erschossen. Im Zweiten Weltkrieg. Ich wollte wieder Kontakt mit ihm – über die Mutter.»

Diese Szene kennt Johannes bereits aus einer früheren Reinkarnationssitzung, brachte sie aber nie in Zusammenhang mit seiner Geburt und der gegenwärtigen Lebenssituation.

Erleichterung, so wissen wir, entsteht durch genaues Anschauen, Aussprechen und Akzeptieren; Wegschieben hingegen erzeugt Spannung. Wäre die Spannung aus den erzählten Erinnerungsfetzen wirklich draußen, so würden diese auch nicht mehr auftauchen. Deswegen wollen wir es genau wissen: Was spielte sich da ab? Wie hängt Mutters Schwangerschaft damit zusammen, daß Johannes im Krieg durch einen Schuß seines (jetzigen) Vaters getötet wurde? Und was hat das zu tun mit Angst vor einem Entdecktwerden?

Vor Johannes' geistigem Auge steigt folgende Szene auf: «Er ist 30 bis 40 Meter weg. Er knallt mich ab – ein Versehen. Wir sind die gleiche Truppe, alles Deutsche. Irgendwo zwischen Elbe und Berlin. Alle haben die Hosen voll vor Angst. Eine Heidelandschaft im Morgengrauen. Ich krieche gerade nach vorn.»

Johannes erlebt die Szene von einer außerkörperlichen Wahrnehmungsposition in fünf Meter Höhe. Er erblickt sowohl seine am Boden kriechende Gestalt wie auch den Todesschützen.

Allmählich schält sich die Vorgeschichte heraus: Johannes hat sich für einen Spezialeinsatz freiwillig gemeldet. Er will herausfinden, wie weit der Feind entfernt ist. («Ich mach' das schon, wartet nur ab!») Weil das Gelände schwer überschaubar ist, kann es sich um höchstens 50 bis 100 Meter handeln.

Die Kameraden wissen nichts von dem geplanten Einsatz, auch der Wachposten nicht. Der Wachposten hat den klaren Auftrag, auf alles zu schießen, was sich bewegt – was er auch tut, und zwar gerade, als Johannes sich soweit vorgerobbt hat, daß er die feindlichen Panzer erahnen kann, kurz vor dem Ziel also!

Johannes beschreibt, wie sein Kopf rechts unterhalb des Stahlhelms von der Kugel getroffen wird. Die Kugel kommt von schräg hinten angeflogen. «Zu weit vorgewagt!» schießt es ihm durch den Kopf. Beim Erzählen reibt sich Johannes die rechte Schläfe.

Nach mehrfachem Betrachten des Erlebnisses in allen Einzelheiten ist sein Ablauf klar, die Emotionen verraucht, die Empfindung an der Schläfe verschwunden. Die Lektion aus diesem Erlebnis lautet: «Zu weit vorgewagt!» Johannes hat gelernt, daß es gefährlich ist, sich zu weit vorzuwagen. Doch wiewohl Johannes das Geschehnis nun detailliert zu erzählen vermag, löst sich die Sache immer noch nicht in Heiterkeit auf, wie an diesem Punkt eigentlich zu erwarten wäre. Woran hängt's?

Wir entdecken, daß Johannes die Szene von wechselnden Wahrnehmungspositionen aus sieht. Mal erblickt er seinen Körper von oben, mal schräg von hinten. Bislang ging Johannes ganz selbstverständlich davon aus, daß beide Wahrnehmungspositionen seine eigenen seien. Nun aber erkennt er, daß der Blickwinkel von hinten der des Schützen ist.

Offensichtlich überblenden sich in diesem Erinnerungsfilm die Wahrnehmungspositionen zweier «Kameraleute» – der eine ist Johannes, der andere der Schütze. Auch die mentalen Aufzeichnungen des Schützen wollen berücksichtigt werden. Der Schütze, damals ein Kriegskamerad, ist heute der Vater von Johannes. Wir müssen also die beiden Streifen voneinander lösen. Ab jetzt achtet Johannes sehr sorgsam darauf, wessen Filmstreifen er gerade sieht.

Der Schütze bekam einen Schreck, als er sah, wer sein Opfer war. Erst nach dem Schuß erkannte er: Er hat einen Kameraden getötet! Noch nach dem Schuß blieb seine gesamte Aufmerksamkeit auf einen einzigen Punkt fixiert, nämlich den Kopf der anvisierten Person. Der Schütze war starr vor Entsetzen. Ebenso starr wurde auch sein Erinnerungsbild. Es «gefror» regelrecht.

Zum gleichen Zeitpunkt fixierte auch Johannes, das Opfer des Todesschützen, seine gesamte Aufmerksamkeit auf seinen Kopf, und zwar auf den Punkt an der Schläfe, wo die Kugel auftraf. Diese beiden vor Entsetzen erstarrten, «eingefrorenen» Aufmerksamkeitsfelder vermischten sich.

Von der Warte des Schützen her sprechend, sagt Johannes: «Als der umfällt, sehe ich, das ist gar kein Feind! Das ist ein Kamerad! Und es ist meine Verantwortung!» Und gleich anschließend: «Das war der letzte Schuß in meinem Leben!» (Tatsächlich schießt der damalige Schütze und jetzige Vater von Johannes bis zum heutigen Tag nicht mal mehr in einer Jahrmarktsbude, fällt Johannes dazu ein.)

Knappe Rückschau über den Stand der Dinge: Die beiden gegensätzlichen Verhaltenstendenzen von Johannes – zum einen wagt er sich gerne vor und leistet etwas, zum anderen muß er sich für alles rechtfertigen – haben ihre Erklärung gefunden. Die eine

Tendenz entsteht durch seine Dramatisierung des Opfers, die andere durch die des Täters. Johannes (das Opfer) hat sich zu weit vorgewagt, der Schütze (der Täter) hat Schuldgefühle und versucht vergeblich, seine Tat zu rechtfertigen. Da beide Positionen unverarbeitet blieben, stehen beide als Dramatisierungsvorlagen zur Verfügung. Auf äußere Auslöser hin schaltet sich der alte Film gelegentlich ein und wird gleichzeitig von beiden Positionen her durchgespielt. Daher die Gegensätzlichkeit des Verhaltens.

Im nächsten Sitzungsabschnitt, am folgenden Tag, zeigt sich noch eine weitere, bisher unbeachtet gebliebene Wahrnehmungsposition: die des Offiziers, der sich damals den Alleingang von Johannes ausgedacht hatte. Auch diese Wahrnehmungsposition wurde bisher in unserer Sitzung nicht weiter hinterfragt. Johannes hatte sie einfach (und fälschlicherweise) sich selbst zugeordnet. Nun aber, da sich die Dinge immer mehr glätten, schärft sich sein Blick für Ungereimtheiten.

Der Offizier also taucht bei Johannes auf dem geistigen Bildschirm auf. Hier folgt seine Version des Geschehnisses: Er weiß, daß er Johannes eigentlich nicht als Späher einsetzen darf; mit dieser Aktion hat er seine Befugnisse überschritten. Da er aber in Johannes jemanden kennt, der ähnlich wagemutig und risikofreudig ist wie er selbst, wird der Alleingang trotz allem in die Tat umgesetzt. Als Johannes loskriecht, sind die Nerven des Offiziers – nach wochenlangem Dauerstreß und Schlafmangel – noch angespannter als sonst. Als er Johannes im Morgengrauen aus den Augen verliert, pumpt er weiterhin seine gesamte Aufmerksamkeit in dessen Richtung – und verläßt dabei seinen Körper! Auch er «sieht» den Schützen und dessen Ziel von oben. (Was nicht heißt, daß der Offizier ohnmächtig am Boden läge. Er ist sowohl «unten» wie auch «oben» wachsam.)

Von seiner externen Wahrnehmungsposition aus wird der Offizier Zeuge des Todesschusses. Der Schreck schlägt ihm auf den Magen und nimmt ihm die Luft (hier bekommt Johannes in der Sitzung Atemnot und Magendrücken). Der Offizier weiß, daß man ihn für diesen nicht abgesprochenen Einsatz zur Verantwortung ziehen wird, und davor hat er Angst. Er arbeitet sich nach vorn und zerrt den toten Körper von Johannes zurück in die eigenen Reihen.

Auch die Mentaldatei des Offiziers gehört zu dem erstarrten Klumpen, der sich damals bildete. Die Erklärung ist die gleiche wie oben: Drei geistige Wesen (Johannes, der Schütze, der Offizier) fixierten ihre volle Aufmerksamkeit gleichzeitig auf das gleiche Geschehnis und versuchten, es zu stoppen, die Katastrophe rückgängig zu machen. Mit aller Kraft wollten sie etwas ungeschehen machen. Sie blähten ihre mentalen Airbags auf, um sich gegen das Entsetzliche abzufedern – und so fror der Film für alle drei an dieser Stelle ein. Die Bilder hörten auf zu laufen.

Durch unsere Sitzung hat sich dieser Knoten gelöst. Ganz überraschend fallen Johannes nun Details aus seinem letzten Leben ein, die weit über den bildhaften Gehalt des Erlebnisses hinausgehen. Abgesperrtes Wissen sprudelt nur so aus ihm hervor. Sein Name war Jochen, er stammte aus Berlin und war zum Zeitpunkt seines Todes gerade 18 Jahre alt. Sein Hintergrund war bürgerlich-intellektuell, der Vater ein begüterter Holzhändler mit Villa in Grunewald. Schon damals war der (spätere) Offizier ein Freund von ihm.[24]

Nach diesem Ausflug in das Vorleben des Johannes geht es weiter mit der Geschichte des Offiziers. Dieser macht seiner Erregung Luft, indem er auf den Schützen (also auf den heutigen Vater von Johannes) einschlägt: «Ich schlag' dich tot!» (Johannes erkennt, daß hiervon seine Neigung zum Jähzorn herrührt.) Der Offizier denkt: «Auch mein Leben ist zu Ende», bricht zusammen und wird bewußtlos (woraus Johannes sein gelegentliches Weggetretensein bei Auseinandersetzungen herleitet).

Während dieser Darstellung steht Johannes voll unter Strom. Die Wut und die Verzweiflung des Offiziers schießen durch ihn hindurch.

Als nächstes kommt die Situation des Offiziers von der Warte des Schützen aus ins Bild, der die Schläge abbekommt. Die damals getroffenen Stellen am Körper des Schützen fangen am Körper von Johannes an zu drücken und zu kribbeln. Am stärksten wird ein Schlag auf die Brust nachempfunden.

Nach Erkenntnis dieser Zusammenhänge fühlt sich Johannes erstmals völlig erleichtert. Er sieht einen Zusammenhang zwischen der Niedergeschlagenheit und Ohnmacht des Offiziers und seiner eigenen Hilflosigkeit angesichts von Auseinandersetzungen, die bis zum geistigen Aussetzer führen: «Wenn zuviel los ist, meld' ich mich ab.»

Knapp eine Sitzungsstunde ist vergangen, seit wir heute morgen die zweite Sitzungsrunde begannen. Ich frage Johannes, was sich nach seinem Tod weiterhin ereignet hat, denn weiter als bis zum Schuß in den Kopf waren wir ja nie gekommen. Und da Johannes zu diesem Zeitpunkt buchstäblich «über den Dingen schwebte», liegt die Frage nahe, wie es denn nach Ableben seines Körpers mit ihm weiterging. Johannes sagt, er sei noch dabeigeblieben, als Schütze und Offizier seinen Körper verscharrten und einander gelobten, kein Wort darüber verlauten zu lassen. Dann sei er in einer bogenförmigen Richtung nach oben entschwebt. In 50 Meter Höhe reißt der Film ab. Aus.

Nächste Frage: Wieso hat sich Johannes ausgerechnet in der Familie des Schützen reinkarniert? Die Antwort: «Rache!» Wann faßte er den Entschluß dazu? «Im Moment des Schusses. Erst der Treffer, dann der Knall. Beim Einschlag kein Schmerz. Ich weiß, wer es ist, denke, du Sau, das wirst du mir büßen, du wirst von mir hören!» Womit er sich sein Programm für die zukünftige Inkarnation schrieb.

Ich spreche Johannes nun ein zweites Mal auf die Zeit zwischen seinem Tod 1945 und seiner Geburt 1949 an. Was hat Johannes in diesen vier Jahren getrieben? Antwort: «Die Erde liegt weit unter mir. Bin in etwa 2000 km Höhe – beobachte, schaue. Halte einen fühlenden Faden nach Europa hinunter. Liege in Lauerstellung; warte, was der Mörder macht. Dann nach vier Jahren die Gelegenheit, die Rache zu vollziehen, es ihm zu zeigen. Er lernt meine zukünftige Mutter kennen, und er schwängert sie. Ich rase hinein in diese Frau. Ein Beschluß und – *zack!* – unten bin ich. Jetzt hab ich ihn!»

«Die Rache war gründlich. Mein Vater meint, ich sei an vielem schuld, was sein Leben vermieste. Daß er Leistungssportler war und ich eine Memme. Daß es nie eine Vater-Sohn-Beziehung gab. Daß er nicht seinen gewünschten Lebensweg gehen konnte, ich aber schon.»

Trotz dieser Worte lächelt Johannes jetzt. Er sieht sich und sein Leben wie aus großer Distanz. Er kennt nun alle Standpunkte, die zu dem damaligen Unglück beitrugen; in ihm ist kein Haß mehr. «Zuviel der Rache. Jetzt ist er 69 und sucht meine Nähe. Gelegentlich macht er Andeutungen, wie damals die Kameraden erschossen wurden. Ich glaube, ich kann jetzt mit ihm reden – vielleicht sogar über diese Geschichte. Ich werde ihn bitten, mir über die letzten Kriegstage zu erzählen. Mach dir nichts draus, werde ich sagen, irgendwie wäre ich sowieso gestorben. Hätte mich eben ein anderer erschossen.» (Sitzungsdauer: 6:28 Std.)

Exkurs: Ein Klebstoff namens Aufmerksamkeit

Freie Aufmerksamkeit, getragen von lebhaftem Interesse, strömt wie Wasser. Sie strömt dorthin, wo man sie haben will. Macht uns etwas neugierig oder erfordert unsere Kontrolle, so konzentrieren wir uns auf den entsprechenden Punkt oder Sachbereich, erschaffen während dieses Aktes der Konzentration Mentalenergie und senden sie aus. Sich «konzentrieren» bedeutet «die Aufmerksamkeit auf ein Zentrum richten» – ein bewußter und gewollter Akt, der Mentalenergie erfordert. Diese müssen wir aufbringen. Wir erschaffen sie (aber nicht unabhängig; es gibt hier noch viele andere Faktoren).

Dieses kreative Hervorbringen von Gedanken in Verbindung mit dem bewußten und selbstbestimmten Lenken von Aufmerksamkeit sind die charakteristischen Grundzüge freier geistiger Wesen, ihre Grundausstattung sozusagen.

Das Hervorbringen und Verströmen von Mentalenergie ist nie ein neutraler Prozeß, sondern ist immer emotional gefärbt. «Emotion» bedeutet wörtlich «das, was ausströmt», nämlich die Mentalenergie. Emotionen sind demnach die Schwingungen des Aufmerksamkeitsstrahls, und da Energie immer schwingt, kann man nichts ohne emotionale Beteiligung wahrnehmen. Es geht hierbei nicht nur um gesteigerte Formen von Lust und Unlust, von Wut oder Haß, sondern auch um schlichtere Einfärbungen der Aufmerksamkeit wie Interesse, Desinteresse, Genervtheit, Langeweile.

Geschieht nun etwas Unerwartetes, so bekommt man einen Schreck. Man weiß: «Es ist aus!» Angst und Panik sind hier die begleitenden Emotionen. Hier haben wir unsere Aufmerksamkeit nicht mehr unter Kontrolle. Angesogen vom Entsetzlichen, wird sie uns regelrecht entrissen. Wir fixieren unser Bewußtsein auf diesen Punkt und sind «starr vor Entsetzen». Und die eben noch freie Aufmerksamkeit gefriert durch ihre nunmehrige Fixiertheit wie zu einem Eisblock.

Befinden sich zwei geistige Wesen in Interaktion miteinander und wird diese Interaktion disharmonisch (was von Streit bis Mord reichen kann), so bilden sich zwei Eisblöcke, denn die emotionalen Energien der beiden Akteure fixieren sich auf dieses eine Erlebnis. Der Täter ist von Haß und Wut erfüllt, das Opfer von Entsetzen. Ein Eisblock auf seiten des Täters, einer auf Seiten des Opfers. In der Folge zeigt einer dem andern die «kalte Schulter», sie begegnen sich «eisig». Wegen der Disharmonie löst sich diese emotionale Starre nicht auf, wegen des gemeinsamen Geschehnisses bleibt einer am anderen gedanklich haften. Beide Eisblöcke frieren zusammen und formen ein Ganzes.

Stellen Sie sich vor, zwei sich streitende Feuerwehrleute richteten die Wasserstrahlen aus ihren Schläuchen gegeneinander, wobei jeder Feuerwehrmann sein Wasser aus einem anderen Brunnen bezieht. Ein Brunnen enthält grünes Wasser, der andere braunes. Stellen Sie sich weiterhin vor, daß das Wasser plötzlich gefriert. Man hätte einen Eisblock in der Mitte, bestehend aus grünem und braunem Wasser. Dieser Eisblock verbindet die beiden Feuerwehrleute, bis sie ihren Streit beilegen – wenn es sein muß, in späteren Leben. Eine durch Karma entstandene Verknüpfung ist entstanden.

Natürlich «schmilzt» so ein mentaler Eisblock, wenn man wieder an etwas anderes denkt. Er kann nur so lange existieren, wie man seine Aufmerksamkeit auf das ehemalige Geschehnis gerichtet hält. Zieht man diese ab und denkt an etwas anderes, so löst sich der Eisblock in Luft auf und geht in den «gasförmigen» Zustand über (um im Bilde zu bleiben).

Erinnert sich nun auch nur einer der beiden an den alten Streit und wendet ihm seine Aufmerksamkeit zu, so brechen die alten Emotionen wieder bei beiden (!) hervor. Nicht nur bei dem einen schaltet sich etwas ein, sondern auch bei dem anderen. Bedingt durch telepathische Resonanz, bleibt die einmal geknüpfte Wechselwirkung bestehen. Geht einer der beiden emotional in den Keller, weil er sich an die alte Auseinandersetzung erinnert, so zieht er den anderen mit, doch ohne daß der wüßte, wie ihm geschieht.

Glücklicherweise läßt sich diese Wechselwirkung auch zum Auflösen einer solchen Verkleisterung benutzen. Räumt man bei dem einen etwas gründlich aus, so lichtet sich auch bei dem anderen etwas. Hilft man einem, so hilft man beiden. Ein Beispiel dafür bot einmal Carmen, die sich mit einem grausigen Erlebnis in einer römischen Arena auseinanderzusetzen hatte. Aufhänger für die Sitzung war ihre Klage darüber, daß sie nicht an ihren Lebenspartner herankommen könne, weil er einen «Panzer» mit sich trage. Über die üblichen verschlungenen Wege führte uns ihre Erinnerung schließlich zu dem erwähnten Arena-Geschehnis: Ein gepanzerter Gladiator hatte ein Grüppchen völlig schutzloser Christen, darunter seine Familienmitglieder, gegen hungrige Löwen zu verteidigen. Der damalige Gladiator, so stellte sich heraus, ist Carmens heutiger Lebenspartner, sie selbst war eines der damaligen Opfer. Begreiflicherweise befindet sich das Paar im Zustand der Dauereinschaltung, weil einer für den andern den Auslöser darstellte. Indem Carmen ihre eigene Position in dem Arena-Geschehnis bewältigte, löste sich auch etwas für ihren panzerdramatisierenden Lebenspartner.

Am Tag nach der Sitzung erreichte mich folgende E-Mail: «Lieber Ulrich, die ersten Auswirkungen zeigen sich schon. Noch am Sonntagmorgen, bevor ich von dir wegfuhr, rief mich P. an, der sich wegen der schlechten Straßenbedingungen besorgt zeigte und mir das Versprechen abnahm, mich am Montag sofort zu melden, ob ich gut in Zürich angekommen sei (das ist ja was ganz Neues ...).

Gestern gab es ein kurzfristiges Dinner for Two – ohne Sicherheitsabstand. Grüße – Carmen.»

Herbert (I): Viele Opfer und Täter in einer Person

Im Falle von Johannes hatten wir es mit drei miteinander verkleisterten Wahrnehmungspositionen bzw. Mentalfeldern zu tun (dem des Erschossenen, dem des Schützen und dem des verantwortlichen Offiziers), doch ist diese Zahl beileibe nicht die obere Grenze. Das Ausmaß der Verkleisterung läßt sich beliebig nach oben steigern – man denke nur an die Bombardierung von Städten, an Flugzeugabstürze und Naturkatastrophen. Hunderte und Tausende von Wahrnehmungspositionen können da zu einem einzigen Mentalfeld verschmelzen und sich gegenseitig aktiviert halten (ein Grund für die Permanenz von Angst, Mißverständnis, Mißtrauen und Krieg!).

Entdeckt der Sitzungspartner während der Sitzung, daß er einmal in einem solchen Massentrauma drinsteckte, und wird er von Bildern überwältigt, welche nicht von ihm, sondern von anderen Personen aufgezeichnet wurden, so ist, unabhängig von der Zahl der damals Beteiligten, die Abhilfe immer die gleiche: korrekte Zuordnung der Wahrnehmungsposition zum jeweiligen Urheber. Im nun folgenden Beispiel hängen mehrere Dutzend Personen zusammen:

Obwohl als Feinmechaniker beruflich erfolgreich, in der Ehe stabil und körperlich gesund, fühlt sich Herbert als «Verlierer». Wir steigen ein mit dem Negativprogramm «ich bin ein Verlierer». Kindheits- und Jugendkonflikte tauchen auf, Probleme mit Eltern, Prügel vom Vater, Frustration mit Lehrern und Ausbildern. Nach zwei Sitzungsrunden von je zwei Stunden wird Herbert unerklärlich müde; ihm ist innerlich schlecht. Plötzlich stecken wir mitten im Urerlebnis: «Ich sehe einen Jungen, etwa zwölf Jahre alt. Er steigt auf ein Pferd [detaillierte Beschreibung] … trägt einen hellen Hut. – Das ist nicht dieses Leben. Die Landschaft sieht aus wie in Neu-Mexiko. Der Junge befindet sich in einer Wagenburg. Wilder Westen, ein Treck, bestehend aus zwölf Wagen. Das Pferd steigt plötzlich; man hört ein metallisches Geräusch. Der Junge hat Angst.»

Allmählich schälen sich die Umrisse des Dramas heraus: «In der Wagenburg ... eine Frau stürzt ... Pferde setzen über die Deichseln der Wagen. Die Reiter sind Weiße. Geschrei, Durcheinander ... Wahrnehmung vom Wageninneren heraus ... dann von unter dem Wagen ... Stille ... keine Toten, keine Lebenden.»

Bis hierher ist Herbert bei seiner Erzählung ganz gefaßt und neutral geblieben. Ich frage ihn, wann sich das denn etwa abgespielt hat. «1763», antwortet er, «in New Mexico, der Ort heißt Ruidoso. Und der Junge, das war ich.» Und wieder bricht er in Tränen aus. Aus ist es mit der Fassung.

Die Fassung von damals, die der Junge gehabt haben mußte, um das Trauma zu überleben, reichte bis in unsere Sitzung hinein. Deswegen kamen zwar klare Erinnerungen; trotzdem blieb die Schilderung zunächst oberflächlich und emotionslos. Was damals «wohlweislich» verdrängt wurde (das entsetzliche Rauben und Morden), blieb bis zum Moment der Sitzung unverändert verdrängt.

Jetzt, da der Damm gebrochen ist, sprudeln die Bilder und Emotionen nur so hervor: «Wir wollten rüber nach Arizona. Es war eine fröhliche Reise. Der Überfall kam total plötzlich. Minuten vorher noch ganz normales Leben und Treiben im Lager. Dann die Reiter, 15 bis 20 Mann, ein paar Mexikaner dabei. Sie tauchen aus der Weite vor der Wagenburg auf und attackieren sofort, ohne erst anzuhalten. Kampfgetümmel. Der Junge will aufs Pferd, will fliehen; aber es steigt, er fällt runter und bleibt bewußtlos liegen. Als er aufwacht, ist alles vorbei. Wahrnehmungsposition ist in etwa 2½ Meter Höhe.»

Wenn der Junge so nah am Geschehen dran war, müßte er doch auch den Rest des Überfalls mitbekommen haben, körperliche Bewußtlosigkeit hin oder her. Ich frage Herbert nach weiteren Eindrücken: «Ein Gemetzel! Ein Abschlachten! Jemand bekommt ein Beil in den Magen. Schüsse. Ich bin wie taub. Ich nehm's nicht wahr. Leute um mich herum fallen tot um. Einer bekommt einen Schuß ins Gesicht. Ich höre nichts ... alles wie ausgeblendet ... ein

Stummfilm. Bin jetzt unterm Wagen. Nur noch Tote um mich herum. Stille.»

Weiter: «Der Junge flieht ... kommt bei der Frau auf der Farm unter. Normales Leben, Schule. Mit 17 geht er wieder, stellt Fallen; selten nur kommt er in den Ort und treibt Handel. Er braucht die Einsamkeit, um das aufzuarbeiten. Mit 50 steht er neben seinem Pferd, blickt in die Weite [Tränen]. Er hat gelebt und gekämpft, aber keine Freude gehabt – genau wie in diesem Leben jetzt [Tränen]: Ich schaffe alles, aber keine Freude. So bleibt sein Leben, bis er 70 ist und stirbt.»

Besonders beschäftigt uns nun das Erkennen und Zuordnen von angehängten Mentaldateien. Was Herbert auf seinen Bildschirm bekam, hat er ja nicht alles selbst erlebt. In der Intensität des Überfalls haben sich die Wahrnehmungspositionen und Mentaldateien verschiedener Urheber nachhaltig ineinandergeschoben. Wir müssen klären: Was hat Herbert erlebt und was die anderen?

Als erstes kommt Herbert die Wahrnehmungsposition seiner damaligen Schwester. Von einer Schwester hatten wir gestern noch gar nichts gehört; ihr Vorhandensein schält sich erst im Laufe des heutigen Tages heraus. Seine Schwester hat folgendes erlebt: «Ich werde umgerannt. Schlage mit dem Kopf auf einen Wassertrog auf. Mein Kopf kracht an einen Eisenreif. Dann zieht's mich nach oben, ich entschwebe.»

Herbert erkennt, daß er sich mehrfach in seinem Leben eine Kopfverletzung an genau dieser Stelle zuzog. Er dramatisierte das Erlebnis seiner Schwester an sich selbst aus und zog Kopfverletzungen regelrecht zu sich heran.

Als nächstes drängt sich Herbert die Wahrnehmungsposition der Frau auf, die ein Beil in den Leib bekam. Diese Passage dramatisiert er (jetzt, in der Sitzung) mit wiederholtem Zucken und Rülpsen. Die Frau verspürt keinen Schmerz. Nur ein großes Erstaunen ist in ihr, als sie ihren Körper von oben sieht und entschwebt.

Weiter im Geschehnis: Nun bekommen wir einen Mann ins Bild, der an einem Lasso hängt, das am Sattel eines Reiters befestigt ist. Der Mann wird zu Tode geschleift. Das Lasso ist um seinen Bauch befestigt. Herbert erlebt die Szene erst von innen, dann von außen.

Von der Wahrnehmungsposition des Mannes her spürt er, wie alles aufgerissen wird, Bauch, Arme und Oberschenkel. Es brennt wie Feuer (bei Herbert, jetzt, in der Sitzung).

Es folgt das Erlebnis einer Frau, die aus einem brennenden Wagen flüchtet; sie fällt auf die Brust; ihr bleibt die Luft weg. Einer der Banditen schlägt ihr den Kopf ein. Herbert muß bei dieser Beschreibung fürchterlich gähnen – ein Zeichen dafür, wieviel Spannung sich löst.

Allmählich werden nun auch die Wahrnehmungspositionen der Angreifer verfügbar. Zunächst der Mann, der der Frau das Beil in den Bauch schlägt. Er trägt einen braunen Hut. Er ist buchstäblich außer sich, so überdreht ist er. Dementsprechend sehen wir die Szene von außen. Das Beil fällt ihm sozusagen in die Hand; es ist gar nicht sein eigenes, und er ermordet die Frau, ohne zu überlegen, wie in einem Rausch. Ähnlich ist es mit dem Mann mit dem schwarzen Hut, der als erster über die Deichseln setzte und in die Wagenburg eindrang. Im Siegesrausch reitet er die Schwester des Jungen über den Haufen, wobei sie zu Tode stürzt. Danach eskaliert die Gewalttätigkeit in planloser Eigendynamik.

Mit der Bewältigung dieser Szene ist der letzte Rest an Spannung verpufft. Herbert erkennt mit Verblüffung, wie viele Verhaltenseigenarten der beteiligten Personen er in seinem Leben unbewußt nachgespielt hat, sowohl der Täter wie auch der Opfer. Es geht ihm auf, warum die USA immer sein Lieblingsreiseland waren und wieso ihn gerade Arizona und Neu-Mexiko so faszinierten.

Nachdem Herbert das Damals mit dem Heute integriert hat, kann er über das Ganze lachen, so schrecklich es auch war. Auch das Negativprogramm, mit dem wir ursprünglich einstiegen, wirkt auf ihn wie ein sinnloser Satz. Herbert wiederholt ein paarmal «ich bin ein Verlierer» und kann das nur noch witzig finden. Ende der Sitzung. (Sitzungsdauer: 11:15 Std. in zwei Tagen.)

KAPITEL 6

Das Leben zwischen den Leben

Bislang war die Rede vom Übernehmen des Körpers vor, bei oder nach der Geburt, vom endgültigen Verlassen des Körpers nach dem Tod – was aber ereignet sich in der Zwischenwelt zwischen Tod und Geburt?

Wohin da die Reise gehen mag, ist Gegenstand dieses Kapitels. Es ist, das sei vorausgeschickt, nicht immer eine Reise in die Engelwelt, ins strahlende Licht, in die Hände wohlgesinnter, hilfreicher Mächte. Oft ist sie das genaue Gegenteil davon. Teilweise hängt das mit der Art des Todes des Betreffenden zusammen, teilweise mit dem Grad seiner geistigen Vorbereitung auf «das Jenseits». Um die denkbar schlimmsten Ausgangsbedingungen zu beleuchten: Wer durch einen grauenvollen Tod aus einer wichtigen Lebensaufgabe herausgerissen wird und wem gleichzeitig alles Astrale, Ätherische, Spirituelle fremd ist, der protestiert gegen dieses Ableben (denn noch ist Wichtiges unerledigt geblieben), der kommt sich beim Erblicken seines Körpers aus einer externen Position heraus hilflos vor, den verwirrt es, daß er selbst als abgeschiedener Geist noch wahrnimmt und Emotionen spürt, der hat in dieser ihm fremdartigen Astralwelt weder Plan noch Orientierung.

Manchen Leser mag es verwundern, wie «normal» sich diese Geister verhalten, wenn man doch erwarten würde, daß sie über paranormale Kräfte verfügen sollten. Tatsächlich aber scheint der Geist eines Verstorbenen nicht wissender oder «heiliger» zu sein, als es der Betreffende im verkörperten Zustand war. Im Nachtod-Zustand setzen nicht urplötzlich Weisheit und Wunderkräfte ein. Im Gegenteil, der seines Körpers entledigte Geist fühlt und denkt und plant genauso, wie er es zu Lebzeiten auch getan hätte. Bildungsniveau, Zielkonzepte und Handlungsfähigkeit ändern sich offenbar nicht bloß dadurch, daß man seinen Körper abstreift. Sterben macht also nicht gescheiter.

Hat sich jemand während seines Lebens stark mit seiner Körperlichkeit identifiziert und keinerlei spirituelle Entwicklung erlebt, so wünscht er sich nach seinem Tod mehr als alles andere einen schönen, verläßlichen, soliden Körper. Und den bekommt er dann auch – oft schneller als geglaubt und meist nicht den, den er sich ausgesucht hätte. Logisch, denn wer den Überblick verliert, der ist nicht mehr in der Lage, sich etwas auszusuchen. Er wird nach seinem Tode umhergeweht wie ein welkes Blatt und landet «per Zufall» bzw. nach dem Resonanzprinzip irgendwo. Sein Bewußtsein wie auch seine Emotionen bestimmen Reise und Zielort. So wie er auf seiner astralen Reise schwingt, so wird er auch in der realen Welt wieder aufgenommen werden.

Horst (II): Körperlos von Heidelberg nach Paris

Horst, fast achtzig Jahre alt, wünscht seine Beziehung zu Frauen zu verbessern, um in seiner nächsten Existenz nicht wieder die gleichen Probleme haben zu müssen wie in der gegenwärtigen. Seine verblüffend selbstverständliche Überzeugung, daß es zukünftige Leben geben müsse und man sich darauf vorbereiten sollte, bezieht Horst aus früheren Rückführungssitzungen,[25] bei denen er auf ein vergangenes Leben als Anwalt im Paris des 19. Jahrhunderts stieß. Dieses endete damit, daß ihm ein Pferd an den Kopf trat. Als Fußgänger beobachtete er, wie jemandem die Pferde durchgingen; er wollte helfen und bekam dabei einen Tritt ab, der zu seinem Tod führte.

Die Probleme mit Mädchen begannen schon in Horsts Tanzstundenzeit lange vor dem Zweiten Weltkrieg. Gab ihm da ein Mädchen einen Korb, so fühlte sich Horst am Boden zerstört: «Da bin ich vollkommen vernichtet. Als ginge es um Leben und Tod.»

Wir machen uns ans Werk, indem wir das Negativprogramm «ich bin vollkommen vernichtet» aufgreifen. Viele Erinnerungen steigen in Horst auf; dabei hustet er gelegentlich. Er hustet immer öfter, der Husten wächst sich zu einer Atembeklemmung aus. Zweifellos eine Dramatisierung. Wir bleiben beim Thema. Die sich anbahnende Dynamik verstärkt sich. Er spürt von beiden Seiten Kopfdruck. Sein Sichtbereich verengt sich. Es steigt ihm etwas vom Magen in den Kopf und würgt ihn, als müsse er sich übergeben.[26]

Noch sieht Horst keine Bilder, aber das macht nichts; wir bleiben trotzdem dran. In der Sitzung ist es manchmal wie im Alltag: Man erlebt unangenehme körperliche Empfindungen (d.h. somatische Dramatisierungen), doch ohne die dazugehörigen Bilder zu sehen. Das ist ganz normal.[27]

«Es fühlt sich so an», sagt Horst, «wie wenn einer erwürgt wird.» Er hustet und bewegt den Hals, als sei ihm der Hemdkragen zu eng. Er zittert und schaudert. «Ich werde zusammengedrückt!» Sein Gesicht verzerrt sich; er stöhnt. Sein Atem geht hechelnd, er rülpst, hat ein Schwindelgefühl. Seine Hände und Arme zittern. Das Zittern wird stärker und stärker. Sein Kopf läuft rot an. Sehr rot. Er spürt Angst. Endlich klingen die Erscheinungen wieder ab; an ihrer Stelle dämmern bildhafte Eindrücke herauf: Horst sieht eine kahle Gefängniszelle. Darin sitzt ein Mann mittleren Alters. Es ist düster und kühl. Der Mann erwartet seine Hinrichtung. Er sitzt in zusammengesunkener Haltung, körperlich ist er geschwächt. Nun führen ihn zwei Wächter auf den Hof. Der Mann trägt eine dunkle Hose und ein helles Hemd. Der Verurteilte steigt auf eine Plattform, der Scharfrichter hebt das Beil, schlägt zu, der Kopf fällt vom Rumpf. Die Wahrnehmungsposition ist extern, oberhalb der Szene und schräg nach hinten versetzt.

Er handelte sich um einen armen Schneider, der für Balletttänzerinnen Kostüme und Kleider anfertigte. In eine von ihnen verliebte er sich und machte ihr einen Antrag; sie aber hielt ihn für völlig indiskutabel. Sie machte sich lustig über ihn, spielte sich auf vor ihm und genoß es, ihn zu provozieren und abzulehnen. Immerhin war sie eine Primaballerina; sie konnte sich ihre Männer aussuchen. Ihn packte die Wut, er legte die Hände an ihre Kehle, drückte zu.

Wir durchlaufen das Erlebnis gezielt von den unterschiedlichen Wahrnehmungspositionen aus und ordnen sie jeweils dem korrekten Urheber zu. Zunächst drängt sich die Version der Tänzerin herein: Als der Schneider sie an der Gurgel hat, beginnt sie sein Gesicht zu zerkratzen, kommt aber nicht gegen ihn an. Ihre Kräfte schwinden. Sie fällt rückwärts zu Boden. Er läßt nicht locker. In ihrer Todesnot verkrampft sie sich – und in dieser Verkrampfung der Hände und Arme, dieser Beklemmung der Atmung und diesem Würgen im Hals erkennen wir die Phänomene, die sich anfangs durch Horsts Körper hindurch entluden. Es waren nicht die des Schneiders bei seiner Hinrichtung, wie ursprünglich angenommen, sondern die der von ihm erwürgten Angebeteten.

Die Tänzerin steigt aus ihrem Körper aus; sie ist traurig und «weint» (als Geist), weil ihr Körper so schön war und sie ihn jetzt nicht mehr hat. Ende ihres Films. Wie geht es von der Position des Schneiders aus weiter? Er rennt, nun ein Mörder, in Panik aus der Stadt Miltenberg heraus. Er irrt umher und versteckt sich, um sein zerkratztes Gesicht zu verbergen. In seiner Aufregung hat er kein Geld mitgenommen und stiehlt sich Essen, wo er gerade kann. Einmal sieht er einen Teller voll Grütze in einer Küche stehen, greift durchs Fenster, um ihn sich zu holen, und wird erwischt. Es folgen Aburteilung und Hinrichtung, wie bekannt.

Der Geist des Mannes entschwebt. Er erblickt den Neckar, Heidelberg, das Schloß. Offenbar fand die Hinrichtung in Heidelberg statt. Plötzlich befindet er sich auf dem Marktplatz zu Miltenberg. Es ist früh am Morgen; kein Mensch auf der Straße. Geranien vor den Häusern. In Miltenberg war der Mann zu Hause. Nun schwebt er hoch zur Miltenberger Burg, sieht ihre Mauern und Torbögen. Wiederum urplötzlich befindet er sich in einer ganz anderen Gegend! Auch dort gibt es Burgen, aber wir befinden uns an der Loire. Ähnlich sprunghaft geht es weiter zum Mittelmeer, zur Riviera. Als Geist schwebt der Geköpfte in etwa zweitausend Meter Höhe über Marseilles, Nizza und Cannes. Dort möchte er sich heimisch machen. Er sucht Familienanschluß. Nun, nur noch hundert Meter hoch, hält er Ausschau nach Kontaktmöglichkeiten. Es ist der Sommer des Jahres 1870. Am Strand tummeln sich Urlauber. Ein bestimmtes Ehepaar fällt ihm auf wegen dessen Bildung und Wohlhabenheit. Er folgt diesem Ehepaar. Mit der Kutsche geht es zum

Bahnhof, dann mit dem Zug nach Paris. «Polsterklasse!» stellt Horst lobend fest (obwohl er damals doch nur als Geist mitschwebte).

«Das paßt», ruft Horst, «das ist der Anfang meines letzten Lebens in Paris! Was ja damit endete, daß ich die durchgegangenen Pferde aufhalten wollte und dabei einen Huf gegen den Kopf bekam.»

Wieso es den Entschwebten an die Loire und dann nach Cannes gezogen habe, frage ich Horst. Weil er das von früher her gekannt habe, sagt Horst. Der Schneider sei früher einmal ein französischer Adliger gewesen. Horst überblickt mit einem Schlag eine ganze Reihe von zusammenhängenden vergangenen Inkarnationen, die er teilweise in früheren Sitzungen anderswo oder in unseren gemeinsamen Sitzungen herausfand.

Wie paßt das alles zu unserem Ausgangspunkt, dem Negativprogramm «ich bin vollkommen vernichtet»? Nun, als der arme Schneider sich der Tänzerin eröffnete, seine Gefühle preisgab und sie ihn auslachte – da fühlte er sich vollkommen vernichtet. Zum Ausgleich vernichtete er sie. Wieder einmal hausen Täter und Opfer in einer Person. «Die Lehre daraus», lacht Horst, «ist die: Bloß nicht arm geboren werden!» (Der heutige, dritte Sitzungstag hatte 4:05 Std.)

Luiz (I): Vom Tod zur Geburt

Luiz, ein dreißigjähriger Brasilianer, ist vor über zehn Jahren nach Deutschland gekommen. Ursprünglich wollte er in die USA auswandern, aber daraus wurde aus verschiedenen Gründen nichts (eine im Hinblick auf die folgende Sitzung spannende Aussage!). Es war und ist ihm wichtig, wahnsinnig viel Geld zu verdienen, dabei weiß er gar nicht, für welchen Zweck eigentlich. Doch trotz Intelligenz und guter Arbeitsleistung geriet Luiz nie über den Zustand «heute hier ein Job, morgen dort einer» hinaus, selbst wenn sich seine Jobs teilweise über Jahre hinzogen. Anlaß für unsere Sitzung ist schiere Frustration. Luiz sagt: «Ich habe immer gedacht, ich muß was Besonderes tun; daher die lange Reise von Brasilien hierher. Aber ich hab' das Gefühl, da wurde was unterbrochen.»

Auch dies eine ahnungsvolle Aussage! Luiz wird in seiner Sitzung erkennen, wie sich das gesamte Streben seines gegenwärtigen Lebens daraus erklärt, daß in seinem letzten Leben etwas schiefging.

Weil es Luiz im Hinblick auf sein Berufsbild in sich verspürt, ein «Teamleiter» sein zu können, frage ich ihn, was er sich darunter vorstellt. Er führt knapp ein privates Brainstorming durch: «Kunden betreuen, Anweisungen an Leute geben, mein Team anleiten. Ich bin in einem Raum und gebe meinen Leuten Anweisungen.» Luiz schaut auf und sagt verblüfft: «Ich sehe das ganz deutlich vor mir!»

Was siehst du da so deutlich, Luiz? «Einen Saal ... Männer und Frauen, alle etwa dreißig bis vierzig Jahre alt. Jeder hat seine Aufgabe. Ich bin der Team-Koordinator, das steht auf einem Schildchen an meinem Schreibtisch. Ich *sehe* das Schild! Papierkram auf dem Schreibtisch. Telefone klingeln ständig, es sind ältere Telefone. New York der zwanziger Jahre ... Ich bekomm' eine Gänsehaut [jetzt]! Ich stehe am Fenster, zwanzigstes Stockwerk, und schaue über New York. Ich trage ein weißes Hemd, braune Anzugjacke, Krawatte, habe Gel in den Haaren. Ich freue mich, weil alles klappt. Ich habe was erreicht.»

Wer von den Mitarbeitern fällt ihm besonders auf? «Eine Frau, etwa in meinem Alter. Sie schaut mich an, zwischen uns ist was Erotisches. Wir gehen essen. Auch sie ist froh über die Ergebnisse. Es hat zu tun mit der Börse. Wir haben viel gewonnen. Am Tag danach ist ein großer Börsencrash. Es könnte ein Freitag gewesen sein, denn ich freu' mich schon aufs Wochenende. Aber ich verliere alles, auch das, was meine Freundin eingesetzt hat. Ich bring' mich um, spring' aus dem Fenster. Ich spüre nichts. Ich bin direkt neben meinem fallenden Körper. Der klatscht aufs Pflaster. Der Körper ist zerquetscht. Nichts übrig.»

«Das Mädchen weint um mich. Sie schreit. Ich sehe sie oben stehen. Sie ruft meinen Namen. Mein Körper wird abgeholt. Ich stehe zwei Meter daneben. Die zwei Ambulanzfahrer wissen, wer ich bin. ‹Warum wohl?› fragt der eine. ‹Hat wohl viel Geld verloren›, sagt der andere.»

Luiz taucht aus seinen Erinnerungen auf und fragt verschreckt: «Bilde ich mir das ein?» Ich mache ihm den Unterschied zwischen Einbildung und Erinnerung klar. Eine Erinnerung «kommt» einem, sie fällt einem ein, sie drängt sich auf. Für eine Einbildung hingegen muß man seine Vorstellungskraft bemühen, man stellt ein Bild vor sich hin, man erschafft etwas. Letzteres strengt an, ersteres nicht. Der Test liegt in der Gewißheit. Bei einer Erinnerung weiß man früher oder später: «Ja, so war das, Punkt!» Bei einer Vorstellung kommt man aus dem Zweifeln nicht heraus.

Diese Erklärung beruhigt Luiz. Es geht weiter: «Die Beerdigung. Der Sarg ist schon unter der Erde. Alle gehen. Das Mädchen bleibt. Sie ist blond, filigran, zarte Haut. Sie geht nach Hause. Ich besuche sie jeden Abend, nachdem sie von der Arbeit heimgekommen ist, drei Monate lang, solange sie traurig ist. Sie steht immer am Fenster und schaut zum Sonnenuntergang.»

Luiz schluchzt laut auf: «Sie hat sich umgebracht! Mit Tabletten! Das habe ich nicht gewollt [schluchzt]. Ihr Körper liegt im Bett. Ihr Geist kommt zu mir. Wir sind zusammen. Sie freut sich. Wir fliegen weg. Nach oben, gehen ins Licht. Wie eine weiße Straße. Aber hier [d.h. auf der Erde] ist etwas Unerledigtes zurückgeblieben. Wir werden gerufen, wir sollen wieder geboren werden. Da verlieren wir uns aus den Augen.»

Zwischen seinem Tod in den zwanziger Jahren und 1963, seinem Geburtsjahr, liegt ein langer Zeitraum. Was war in der Zwischenzeit? Wo hat sich Luiz da aufgehalten?

Mit dieser Frage öffnet sich Luiz plötzlich eine ganz andere Dimension der geistigen Welt. Er hält die Augen geschlossen und beschreibt flüssig und ohne nachzudenken, was sich vor seinem geistigen Auge abspielt: «Ich bin in einer Menschenschlange, die warten auf was. Ich beobachte eine Frau. Auf der Erde ist Krieg. Das sind lauter Juden! Die warten vor einem großen Tor. Irgendeine Auswahl wird da getroffen.»

Woher weiß Luiz, daß das Juden sind? «Sehe ich daran, wie die Frau angezogen ist. Ein Stern am Arm, es muß so 1940–41 sein. Deutschland. Sie hat Locken, weiße Haut, trägt eine Mütze, einen Mantel, einen Rock und dicke Schuhe. Es ist kalt. Sie sieht aus wie meine Mutter, als sie jung war. Aber meine Mutter ist doch in Brasilien aufgewachsen! In der Warteschlange ist es, als sollte sie irgendwo hingeschickt werden, um da geboren zu werden!»

Luiz als körperloses Wesen trifft hier auf eine große Anzahl anderer körperloser Wesen, «im Jenseits» sozusagen. Er sieht sie in der gleichen Form und Gestalt, die sie zum Zeitpunkt ihres eigenen Ablebens hatten. In einem dieser Wesen erkennt er eine Frau, die sich später in Brasilien inkarnieren und seine Mutter sein wird.

«Sie war mir ganz deutlich, obwohl sie ein Geistkörper war [so wie Luiz selbst], kein menschlicher. Die Wesen in der Schlange warten wirklich alle auf ihre Geburt. Da sind spirituelle Begleiter dabei. Die lassen die Leute wieder runter.»

«In der Warteschlange, da steht sie und winkt: Wir sehen uns bald! Vorher rede ich noch mit ihr, will sie begleiten. Ich habe sie mir ausgesucht. Sie spricht mit mir, als sie in der Schlange steht. Sie kann mich sehen. Aber ich darf nicht bei ihr bleiben, nachdem sie die Pforte passiert hat. Aus irgendeinem Grund geht das nicht. Sie sagt: ‹Das muß ich alleine machen.› Ich darf nicht mit. Ich bin wie blockiert.»

Warum wolltest du sie denn überhaupt begleiten, Luiz? «Ich wollte sie als Mutter haben! Sie sagte ja auch, daß wir uns bald wiedersehen werden. Also halte ich sie besser nicht auf, denn sonst habe ich sie später nicht zur Mutter.»

Plötzlich wechselt der Standort: «Jetzt bin ich in Brasilien! In Brasilien sehe ich sie im Krankenhaus, bevor sie mich bekommt. Ich sehe die Entbindung und das Baby von schräg gegenüber. Die Mutter weint und ist froh. Mehrere Frauen sind da. Der Papa kommt. Er ist stolz: ‹Ein Junge!›»

Was heißt das, Luiz, daß du dir deine Mutter «ausgesucht» hast? «Das war in der Warteschlange. Dann sehe ich sie erst in Brasilien wieder, wo sie wohnte. Ich sehe sie von oben, etwa drei Jahre vor ihrer Heirat. Bin 10 bis 20 Meter über ihr. Es ist ihr früheres Haus, nicht das gemeinsame spätere mit Papa. Sie ist achtzehn oder neunzehn, ganz dünn, schwarze Locken. Wie die Frau in der Schlange! Das Gesicht ist sehr ähnlich.» Luiz sinniert einen Moment lang: «Und vorher war ich ein Banker!»

Luiz erkennt in den Personen seiner Vergangenheit zwei wichtige Menschen aus seiner Gegenwart wieder: «Die Frau in der Schlange ist meine Mutter. Und die Frau aus New York [die sich umgebracht hat] ist meine jetzige Frau!» (Luiz hat in Deutschland eine Deutsche geheiratet.)

Wir halten Rückschau über die Sitzung: In New York hatte Luiz Leben und Verlobte wegen eines Börsencrashs verloren. Von daher rührte sein Drang, in die USA zu gehen und unheimlich viel Geld zu verdienen. Doch war seine erste Station im gegenwärtigen Leben nicht die USA, sondern Brasilien, weil sich dort die Frau befand, die er sich in der Zwischenwelt als Mutter ausgesucht hatte. Als er sich dann in die USA aufmachte, klappte das wegen einer Verkettung von unerklärlichen Widerständen nicht, weswegen er statt dessen nach Deutschland geriet, wo er die Frau fand und heiratete, die er durch seinen damaligen Selbstmord unglücklich gemacht hatte.

Luiz sagt: «Mir ist viel klargeworden – meine Ängste als Kind. Als ich klein war, habe ich mich vor dem Tod gefürchtet, weil der Sarg so eng ist, und hab' geweint. Das kommt von dem Begräbnis in New York, da sehe ich den Körper im Sarg unter der Erde von ganz dicht nebendran. Dann verstehe ich, wieso meine Frau und ich zusammengehören und daß das die Kraft ist, die mich hierher nach Deutschland gepumpt hat statt in die USA. Und daß ich jetzt weitermachen sollte in der Richtung von damals, mit der Führung eines Teams.»

(Gesamtdauer: 9:35 Std. in zwei Tagen. Anzumerken ist, daß Luiz wenige Monate nach unserer Sitzung eine Stellung mit Zukunft und Aufstiegsmöglichkeiten in einer großen Firma antrat.)

Exkurs: Karma und Auflösung von Karma

Dieser Exkurs behandelt eine bedeutende, für die gesamte geistige Welt verbindliche Gesetzmäßigkeit, die da lautet: Aktionsabläufe wollen abgeschlossen werden.

Das gesamte Streben von Horst und Luiz erklärt sich daraus, daß für sie wichtige Vorhaben in ihren vergangenen Inkarnationen scheiterten. Bei Horst war es der Wunsch, von einer Angebeteten erhört zu werden, bei Luiz der Umstand, daß er kurz vor einem erfüllten Leben mit viel Geld und einer schönen Freundin Selbstmord beging. Beide wollen das einmal Angefangene und Unterbrochene in ihrer gegenwärtigen Inkarnation zu Ende führen.

Ein Aktionsablauf beginnt mit einem zielgerichteten, visionären Gedanken zur Erfüllung der eigenen Lebensaufgabe. Dieser soll in die Tat umgesetzt werden und ein Ergebnis haben. Gedanke / Aktion / Ergebnis, das sind die drei Komponenten des Aktionsablaufs. Mit «Ergebnis» ist natürlich die Erfüllung des Wunschtraums gemeint, so wie man ihn sich ursprünglich einmal ausmalte. Ein bruchstückhaftes oder stümperhaftes Ergebnis jedoch stellt keine Erfüllung des anvisierten Wunschtraums dar. Das nagt an einem, das läßt einem keine Ruhe. Ein unguter, unharmonischer Abschluß ist daher kein wirklicher Abschluß. Und deswegen geht es danach weiter, irgendwie und irgendwann, so zum Beispiel in einer späteren Inkarnation.

Der wirkliche Abschluß eines Aktionsablaufs besteht in der Erfüllung des gewünschten Vorhabens. Ein weiterer möglicher Abschluß wäre die Entsagung in Heiterkeit. In Heiterkeit! Vermögen wir einem Wunschtraum in aller Heiterkeit zu entsagen, ohne Wehmut, ohne Verlustgefühle, so hat er sich damit tatsächlich erledigt. Hängen wir dem Unausgeführten aber nach – sei es sehnsüchtig, grollend, wütend oder ärgerlich –, so bleibt es unaufgelöst in der Luft hängen und schaltet sich bei jeder passenden und unpassenden Gelegenheit wieder ein. Beispiel: Man wollte der größte Tennisspieler aller Zeiten sein und schaffte es nicht, und wenn jetzt in der Sportschau ein Tennisspiel kommt, was tut man dann? Man schaltet ab. Warum? Weil man es nicht ertragen kann, an den alten Frust erinnert zu werden.

Handlungsabläufe haben aber noch viel subtilere Dimensionen. Wir als geistige Wesen verfügen über zwei grundsätzliche Fähigkeiten: Gedanken zu fassen und Aufmerksamkeit auf etwas zu richten, um Information aufzunehmen, sie gedanklich zu verarbeiten, sie anzunehmen und in verfügbares Wissen umzuwandeln. Auf diese Weise entstehen zugängliche Mentaldateien. So betrachtet, ist jeder Kommunikationsvorgang bereits ein Handlungsablauf.

Wird dieser Vorgang dadurch unterbrochen, daß unsere Toleranzkraft nicht ausreicht, die gewonnene Information anzunehmen, und sperren wir die auf uns einströmenden Eindrücke ab, so schaffen wir dadurch unzugängliche Mentaldateien (die sich, wie ja nun bekannt, auf höchst störende Weise einzuschalten vermögen).

Mit anderen Worten, schon etwas so Feines wie ein unterbrochener Kommunikationsablauf ist eine Quelle von «schlechtem Karma». Karma, ein Wort aus der alten indischen Sanskritsprache, bedeutet nichts weiter als «Gesetz vom Nachwirken der Taten». Unterbrochene Kommunikationsabläufe sind in Wirklichkeit unterbrochene Aktionsabläufe, und Aktionsabläufe sind Taten – und seien es auch nur gedankliche Taten. Auch sie unterstehen der Gesetzmäßigkeit von Ursache und Wirkung, fallen also auf einen zurück, falls sie unabgeschlossen bleiben.

Unerledigte Aktionsabläufe, die einem Wesen wirklich wichtig sind, wollen erledigt werden, egal wann. Sie lassen sich nicht ignorieren. Sollten sie durch Tod und Trauma in Vergessenheit geraten sein, so werden sie in einer späteren Inkarnation in Form von zwanghaftem Tun oder Nichttun dramatisiert werden. Was heute, im gegenwärtigen Leben, unerledigt blieb, drängt darauf hin, morgen oder in einem späteren Leben zu Ende gebracht zu werden – nicht weil man will, sondern weil man muß. Unbewußt begibt man sich in späteren Leben immer wieder in Umstände, die von einem fordern, daß man seine alten Sünden wiedergutmache. Unversehens steckt man im sprichwörtlichen «Rad der Wiedergeburten».

Eine «Sünde», um dieses mit unguten Assoziationen belastete Wort aufzugreifen, ist ein Abweichen vom rechten Weg, eine Verfehlung also. Der rechte Weg ist das Verfolgen eigener Ziele und Ideale im größtmöglichen Einklang mit allen davon tangierten verkörperten und nichtverkörperten Wesen. Wenn beim Verfolgen des rechten Weges etwas schiefgeht, so liegt die Schuld zumindest teilweise bei einem selbst. Auf irgend etwas hat man wohl bei Planung oder Ausführung nicht geachtet, und so ging entweder das ganze Projekt schief – sei's eine Ehe, eine Firmengründung oder eine Lebensführung – oder man rasselte zumindest mit jemandem so kräftig zusammen, daß man sich einen Feind fürs Leben schuf. Alles Dinge, die einen neuen Klotz am Bein darstellen. Und es mag an nicht mehr gelegen haben als an ein wenig Unachtsamkeit.

Mit «Verfehlungen und Sünden» sind nicht nur Mord und Totschlag, Diebstahl und Verrat gemeint, sondern auch weit subtilere Bereiche des Tuns, nämlich das Denken von Gedanken. Man möge nicht vergessen, daß jeder abstrakte Gedanke, der im Sein eines Wesens seine Quelle hat, bereits in dem Augenblick zu schwingen beginnt und eine Wirkung ausübt, da man ihn mentalenergetisch «aufbereitet», ihn also zur festen Vorstellung verdichtet, ihn gar zum Wunschbild gedeihen läßt. Bereits eine solche Schwingung hat – auf dem Wege telepathischer Resonanz – ihre Konsequenzen. Im subtilsten Sinne ist bereits dies ein Tun, steckt schon hier der erste Anfang von Verheimlichung. Ethik beginnt im Geist.

Was hat das alles mit MindWalking zu tun? Warum sprechen wir hier über dieses Thema? Weil bei MindWalking Karma aufgearbeitet wird. Und zwar durch Einsicht, Reue und Buße, um auch diese weiteren religiösen Begriffe einmal in frischer Umgebung zu benutzen. Denn sie beruhen auf Gesetzmäßigkeiten, die von Kirche und Konfession gänzlich unabhängig sind. (In diesem Sinn wäre MindWalking eine echte, wirksame Form der Beichte.)

Wie aus den bisherigen Berichten hervorgegangen ist, kommt es beim MindWalking auf ganz natürliche Weise zunächst zu Einsicht und dann zu Reue. Einsicht erfolgt in dem Moment, wo der Sitzungspartner erkennt, daß er nicht grundlos in eine schwierige Situation hineingeraten ist und daß er es außerdem versäumt hat, sie zu verarbeiten. Nur deshalb konnte die damalige Situation zu einem Urerlebnis werden. Im Moment der Einsicht kommt man also vom Urerlebnis zum Aha-Erlebnis!

Reue ist die emotionale Reaktion auf die Einsicht. Reue bedeutet, daß es einem leid tut, was geschah (nicht aber, daß man sich selbst leid tut). Nach dem Durchlaufen aller vorhandenen Wahrnehmungspositionen wird es möglich, die psychische Situation der anderen damals Beteiligten voll und uneingeschränkt nachzuvollziehen – nicht nur die eigene, nicht nur die der Opfer, sondern auch die der Täter. Man versteht, wie aus dem Geflecht der Emotionen und Motive aller Betroffenen die damalige Situation entstand. Man akzeptiert, daß es so war, wie es eben war. Man hadert nicht mehr mit dem Schicksal. Das Vergangene ist vergangen, es spielt keine Rolle mehr. Man hat seine Lektion gelernt. Von einer höheren spirituellen Dimension als jemals zuvor sieht man den «kosmischen Witz» in all dem Leid, begreift, wie man sich in ein «übles Spiel» hineinziehen ließ – und kann darüber lachen.

Einsicht und Reue führen zum Verzeihen, und Verzeihen führt dazu, daß man endgültig loslassen kann. Kein Rückstand bleibt. Befreiung ist eingetreten.

Mit MindWalking kann ein Mensch idealerweise bis hierhin geführt werden. Ob es der Sitzungspartner in sich verspürt, das Erkannte praktisch umzusetzen, hängt völlig von seinem freien Willen ab. Diese praktische Umsetzung wäre das, was der Begriff «Buße» in Wirklichkeit bedeutet. Buße bedeutet aktive Wiedergutmachung.

Wie kann man etwas wiedergutmachen, was in der Vergangenheit, vielleicht sogar schon vor Jahrhunderten, geschehen ist? Erstens durch Einsicht und Reue und die damit zusammenhängende Befreiung von der Last der Vergangenheit. Zweitens, indem man die bislang vergessene oder zumindest vor sich hergeschobene Vision bzw. Lebensaufgabe erneut oder mit gesteigerter Gewißheit angeht.

Buße tun bedeutet also nicht, daß man in einen Schuldkomplex hineingeht – denn damit hätte man das Vergangene offensichtlich noch nicht abgeschlossen, selbst wenn man aus einem solchen Komplex heraus «Gutes tut».

Exkurs: Karma und freier Wille

Naturgemäß sind vergangene Sünden mit schlechtem Gewissen und Frustration behaftet. Nur höchst ungern läßt man sich mit ihnen konfrontieren; viel lieber schiebt man sie weit von sich. So betrachtet, sind alle Verdrängungen letztlich Verheimlichungen, die man vor sich selbst hat. Wer ließe sich auch schon gerne an seine alten Frustrationen und Traumata erinnern? Hierin steckt die Saat für eine ungemütliche Zukunft: Einschaltungen und Dramatisierungen, immer wieder, immer wieder. Dadurch wird die eigene Handlungsfreiheit zunehmend eingeschränkt.

«Schlechtes Karma» entsteht nicht allein durch Verstöße gegen Gesetz und Moral. Allein schon dadurch, daß man einen Vorsatz nicht ausführt, der der eigenen Lebensaufgabe* entspricht und dem man daher eine hohe Wichtigkeit zumißt, entsteht ein Abwärtstrend. Fängt man ihn nicht auf – und dies gar über mehrere Leben hinweg –, so geraten Vorsatz und Lebensaufgabe in Vergessenheit. Der Handlungsspielraum wird immer enger, weil der «freie» Wille keine Ansatzpunkte mehr findet. Weniger bedeutende Aufgaben können die Lebensaufgabe nicht ersetzen, «Ablenkungen» und «Zerstreuungen» schon gar nicht.

Lebensaufgaben dienen immer geistigen Zielen auf hohem ethischem Niveau. Daraus lassen sich konkrete Projekte ableiten. Ein Beispiel: Jemand will als Lebensaufgabe *(dharma)* etwas für die Erde und die Menschheit tun. Er möchte gesamtplanetarisch Verständigung erreichen. In einem konkreten Leben, sagen wir im 16. Jahrhundert, mag sich dies in dem praktischen Vorhaben ausdrücken, neue Kontinente zu entdecken. Er schifft sich ein, geht aber mit Mann und Maus im Sturm unter (Trauma, Frustration, Verdrängung). Im gegenwärtigen Leben sammelt er nun Buddelschiffe (Dramatisierung der ursprünglichen Absicht und Wiederholung des Tuns auf niedrigerer Ebene). Zu mehr reicht es nicht mehr. Der Frust im Leben Nummer eins war zu groß. Toleranzkraft gesunken. Aber zum Sammeln von Buddelschiffen, dafür reicht die Toleranzkraft noch.

Nehmen wir nun an, unser Freund sei Vorstand im Verein der Buddelschiff-Sammler, hätte in dieser Rolle Probleme und meldete sich deswegen für eine MindWalking-Sitzung an. Beim Zurückführen seiner Probleme auf ihren Ursprung wird es sich kaum vermeiden lassen, daß der Herr Vorstand auch über seine Buddelschiffe

*Was hier als Lebensaufgabe bezeichnet wird, entspricht dem bekannten Sanskritbegriff «Dharma» aus der indischen und buddhistischen Philosophie.

spricht, wobei seine damit zusammenhängende Spannung zutage tritt. Verfolgt man nun diese Spur bis zu ihrem Anfang, so wird man unweigerlich nicht nur auf das Urerlebnis des Schiffsunglücks stoßen, sondern auch auf die dahinterliegende Vision, die der eigentlichen Lebensaufgabe entspringt.

Die Geschichte zeigt, daß man sich nach einem fehlgeschlagenen Vorhaben zwar immer noch aufgerufen fühlt, dieses auszuführen, es aber nur noch auf einer reduzierten, verkraftbareren Ebene tut. Man backt kleinere Brötchen. Wird man auch auf dieser Ebene frustriert, so wiederholt sich das Ganze noch eine Ebene tiefer.

So bedrohlich das alles klingen mag, hat es doch einen zutiefst positiven Aspekt: Denn worin liegt die Faszination von Buddelschiffen für den Sammler? Daß sie ihn ganz sachte daran erinnern, daß er mal neue Kontinente entdecken wollte und große Aufgaben in sich fühlte. Sie halten eine alte Flamme am Flackern, eine Erinnerung an einstige Ideale.

Auf der einen Seite das Streben nach Ausführung, Vollendung und Erfüllung des Unterbrochenen, auf der anderen Seite die Angst davor wegen der erlebten Frustrationen – das ist die Grundnote aller Lebenskompromisse. «Lebenskompromiß» bedeutet: Man sucht sich seine Nische, d. h. ein Plätzchen, wo man von möglichst wenigen Auslösern möglichst selten belästigt wird, und fristet so ein stilles Leben ohne Glanz und Gloria auf nicht sonderlich hoher emotionaler Stufe.

Wenn nun auf die beschriebene Weise durch Karma alles vorherbestimmt ist, wie steht es dann mit dem freien Willen? Hat man den oder nicht? Beides. Man hat ihn und man hat ihn auch nicht. Innerhalb der einem bewußten Aspekte der eigenen Lebensaufgabe kann man zweifellos freie Entscheidungen treffen: entweder solche, die den angefangenen Aktionsablauf abschließen helfen, oder solche, die ihn noch weiterhin auf die lange Bank schieben. Die ersteren wären zwar die klügeren, erforderten aber viel Kraft und Fleiß, die letzteren wären zweifellos die unklügeren, dafür aber die gemütlicheren, weswegen sie um so verbreiteter sind. Innerhalb der Aktionsbahnen, die man vor Urzeiten einmal angefangen hat, hätte man also durchaus freie Wahl.

Maria: Aufgefahren gen Himmel

Ein weiteres Beispiel für den Zwischenlebensbereich in Verbindung mit Karma: Maria, 33 Jahre alt, früher selbständige Geschäftsfrau und heute Hausfrau und Mutter, fühlt sich hin- und hergerissen zwischen «persönlich zu kurz kommen» einerseits und andererseits «eine Aufgabe erfüllen müssen». Was für eine Aufgabe das sei, vermag Maria nicht zu sagen; sie ahnt es einfach. Gegenwärtig entzündet sich der Konflikt an ihrem Verhältnis zu ihrem kleinen Sohn, der eine Aufgabe darstellt, der sie nicht immer gewachsen ist, weil sie das Gefühl hat, sie selbst käme zu kurz. Daß das anderen Müttern auch so geht, kann Maria nicht trösten; sie fühlt, da müsse mehr dahinterstecken.

Wir forschen nach dem Ursprung ihrer Aufgabe und ihrer Spannungen. Vor ihrer gegenwärtigen Inkarnation, so stellt sich bald heraus, sieht sich Maria in einer feinstofflichen Welt, wo ihr ein Auftrag erteilt wird: «Ich stehe vor einem Tor. Hinter mir stehen zwei Gestalten, die mich führen, einer links, der andere rechts von mir. Die Flügel des Tors öffnen sich zu beiden Seiten. Vor mir steht ein langer Tisch wie aus grünem Glas. Der Raum ist riesig, hat aber keine Decke und keine Wände. Innen ist klares Licht, außen nebliges Licht. Ich fühle Ehrfurcht. Von hinten werde ich gestupst und gehe auf den Tisch zu. An seinem hinteren Ende sitzen etwa 20 bis 25 Gestalten. Sie sind unterschiedlich hell, einige weißlich, andere eher gelblich, ich hingegen leicht rosa. Die zwei hinter mir sind golden. Ganz hinten sitzt der Chef, der winkt mich näher. Die sind sehr freundlich. Jetzt stehe ich am Fußende des Tischs. Sie verneigen sich, ich mich auch – wie ein Kind vor lauter Erwachsenen. Nun schaue ich in den Tisch, und sie zeigen mir Bilder von der Erde, wie auf einem Fernsehschirm. Ich sehe massenweise Hunger und Armut. Magere Mütter, sterbende Säuglinge. Wasser mit Fäkalien drin. Nahrungssuche in Müllhalden. Schlachtengemetzel. Zerbombte Häuser. Streit und Haß zwischen Männern und Frauen. Ich sehe diese Szenen mehrmals. Danach werfe ich einen Blick in die Runde. Alle stehen auf. Mir wird mitgeteilt, das könne anders sein, wenn das Männliche und das Weibliche im Einklang stünden. ‹Was soll mein Part dabei sein?› frage ich. Ich soll einfach als Botschafter meinen Beitrag leisten, sagen die. Keine Logistik, keine Planung. Ich soll einfach machen. ‹Das ist in dir drin›, sagen sie. Sie sind davon überzeugt, daß das klappt. Ich selbst denke auch, daß ich das schaffe. Zu diesem Gremium habe ich ein Urvertrauen. ‹Wie schön!› denke ich, aber auch: ‹Ob das mal gut geht …› Mir ist, als sei ich nicht in deren Dienst, sondern im Dienst der Menschheit, als wäre diese Aufgabe schon in mir. Als wäre ich dafür irgendwann mal kreiert worden.»

«Ich stehe nun am Kopfende, neben dem Chef. Sie verabschieden mich. Ein Gesang wie von einem Chor. Ruhig und feierlich ist der Gesang. Ich verlasse den Raum, schreite durch den Nebel, lasse den Gesang hinter mir. Vor mir ist ein Lichtfeld, wie ein Sonnenuntergang über dem Meer. Was ist jetzt? Der Gesang ist verschwunden, die Führung ist weg. Aber mein Vertrauen ist noch da.»

Tatsächlich befindet sich Maria am Meer, genauer gesagt an einem Strand der holländischen Küste. Sie beobachtet einen Mann, der dort frühmorgens mit seinem Hund spazierengeht, und beschreibt ihn detailliert. Neugierig folgt sie ihm ins Dorf. Als sie entdeckt, daß es sich um einen etwas verschlampt lebenden Junggesellen handelt, läßt ihr Interesse an ihm nach. Statt dessen folgt sie einem Fahrrad fahrenden Kind und gerät so zu einer sehr sympathischen jungen Familie. Die Frau ist schwanger. Maria möchte gerne bleiben, sieht aber keine Aufgabe, denn es ist ja alles bereits in bester Ordnung. Wiederum zieht sie sich zurück und stöbert eine Weile im Kolonialwarenlädchen des Dorfes herum. Dort trifft sie eine Kundin, ein junge Frau, sportlich – und schwanger. Diese Frau macht ihre Einkäufe, schwingt sich aufs Fahrrad und fährt zu einem Ferienhaus in den Dünen, das sie zusammen mit einem jungen Mann bewohnt. Die beiden sind zwar nett zueinander, aber stimmig ist das Ganze nicht so recht. «Vom Wesen her sind die wie meine Eltern», überlegt Maria. «Nicht gerade begeisternd!»

Sie beobachtet das Paar weiter, um herauszubekommen, worin die Spannung zwischen den beiden besteht. Sie ist zu engagiert, um sich von ihnen zu lösen. Nach einiger Zeit muß Maria (in der Sitzung) erkennen, daß es sich tatsächlich um ihre Eltern handelt:

«Es zieht mich nicht gerade da hin – ich kenn' diese Stimmung bestens. Also, die Erfüllung meiner Aufgabe hab' ich mir anders vorgestellt – da oben sah ich noch die ganze Welt vor mir, und jetzt das!»

Sie begleitet die Eltern während der gesamten Schwangerschaft und noch drei Monate darüber hinaus, bevor sie schließlich durch die Wärme und Liebe der Mutter zum Bleiben bewegt wird. (Übrigens ist die Erinnerung biographisch korrekt: Während jenes Sommerurlaubs in Holland teilte Marias Mutter dem Vater mit, daß sie schwanger ist; dies führte zu den Spannungen, die Maria damals als Geist spürte und von denen sie sich nicht lösen konnte.)

Meine Frage an Maria, wie sie denn an jenes Gremium in der Zwischenwelt geraten sei, führt zur Erinnerung an eine frühere Inkarnation. Im späten 18. Jahrhundert war sie die Frau eines wohlhabenden, politisch einflußreichen Mannes in den Nordstaaten der USA, überwarf sich aber wegen ihrer freigeistigen, kritischen Haltung mit der Familie und starb einsam und verlassen in einem einfachen Häuschen.

Nach ihrem Tod ereignete sich dies: «Ich warte bis zur Beerdigung. Nehme Abschied von vertrauten Menschen und Orten [dies wird jeweils mit deutlichen Bildern beschrieben]. Dann ein Sog wie von einem Staubsauger in so etwas wie einen brennenden Reifen hinein. Ich sträube mich nicht dagegen. Hier ist alles abgeschlossen. Keine Wünsche, keine Vorstellungen, aber ich weiß, daß es weitergeht in ein neues Leben. Das war mir bewußt. Der Sog ist rötlich, zieht mich an; innen ist er wie Wasser. Ich tauche durch, wie durch eine gebogene Röhre aufwärts. Da oben wird es hell, sehr hell. Wie unter einem Lichtkegel. Um das Loch, durch das ich auftauche, steht schemenhaft ein Halleluja-Chor. Ich gleiche mich der Form des Lichtkegels an, gleite an ihm hinauf und hinunter. Der Chor singt immer noch, ich singe mit. Auch da gleiche ich mich an. Ich will aber meine eigene Form, nicht mich dauernd angleichen! Ich gerate in rasend schnelle Kreiselkurven um den Lichtkegel herum. Da hat jemand mein Energiefeld komplett in der Hand. Ich muß es wieder einfangen, sonst gerate ich vollends in diesen Wirbel hinein. Das ist wie ein Kräftemessen zwischen mir und der anderen Kraft. Ein Machtspiel. Die andere Kraft ist hämisch, bösartig. Sie hat einen Besitzanspruch auf mich. Ich denke: ‹Wie im richtigen Leben! Im Himmel ist es auch nicht besser.› Da hat mich echt was in der Hand. Mit Kraft kann ich hier nicht gewinnen. Ich versuche es mit Wohlwollen. Da stockt der andere. Das hat er nicht erwartet.»

Maria beschreibt den Kampf zwischen ihr und der schwarzen Macht über längere Zeit hinweg. Sie muß ihr ganzes Potential aufbringen, um sich von ihrem Gegner nicht beeindrucken zu lassen. Schließlich gelingt es ihr, sich zu lösen. Erst als sie wieder ihre «eigene Form» hat, also nicht beeinflußt ist von dunklen Kräften, erscheinen die beiden goldenen Gestalten und leiten sie zu dem Gremium, wo sie ihren Auftrag erhält.

Nach Marias Beschreibung war dieses «Auffahren gen Himmel» durchaus keine selbstbestimmte Angelegenheit, denn sie wurde von einem Sog erfaßt, und was sie oben erwartete, entspricht auch nicht dem üblichen Klischee vom Himmel. Immerhin versuchte eine böse Macht, Besitz von ihr zu ergreifen! (Solche Darstellungen sind übrigens keine Seltenheit. In Band II werden wir in breiter Form darauf eingehen.)

Maria erkennt im nachhinein, daß sie im Hinblick auf ihre Aufgabe bei ihren Eltern durchaus an der rechten Stelle war, denn ihr ganzes Leben lang diente sie als Ausgleich für die von der Spannung zwischen männlich und weiblich verursachten Reibungen. Als Tochter war sie sozusagen die Familientherapeutin. «Seit dem Gremium fühle ich die Führung. Trotzdem habe ich bei der Umsetzung viel Freiraum. Im Grunde fängt die Aufgabe jetzt erst an, durch die eigene Reifung. Es wird immer vorsätzlicher. Mein Vertrauen in die da oben hat sich eingelöst. Ich bin im Übergang zur Selbstbestimmung. Und der Kampf mit meinem Kind, das liegt daran, daß ich hier erst meine eigene Form finden muß, bevor ich ganz selbständig sein kann.»

Maria hat sowohl ihre Aufgabe erkannt wie auch die Einschaltungen, die zu ihrer Konfliktspannung führten. Wir arbeiten ein Familienkonzept aus, mit Hilfe dessen alle Beteiligten zu ihrem Recht kommen können. (Vor dieser Sitzung, mit all den Spannungen aus alter Zeit auf dem Buckel, hätte es sich kaum umsetzen lassen, jetzt aber schon.)

Auch hier haben wir es mit einem Karma-Zyklus zu tun. Eine uralte Aufgabe will in Marias Leben zu Ende geführt werden. Von wann diese Aufgabe stammt, wissen wir nicht und finden es in der weiteren Sitzung auch nicht heraus. Daß diese Aufgabe aber eine uralte sein muß, geht aus Marias Worten hervor, als sie sagte: «Ich bin dafür kreiert worden.» Damit bezieht sie sich nicht auf das «himmlische Gremium», von dem sie lediglich an ihre Aufgabe erinnert wurde, sondern an bedeutend ältere Zeiten. (Beispiele für die Ergründung solcher weit zurückreichenden Dimensionen werden in Band II vorgestellt.)

ZWEITER TEIL

Das «Internet der Seelen»

Von der unbewußten telepathischen Verknüpfung mit anderen Wesen.

KAPITEL 7

Geteiltes Leid ist doppeltes Leid

Exkurs: «Telepathisches Downloading» – die Übernahme der Erinnerungen eines anderen

Im Unterschied zu Kapitel 5, wo es noch vergleichsweise harmlos zuging, werden wir es in diesem Kapitel mit einer bedeutend komplizierteren Form von telepathischer Verknüpfung zu tun haben. In Kapitel 5 ging es um multiple Wahrnehmungspositionen, d. h., der Sitzungspartner war selbst Akteur im erinnerten Geschehnis, konnte aber wegen der ebenfalls existierenden Wahrnehmungspositionen der anderen Beteiligten nicht immer auseinanderhalten, von wessen Blickwinkel aus er gerade sprach, denn alle Blickwinkel wirkten zunächst wie die eigenen. Das vorliegende Kapitel, ja der ganze Teil Zwei handelt von Erlebnissen, an denen der Sitzungspartner selbst *nicht* beteiligt war, von Erinnerungen also, die nicht seine eigenen sind, sondern die er von anderen übernahm. Im Computerjargon könnte man diese als «heruntergeladene» oder «angehängte» Mentaldateien bezeichnen.

Es wird gezeigt werden, wie sich eine von Person A angelegte Mentaldatei auf telepathischem Wege einer Person B mitteilen kann, und zwar so nachhaltig, daß B unter Umständen die Mentaldatei von A genauso kräftig ausdramatisiert, wie es A selbst tun würde.

Im allgemeinen betrachtet man die Telepathie gerne als eine mystische und beneidenswerte Fähigkeit, doch möge man nicht vergessen, daß dieser Begriff, vom Griechischen abgeleitet, nichts anderes bedeutet als «Fernempfinden». Somit kann sich einem auf telepathischem Wege nicht nur Gutes und Schönes mitteilen, sondern durchaus Ungutes und Unschönes. Wenn wir ab jetzt von «Erinnerungen» sprechen, so meinen wir damit ganz allgemein

«ein Hinwenden nach innen, ein Konzentrieren auf Bilder, die von innen kommen». Das müssen keineswegs immer die eigenen sein. Ohne daß man es bemerkt, teilt sich einem gelegentlich fremdes Leid mit – öfter, als einem lieb ist!

Fassen wir aber, bevor wir in das Thema einsteigen, zur Orientierung des Lesers nochmals zusammen, was bisher über Inhalt und Mechanismen der Psychokiste gesagt wurde:

Eine Mentaldatei wurde definiert als Zusammensetzung aus Emotion und Information. Sie mag ungutes traumatisches Material enthalten wie auch vergnügliches und lustvolles. In jedem Fall geht es um Information und Emotion. Manche Mentaldateien sind zugänglich, andere unzugänglich. Das liegt daran, daß man sich an manche gern erinnert (an die vergnüglichen), an andere ungern (die peinlichen) und an wieder andere extrem ungern (an die traumatischen). Letztere sperrt man ab, denn sie sind einem unerträglich – was dazu führt, daß man die emotionale Energie aus seiner leidvollen Erinnerung aufstaut, statt sie abfließen zu lassen. Solange man das Geschehene im Rückblick nicht mit Humor zu nehmen weiß und darüber schmunzeln kann, wird das aufgestaute Leid unerledigt in der Luft hängenbleiben. Das ist eine vor sich hin tickende Zeitbombe, die jeden Moment ausgelöst werden kann. Zudem drückt diese emotionale Last gewaltig auf Stimmung und Toleranzkraft: Man ist nicht mehr so unbefangen und wagemutig wie zuvor, traut sich weniger zu, zieht sich zurück, findet einen Lebenskompromiß auf vergleichsweise niedriger Ebene.

Trifft man im Leben auf Situationsfaktoren, die dem ursprünglichen Erlebnis in irgendeiner Weise ähneln, so können diese oft (jedoch nicht immer und unausweichlich) als Auslöser für die Einschaltung der abgespeicherten Mentaldatei fungieren. Bei den harmlosen, zugänglichen Mentaldateien bedeutet das, daß ein Erinnerungsvorgang einsetzt; es fällt einem etwas zu dem Auslöser ein, man erinnert sich und denkt bewußt darüber nach. Bei den traumatischen Mentaldateien aber bleiben die Inhalte zumeist unbewußt, Information und Emotion des ursprünglichen Geschehnisses kochen im Hintergrund wieder hoch, und man dramatisiert sie aus, d.h. spielt einen alten Film nach.

Margret: Einer falschen Vergangenheit aufgesessen

Eine Reise in die Vergangenheit birgt die Gefahr, daß sich der Sitzungspartner mit einer falschen Vergangenheit identifiziert. Dieses Mißgeschick erlitt die 65-jährige Margret, Australierin, Angestellte in der Personalabteilung eines Supermarktes.

Im Eingangsinterview sagt mir Margret, sie fühle sich traurig und deprimiert und dies sei ihre Lebensgrundstimmung. War das wirklich schon immer so? Nein, antwortet Margret, ihr Leid habe vor dreißig Jahren mit einer Reinkarnationssitzung begonnen. Dabei sei sie auf ein grausiges Geschehnis gestoßen, das ihr Selbstverständnis bis heute erschüttert habe. Sie sei einst bei der spanischen Inquisition ein Folterknecht gewesen. Drei Jahrzehnte lang habe diese Erinnerung sie verfolgt.

Als Margret auf das Erlebnis zu sprechen kommt, wird ihre Stimme leise und stockend; sie schaut zur Seite und nach unten. Irgend etwas muß in der damaligen Reinkarnationssitzung unentdeckt geblieben oder mißdeutet worden sein, damit es bis heute seine Kraft behalten und negative Emotionen in Margret hineinpumpen konnte.

Ich lasse Margret zusammenfassend von ihrem Inquisitionserlebnis erzählen. Die Szene spielt am spanischen Hof des fünfzehnten Jahrhunderts. Die Schwester eines Priesters findet im königlichen Garten eine Halskette aus Saphiren und ist von diesem wunderschönen Schmuckstück so entzückt, daß sie es behält und versteckt. Tragen darf sie die Kette natürlich auf keinen Fall, denn hätte man sie dabei ertappt, so wäre sie als Diebin königlichen Schmucks hingerichtet worden. Nach einigen Tagen bekommt sie es mit der Angst zu tun und erzählt ihrem Bruder davon, dem Priester. Dieser beschließt, die Saphirkette im Garten zu verbergen und sie vom Gärtner «zufällig» finden zu lassen, damit der sie dem Hof als Fundstück zurückerstatte. Er weiht den Gärtner in diesen Plan ein. Diesem ist die Sache zu heiß; er weigert sich, dabei mitzuspielen. Dadurch gerät der Priester in eine gewaltige Zwangslage, denn der Gärtner ist nun ein Mitwisser, der die Schwester des Priesters belasten könnte. Deswegen dreht der Priester den Spieß um und klagt den Gärtner des Diebstahls an. Dieser beteuert naturgemäß seine Unschuld. Man wirft ihm vor, er leugne die Tat, und foltert ihn, um ein Geständnis zu erpressen. Er bleibt aber standhaft und schwört sich: «Ich halte durch!» Doch trotz seiner inneren Stärke überlebt er die Tortur nicht. Er stirbt auf der Folterbank.

Während unserer Sitzung (und ungeachtet ihrer vorherigen Sitzungen anderswo) durchlebt Margret die Folterqualen des Gärtners mit unverminderter Intensität. Doch schon nach lediglich 45 Minuten ist alles durchgestanden – Margret kann nun die ganze grausige Geschichte in drei knappen Sätzen erzählen und muß darüber lachen.

Zweifelsohne war das Geschehnis in Margrets ursprünglicher Reinkarnationssitzung zu oberflächlich behandelt worden, doch wurde sie dessenungeachtet recht schnell damit fertig (in nur 45 Minuten) – was die Frage aufwirft, wieso es ihr Leben so vermiesen konnte. Woher bezog dieses Erlebnis seine Kraft?

Ich frage Margret, was an der ganzen Geschichte für sie persönlich das schlimmste sei. Sie antwortet, daß sie nicht wisse, welche der Personen sie selbst war. Und da liegt die Quelle der Spannung! Damals, in der ursprünglichen Sitzung, hatte sie geglaubt, sie sei der Folterer gewesen, doch konnte sie diese Vorstellung so wenig mit sich vereinbaren, daß sie dreißig Jahre lang darunter litt. Weil Margret die Szene aus der Perspektive des Folterers heraus erlebt hatte, nahm der damalige Reinkarnationstherapeut mit Selbstverständlichkeit an, Margret sei dieser Folterer gewesen, und sagte ihr das auf den Kopf zu. Seitdem ist Margret am Grübeln.

Nun hat Margret während unserer kurzen Sitzung – ich erwähnte es oben nicht – auch die Emotionen der anderen Beteiligten ausdramatisiert, also nicht nur die des Folterers, sondern auch die des Priesters, seiner Schwester und des unglückseligen Gärtners, und zwar jeweils aus deren individueller Wahrnehmungsposition heraus. Demzufolge sagte sie bei jeder Person naturgemäß «ich». Ihr Wiedererleben war bei jedem der betroffenen Akteure ungefähr gleich intensiv, was die Frage aufwirft: Welche der beteiligten Personen war sie denn nun eigentlich gewesen?

Margrets spontane und für uns beide erstaunliche Antwort: «Keiner der Betroffenen! Ich habe das alles nicht erlebt. Nichts davon!» Großes Aufatmen, Riesenerleichterung.

Wie kann das angehen? Sie hat doch das Geschehen mit allen Details aus allen verfügbaren Blickwinkeln heraus erzählt, komplett mit den Emotionen, Empfindungen und Schmerzen der Beteiligten – ja, hat sie sich das alles nur eingebildet?

Nein. Ihr strahlendes Gesicht und ihre große Erleichterung sprechen dafür, daß sie hier eine große persönliche Wahrheit gefunden hat. Zudem ist Margret keine solch gute Schauspielerin, daß sie eine solche Geschichte hätte erfinden und überzeugend vorspielen können.

Das Erkennen von Wahrheit geht immer einher mit Erkenntnis und Erleichterung. MindWalking orientiert sich am Erkennen von persönlichen Wahrheiten, ist also eine «Wahrheitssuche». Unterstützt vom Sitzungsleiter, tastet sich der Sitzungspartner von Wahrheit zu Wahrheit vor, bis er den großen Zusammenhang hergestellt hat. Und genau dann – sobald er seine «letzte Wahrheit» gefunden hat – verschwindet sein Interesse am Thema. Er hat nun Gewißheit, und über Gewißheiten braucht man nicht weiter zu reden oder zu sinnieren.

Der nächste Sitzungsabschnitt bringt die Erklärung. Wir greifen darin das während der Folter entstandene Negativprogramm des Gärtners auf («Ich halte durch!»), um damit assoziiertes Material «aufzuheizen». Denn selbst wenn es der Gärtner war, der diesen programmatischen Satz prägte, so ist er dennoch bei Margret als Teil des Gesamterlebnisses abgespeichert und wirkt sich demzufolge möglicherweise auch auf *ihr* Leben aus. Dies wollen wir bereinigen.

Wieso «ich halte durch!» überhaupt ein Negativprogramm sei, so könnte man fragen. Ist das nicht eher eine gute Eigenschaft? Gewiß ist es das. Aber gute Eigenschaften sind nur so lange gute Eigenschaften, wie sie nicht zwanghaft sind. Eine unter traumatischen Umständen gelernte Lektion jedoch birgt immer die Gefahr der Zwanghaftigkeit. Wer also zwanghaft nach dem Grundsatz lebt «ich halte durch», der tut sich damit keinen Gefallen.

Margret erinnert sich beim Thema «ich halte durch» an ein Geschehnis im Elternhaus, als sie drei oder vier Jahre alt war. In der Ehe ihrer Eltern war die Mutter in der überlegenen Position. Der Vater war Alkoholiker. Oft war die Mutter so zornig über das unverantwortliche Verhalten des Vaters, daß sie ihn prügelte, ihn aussperrte und ihn zwang, unter dem Haus im Schmutz zu schlafen (viele Häuser Nordaustraliens stehen auf Stelzen, um Kühlung zu ermöglichen). Die kleine Margret bedauerte ihren Vater, weil die Mutter ihn so quälte. Über diese intensive emotionale Interaktion konnte sich eine Mentaldatei des Vaters ankoppeln – denn wie sich bald herausstellt, war es nicht Margret, die 500 Jahre zuvor als Gärtner zu Tode gefoltert worden war, sondern ihr Vater!

Von dieser Erkenntnis wird Margret zu ihrer eigenen Verblüffung regelrecht überfallen; man glaube also nicht, daß sie sich hier etwas intellektuell zusammenkonstruiert hat. Viele Aspekte ihres Lebens erscheinen ihr in neuem Licht. Ihre durch falsche Zuordnung eines Erlebnisses entstandene Depression ist verflogen.

Uns bleibt die Frage, wie es zu der telepathischen Vernetzung zwischen der kleinen Margret und ihrem Vater kommen konnte. Wieso blieb dessen Mentaldatei an ihr hängen? Woraus bestand die «Haftfläche»? Ohne Haftfläche könnte niemals etwas Fremdes an einem hängenbleiben. Sie zu orten und zu neutralisieren wäre demnach von großem Vorteil, denn solange sie besteht, könnte sich ja jederzeit erneut etwas anhängen und Margret belasten!

Die Haftfläche, so stellt sich bald heraus, entstand in einer früheren Inkarnation Margrets. Sie war damals ein Konzertpianist in Polen, der 1840 starb. Während seiner letzten Lebensjahre litt dieser Pianist an Tuberkulose, gab das Klavierspiel aber bis zum letzten Atemzug nicht auf, denn er war eisern: «Ich bleibe dran!»

Dieses Pianistenleben kann Margret voll als ihr eigenes akzeptieren. Obwohl Australierin, hatte sie ihr ganzes Leben lang Interesse an polnischer Kultur, insbesondere polnischer Musik. Und sie hätte schon immer gerne Klavier spielen wollen. Diese ihre Vorlieben und Verhaltenstendenzen begreift sie nun aus einem großen Zusammenhang heraus. Zweitens erkennt sie, daß ihr damaliges «ich bleibe dran» dem «ich halte durch» ihres Vaters sehr verwandt ist, daß also ihr eigenes Negativprogramm die Brücke zu dem ihres Vaters darstellte und die Ankoppelung seiner Mentaldatei ermöglichte. Wenn sie diese beiden Sätze jetzt vor sich hin wiederholt, muß sie laut lachen. Thema erledigt. (Gesamtsitzungsdauer: 2:23 Std.)

Exkurs: An einem Reinen bleibt nichts haften

Eine Erläuterung zu Margrets Sitzung: Wir haben es hier mit der Überkreuzung zweier Ereignisspuren zu tun, der Margrets und der ihres Vaters: Margret formte 1840 als tuberkulosekranker polnischer Pianist das Negativprogramm «ich bleibe dran!»; rund 400 Jahre früher hatte sich ihr Vater als gefolterter Gärtner geschworen: «Ich halte durch!» Der Funke zwischen Margret und ihrem Vater sprang über im Jahre 1935, als die kleine Margret ihren von der Mutter verprügelten Vater bedauerte.

Obwohl es sich um inhaltlich ganz unterschiedliche Geschehnisse handelt, sind die dabei entstandenen Negativprogramme «Ich bleibe dran» und «ich halte durch» emotional wie auch logisch kompatibel. Das gleiche Konzept steckt dahinter. Und dieses Konzept war die Schnittstelle zwischen beiden.

Hätte Margret nicht schon ein eigenes Negativprogramm gehabt («ich bleibe dran!»), so hätte sich das sehr ähnliche Negativprogramm des Gärtners/Vaters («ich halte durch!») samt der dazugehörigen Mentaldatei nicht anhängen können. Denn eine Ankopplung ist nur möglich, wenn die Inhalte der beiden Dateien emotional ähnlich schwingen und auf kognitiver Ebene miteinander verwandt sind (Resonanzprinzip).

Wolfgang (II): Die Schändung des Vaters nachvollzogen

Ein weiteres Beispiel dafür, wie sich eine Mentaldatei anhängen kann, bietet ein Erlebnis Wolfgangs, den Sie schon aus Kapitel 3 kennen, wo wir seine Absage an den Alkohol würdigten. Im nächstfolgenden Sitzungsabschnitt griffen wir Wolfgangs Negativprogramm «ich muß passen» auf. Er hatte es im Interview als seine Lebensgrundstimmung bezeichnet. Wir wollen herausfinden, wann und wodurch diese chronische Stimmung entstanden ist. Dabei kommt Wolfgang folgende Erinnerung:

«Es ist nachts – ich bin zehn oder zwölf Jahre alt, habe Sehnsucht nach Nähe. Ich stehe auf und gehe zum Schlafzimmer der Eltern. Beide sind wach. Das Radio ist an. Ich möchte mich dazulegen, aber ich tu' es nicht, weil die beiden am Reden sind. Ich spüre die Abweisung und die Spannung zwischen den beiden.»

Was spürt Wolfgang noch alles? «Die Mutter ist etwa fünfunddreißig. Sie will Zärtlichkeit. Sie will Sex, aber der Vater kann nicht. Die Mutter weint; das sehe ich. Der Vater sagt: ‹Ich muß passen; ich bringe es nicht.› Es hängt mit dem Krieg zusammen. Er war deswegen schon beim Nervenarzt gewesen.»

Plötzlich schießt Wolfgang ein Einfall durch den Kopf (jetzt, in der Sitzung, nicht damals im elterlichen Schlafzimmer): «Wurde der Vater vielleicht Opfer einer Sexattacke im russischen Gefangenenlager? Einer homosexuellen Vergewaltigung? – Er ist ein sehr weicher Typ. Das hätte er nicht verkraftet.»

Weil der Mindwalker hier stark ausschlägt, frage ich sicherheitshalber mal nach. Bekommt Wolfgang konkrete Erinnerungsbilder an diese Attacke? Ja, er bekommt sie. Zunächst glaubt er, er habe das wohl mal im Kino gesehen, aber bald verselbständigt sich die Erinnerung und Wolfgang weiß, daß er eine authentische Aufzeichnung vor sich sieht, keinen Kinofilm: «Ein großer Schlafsaal, Betten übereinander. Der Vater liegt unten. Ein Kamerad kriecht zu ihm ins Bett. Zwei halten ihn fest. Ich sehe das Gesicht des Vaters – so klar! Er hat resigniert, leistet keinen Widerstand.»

Wolfgang ist tief betroffen. Wir gehen das Erlebnis wiederholt durch; weitere Details treten ans Licht. Um die Erinnerung zu intensivieren, wenn er aus der Wahrnehmungsposition des Vaters heraus spricht, sagt Wolfgang «ich»: «Die drei sind die Herrscher der Baracke. Sie kollaborieren mit den Russen. [Wolfgang beschreibt die Baracke in allen Einzelheiten.] Ich bin neu in diesem Lager. Ich spüre die prüfenden Blicke der anderen. Ich weiß, daß ich bestimmte Typen anziehe. Von Homosexualität habe ich keine Ahnung, die ist doch verboten bei der Wehrmacht. Nach der Gefangennahme waren wir dem Sieger ausgeliefert, und man hörte Gerüchte über die Lager. Ich ahne, was hier ablaufen wird. Eines Nachts – das Licht ist aus – hält mir einer die Arme fest. Der zweite zieht das Laken weg und spreizt mir die Beine. Der dritte geht in mich rein, von hinten. Er sagt: ‹Halt still!› Ich bin geschwächt, bin froh, daß ich überhaupt lebe. Der Typ kommt nicht rein. Es klappt nicht. Sie sagen: ‹Wir kommen wieder!› Ständig habe ich Angst. Ein paar Nächte später kommen sie wieder. Ich leiste keinen Widerstand. Jeder befriedigt sich an mir in Sekunden. Die Wahrnehmung ist immer von oben, die ganze Zeit. Die Bettnachbarn haben sich weggedreht.»

Wolfgang hat feuchte Augen. «Der Vater zieht sich nicht mal mehr die Hose hoch. Er zieht sich die Decke über den Kopf und dreht sich zur Wand. Die drei gehen zu ihren Betten. [Er schluchzt.] Es tut mir so leid. Und ich hab' ihn immer für einen Schlappschwanz gehalten. Mir wird jetzt verständlich, daß dem alles egal war. Das muß das Trauma für ihn gewesen sein im Krieg. Die haben den mindestens zwanzigmal vergewaltigt. Danach war er nicht mehr da. Buchstäblich vernichtet!»

Wolfgang beschreibt Szenen aus der Kindheit, die belegen, wie sehr er seinen Vater damals mißverstanden hat. Mit der Zeit gewinnt er seine Fassung wieder. Er kann wieder lächeln: «Da ist viel abgegangen eben! Bin erstaunt, daß ich das jetzt so wegstecke, nach den starken Emotionen.» Er ist zufrieden. (Dieser Sitzungsabschnitt dauerte knapp vier Stunden.)

Rückblick und Erklärung der hier vorliegenden psychischen Konstruktion: Wolfgang hat hier eine Mentaldatei seines Vaters gesichtet. Er hat ein Erlebnis des Vaters aus dessen Wahrnehmungsposition heraus erzählt. Während der Vergewaltigungen war der Vater nicht im Körper. Das läßt sich daraus ersehen, daß die gesamte Szene im Lager aus einer Außenposition heraus aufgezeichnet und von Wolfgang dementsprechend erinnert wurde.

An Wolfgang angekoppelt hat sich diese Datei im elterlichen Schlafzimmer, als er Zeuge der gespannten Situation zwischen den

Eltern wurde. Weil es dem Vater unmöglich war, seiner Frau den wahren Grund für seine psychische Impotenz zu nennen (zur damaligen Zeit hätte das kaum jemand über die Lippen gebracht), baute sich die Spannung so mächtig auf, daß der Funke zu dem zwölfjährigen Wolfgang übersprang, der gerade in der Tür stand.

Der Vater mußte sowohl passen, als er vergewaltigt wurde, wie auch später, als seine Frau ihn sexuell forderte. Wolfgang, als Zeuge dieser Szene, übernahm zu diesem Zeitpunkt das Negativprogramm seines Vaters in sein eigenes Leben.

Wolfgang (III): Ungeborenes erlernt Familienphilosophie

Wie schon anfangs gesagt, muß es auf seiten des Empfängers eine Schnittstelle geben, eine Haftfläche, damit sich eine Mentaldatei anhängen kann. Wäre einer ein reines Unschuldsengelchen ohne alle Sünde, so könnte keine fremde Sünde an ihm hängenbleiben. Auf Wolfgang bezogen, heißt das, daß er bereits eine irgendwie ähnliche Vorgabe auf sich sitzen gehabt haben mußte, ein eigenes Erlebnis also, damit sich das des Vaters an ihn ankoppeln konnte. Was also steckt auf Wolfgangs eigener Ereignisspur hinter diesem «ich muß passen»? Eine Sitzung später stoßen wir zum Kern der Sache vor. Wolfgang erinnert sich gerade an Situationen, als er sich gesellschaftlich vorgegebenen Formen anpassen mußte, mal als Junge, mal als Lehrling, mal als Ehemann. Auch hier mußte er im weiteren Sinne des Wortes «passen». Mitten im Erzählen spürt er «einen inneren Druck, als ob was raus will. Ein Druck von innen, im Bauch, «als wollt' ich was loswerden». Offenbar baut sich im Hintergrund gerade das Thema Geburt auf. Wolfgang erzählt es von der Erlebnisseite der Mutter her, denn sie ist es, die «etwas loswerden» will.

«Ich muß tief atmen – eine schwere Last, als könnt' ich die nicht tragen. Muß ich passen? – Die Arme werden schwach. Ich bekomme ein Angstgefühl. Die Bronchien werden eng.» Der Mindwalker schlägt aus. «Da, ich sehe meinen Kopf mit der pulsierenden Hirnmasse, ich sehe ihn über die Schulter der Hebamme hinweg. Meine

Wahrnehmungsposition ist an der Decke. Die Hebamme sagt: Pressen! Das Kind erstickt! Das Gesicht des Neugeborenen ist blaurot. Die Mutter hat keine Kraft mehr. Und Schmerzen! Sie stöhnt: ‹Papa, hilf!› Aber der Vater ist im Krieg. Ich sehe das Blut an ihren Beinen entlanglaufen, an meinem Kopf vorbei. Ich spüre eine Verkrampfung – meine Beine werden abgedrückt. Die Hebamme zieht am Kopf. Jetzt ist meine Wahrnehmungsposition innen. Ich spüre die Schultern, sie bieten Widerstand. Die Lunge ist eingequetscht. Blut, Enge, Krampf. Ich rieche den Schweiß und die Angst. Dann ein Dammeinschnitt – ich spüre die kalte Schere an meinem Gesicht. Dann kann ich atmen!»

Wir sind durch. Wolfgang staunt. Das hätte er nicht für möglich gehalten, daß er sich an so was erinnern kann.

Rückblick über diese psychische Konstruktion: Bei Wolfgangs Geburt mußte seine Mutter passen, weil ihre Kräfte versagten. Dieses ihr Urerlebnis speicherte sie als Mentaldatei ab. Wolfgang mußte zum gleichen Zeitpunkt im wörtlichen Sinne «passen», nämlich durch den Geburtskanal. Dieser Teil ist sein Urerlebnis, seine Mentaldatei.

Weil beide Personen innerhalb des gleichen Erlebnisses intensiv interagierten, vermischten sich ihre Mentaldateien. Wolfgang übernahm die seiner Mutter. Dabei nahm er ihr nicht etwa die ihrige ab – nein, er zog sich eine Kopie davon, ähnlich wie beim Herunterladen einer Datei aus einem anderen Computer in den eigenen hinein. Aus eins mach zwei. Geteiltes Leid ist doppeltes Leid.

Es ist wie bei einer Ansteckung mit einer Grippe. Hinterher hat nicht einer dem anderen die Grippe abgenommen, sondern beide haben sie.

Doch weiter im Rückblick: Wie paßt der Vater ins Bild? Zunächst mußte er passen, als man ihn vergewaltigte (Urerlebnis des Vaters). Später, bei der Schlafzimmerszene, mußte der Vater passen wegen Impotenz (Einschaltung und Dramatisierung beim Vater). Diese Szene, deren Zeuge der zwölfjährige Wolfgang war, schaltete bei ihm die bereits abgespeicherte, vermischte Mentaldatei Mutter/Wolfgang/Geburt ein, als Wolfgang selbst passen mußte (im Sinn von «durch den Geburtskanal passen»). Das in diesem Augenblick entstehende Spannungsfeld wirkte wie eine Fernsehantenne und zog die Mentaldatei des Vaters zu Wolfgang herüber. Zusätzlich zu der vermischten Mentaldatei Mutter/Wolfgang, die sich bei der Geburt gebildet hatte, hat sich nun noch eine fremde Mentaldatei bei Wolfgang angekoppelt – die des Vaters, mit dem Inhalt «homosexuelle Vergewaltigung». Der gemeinsame Nenner aller Dateien: «Ich muß passen.»

Wenn das mal alles wäre! Aber nein, es geht noch weiter. Beim genaueren Betrachten des Geburtsvorgangs stoßen wir auf die ganze leidvolle Vorgeschichte der Mutter bis zurück zur Zeugung Wolfgangs. Offenbar hat Wolfgang nicht nur das von der Mutter durchlebte Geburtstrauma zu sich heruntergeladen, sondern eine weit umfassendere Mentaldatei.

Die Leiden der Mutter begannen schon etwa sechs Wochen vor der Geburt bei einer ärztlichen Untersuchung: «Ich bin im warmen Fruchtwasser. Ich spüre Unruhe, eine Bedrohung – das ist die Angst der Mutter! Ich seh's von innen, von den Augen der Mutter aus. Sie schämt sich, daß sie sich vor dem Arzt ausziehen muß. Aber sie muß sich anpassen.» (Auch hier wieder das Thema «ich muß passen».)

Und noch weiter zurück geht es, zur Zeugung: «Vater hat Fronturlaub. Licht aus, Nachthemd hoch. Sie hat sowohl Sehnsucht nach ihm wie auch Abscheu. ‹Wollen wir's hinter uns bringen›, denkt sie. Ein paar Sekunden, und alles vorbei. Keine Freude. Schwanger ohne Genuß.»

Wolfgang überlegt: «Die mußte sich auch anpassen. Ein Kind für den Führer. Das war damals so üblich. Noch dazu von einem Frontsoldaten! Und nach dem Krieg konnte meine Mutter ihre Sexualität nie ausleben, weil der Vater gestört war.» Er muß lachen: «Wir müssen passen – das ist die Familienphilosophie!»

Die ganze Familie war über das Thema «ich muß passen» telepathisch miteinander verklebt.

Noch was dazu? Nein. «Kopf leer», sagt Wolfgang. Wir halten Rückschau über die Sitzungssequenz. Was bedeutet das für Wolfgang, daß er das jetzt alles weiß? «Eine Versöhnung mit mir selbst», sagt er. «Ich hab mich vorher viel zu negativ gesehen. So viele

Schicksalsschläge waren das ja gar nicht!» Wolfgang hat ausgesondert, was zu ihm gehört und was nicht, und befunden, daß sein «Päckchen» weit weniger schwer war, als er je vermutet hätte. (Gesamtdauer: 15 Std.)

Gisela (III): Mentalfeld der Mutter aufgeschnappt

Die folgende Geschichte zeigt, wie eine «anfliegende» Mentaldatei regelrecht sichtbar sein kann, sofern man sie mit dem geistigen Auge erblickt. Die Sitzung fand zwischen zwei Teilnehmern eines MindWalking-Basiskurses statt, daher gibt es hier keine Mitschrift meinerseits, sondern nur ein zusammenfassendes Gedächtnisprotokoll.

Sitzungspartnerin ist Gisela, der wir schon zweimal begegnet sind; ihr Thema ist diesmal: «Angst, daß ich hängengelassen werde». Erneut taucht bei Gisela die Erinnerung an die uns schon aus einer früheren Sitzung (Gisela II) bekannte Szene ihrer Geburt auf und wird weiter ausgeführt: Gerade dem Mutterleib entbunden, wird sie abseits hingelegt; keiner scheint sich um sie zu kümmern, auch ihre Mutter nicht. Dann trägt man sie als Neugeborenes in einen anderen Raum und kurze Zeit später wieder hinein zur Mutter. Dagegen wehrt sie sich. Sie will nicht zu ihrer Mutter. Aus Gründen, die wir nicht kennen, verabscheut sie ihre Mutter. Sie steigt aus ihrem Körper aus; ihre Wahrnehmungsposition ist nun nicht mehr innerhalb des Babykörpers, sondern oberhalb des Türrahmens. Von dort oben sieht sie ihren Babykörper und die Mutter, die mit dem Gesicht zur Wand auf der Seite liegt und sehr abgekämpft wirkt.

Dann ereignet sich Folgendes: Ein gelbliches, brodelndes, brotlaibförmiges Energiefeld steigt aus dem Körper der Mutter auf. Gisela jetzt, in unserer Sitzung, kann hierzu keine Erklärung abgeben. Sie beschreibt einfach, was sie in ihrer Erinnerung sieht. Gisela damals, als Geist außerhalb ihres Babykörpers, will wissen, was das für eine Erscheinung ist. Sie geht in das Energiefeld hinein. Schlagartig verliert sie ihre Position als außenstehende Beobachterin, statt dessen teilen sich ihr die Emotionen ihrer Mutter machtvoll mit, was dazu führt, daß Gisela (in der Sitzung) die Tränen in die Augen steigen. Sie sagt: «Was fang' ich denn an zu heulen? Ich kann doch meine Mutter gar nicht leiden; ich hasse sie!»

Aus ihrer Position innerhalb des gelben Feldes steht sie in inniger Verbindung mit ihrer Mutter. Diese achtet nicht auf das Baby, das da von der Krankenschwester hereingebracht wird, sondern sie spürt nur ihre eigene Verlorenheit, ihre Traurigkeit, ihre Verlassenheit: Wieder einmal hatte sich ihr Ehemann an ihr befriedigt, wieder ein Kind. Er hat seinen Spaß gehabt, ihr aber bleibt die Mühsal der Geburt; er kümmert sich um nichts, sie fühlt sich hängengelassen (unser Thema!).

Gisela ist für einen Moment zu ihrer Mutter geworden und hat alles mitempfunden, was damals in ihrer Mutter vorging. Zwar steigt sie anschließend aus dem «gelben Feld» wieder aus und kehrt zu ihrer Position oberhalb des Türrahmens zurück, aber trotzdem bleibt die Identifikation mit der mütterlichen Mentaldatei unverändert bestehen. Bis heute blieb sie unentdeckt.

«Angst, ich werde hängengelassen» war das Thema der Sitzung. Offenbar hat Gisela diese emotionale Haltung von ihrer Mutter übernommen, als sie in das gelbe Energiefeld einstieg und «zur Mutter wurde». Als Gisela dies klar wird, kann sie wieder lachen. Sie fühlt sich erleichtert. Ja, so ist es gewesen. Und nun versteht sie auch, wieso sie der Mutter wie aus dem Gesicht geschnitten ähnlich sieht! «Ich hab' das vorher nie begreifen können, weil ich meine Mutter ja eigentlich hasse.» (Sitzungsdauer: 4:30 Std.)

Manuel (I): Erschossener Bürgermeister bestimmt Lebensführung

Diese Sitzung fand in Bogotá, Kolumbien, statt. Manuel, ein begüterter Geschäftsmann indianischer Abstammung, studierte zunächst Jura, weil er ursprünglich Rechtsanwalt werden wollte, wurde dann aber im Versicherungswesen tätig. Er sorgt sich um das Schicksal seines vom Bürgerkrieg geschüttelten Landes. Er fühlt hier eine ihm rätselhafte, große Verantwortung. Heimlich spielt er mit dem Gedanken, als Bürgermeisterkandidat Bogotás anzutreten.

Bei der Erinnerungsarbeit stoßen wir auf eine Szene, die nach Manuels Auffassung einem früheren Leben zuzuordnen ist. Sie spielt im Kolumbien der vierziger Jahre. Als erfolgreicher Rechtsanwalt bewegte sich der damalige Manuel in höchsten politischen Kreisen und führte Gespräche in den Privathäusern führender Persönlichkeiten. Nun sieht er einen Redner, der vom Balkon aus vor einer unüberschaubaren Menschenmenge eine feurige Rede hält. Die Augen der beiden treffen sich, die des Redners oben auf dem Balkon und die Manuels unten in der Menge. Manuel ist ein Freund und Bewunderer dieses Mannes – und in diesem Moment fällt es meinem Sitzungspartner wie Schuppen von den Augen: In jenem Redner erkennt er Jorge Eliécer Gaitán, einen volksverbundenen Politiker der vierziger Jahre, damals Bürgermeister von Bogotá. Gaitán war Präsidentschaftskandidat und wurde kurz vor seiner Wahl von jenen Kräften ermordet, denen er mit seiner Volksverbundenheit in die Quere gekommen war.

Durch den intensiven Blick entstand ein Band zwischen den beiden. Von nun an teilte Manuel Gaitáns Schicksal, zumindest im Sinne einer geistigen Begleitung. Trocken und technisch ausgedrückt, hatte sich in diesem Moment eine telepathische Standleitung zwischen Gaitán und Manuel aufgebaut.

Wir erleben aus Gaitáns Sicht mit, wie er, aus seiner Rechtsanwaltspraxis auf die Straße tretend, von einem Mann angefallen und aus nächster Nähe mit drei Schüssen niedergestreckt wird. Während seiner Erinnerung daran zuckt Manuel mehrfach zusammen, denn er spürt die Einschüsse an Hals, Rücken und Flanke (wobei aber Gaitán das Opfer war, nicht Manuel!). Wir erleben mit, wie sich Gaitán von seinem Körper entfernt und nach oben entschwebt. Sein letzter Gedanke gilt Gloria, seiner damals elfjährigen Tochter.

Schlagartig begreift Manuel nun, wieso er im gegenwärtigen Leben eine so starke Verantwortung für das Wohlergehen seiner Stadt und seines Landes fühlt, wieso er Jura studiert hat, Anwalt werden wollte und sogar vorhat, sich für das Amt des Bürgermeisters nominieren zu lassen. Er hat das Leben des damaligen Freundes samt der damaligen unabgeschlossenen Projekte in sein eigenes gegenwärtiges Leben übernommen. Von Tränen überströmt und trotzdem erleichtert lächelnd, sitzt Manuel vor mir.

Manuel kennt das Leben Gaitáns nur in groben Zügen. Um mehr darüber zu erfahren, setzen wir uns ins Auto und fahren zum ehemaligen Wohnhaus des Volkshelden. Die Stadtverwaltung Bogotás hat diese relativ bescheidene Villa zum Museum erklärt. In ihre Vorhalle hat man nachträglich einen Teil der Gebäudefront von Gaitáns früherer Rechtsanwaltspraxis hineingebaut, nachdem diese in den Sechzigern abgerissen worden war. Wir stehen somit nur wenige Meter vor der authentischen Sandsteinfassade und Eingangstür zu Gaitáns ehemaliger Praxis; sogar das Messingschild ist noch vorhanden. Praktisch befinden wir uns genau da, wo Gaitán stand, als er von seinem Mörder überfallen wurde. Der Museumsführer erklärt, Gaitán sei von drei Schüssen getroffen worden – einer in den Hals, der zweite in den Rücken, der dritte in die Flanke. Manuels Augen werden groß und größer. Daß das Fakt ist, was er da in seiner Sitzung erlebte, wird ihm erst jetzt voll bewußt.

Der Museumsführer macht uns darauf aufmerksam, daß wir zur Unterstützung des Museums eine kleine Gedenkschrift erstehen können, heute sogar versehen mit einer Widmung von Doña Gloria, Gaitáns Tochter, die sich zufällig gerade im Hause befinde. Wenige Minuten später schüttelt Manuel die Hand einer charmanten Dame in den Sechzigern, einer Frau, die er nur wenige Stunden zuvor in seiner Erinnerung gesehen hat, als sie erst elf war, direkt vor der Ermordung ihres Vaters. Er bekommt weiche Knie. Doña Gloria setzt ihre Unterschrift auf das Büchlein und spricht ein paar nette Worte. Manuel unterdrückt seine Tränen. Ganz schnell verabschieden wir uns und gehen.

Paul (V): Ein Toter schaut in die Zukunft

Mit dem «Knacken» einer angehängten Mentaldatei eröffnen sich einem oft Einblicke in die weiter zurück liegende Vergangenheit oder sogar in die Zukunft von deren Urheber. Nehmen wir an, ein fremdes Geschehnis aus dem Jahr 1900 hätte sich mir 1980 angehängt. Beim Durchlaufen der Geschichte können sich unvermutet weitere Mentaldateien des gleichen Urhebers öffnen, mit dem Ergebnis, daß sich mir Bilder aus seiner Vergangenheit vor dem Jahr 1900 zeigen oder Eindrücke aus seiner Zukunft relativ zum Jahr 1900, d. h. aus den Jahrzehnten zwischen 1900 und 1980 – oder gar bis hin zur Gegenwart! Denn die bestehende Verknüpfung könnte bewirken, daß ich regelrecht «online» mit ihm bin. Eine telepathische Standleitung! Hierzu zwei Beispiele, das eine von Paul, das andere von Klaus.

Von Paul und seinem Alpinistentod haben Sie schon mehrfach gehört. In der zuletzt beschriebenen Szene entschwebte er nach seinem eigenen Tod, sah seinen Bergkameraden an der Unglücksstelle stehen und entfernte sich allmählich von ihm. Doch ist die Geschichte damit noch nicht ganz zu Ende:

«Ich schwebe zwei Meter über meinem zerschmetterten Körper und bin 600 Meter von meinem Kameraden entfernt. Ich bin mit ihm noch nicht fertig; da ist noch etwas Unerledigtes. Mein Vorleben kommt mir jetzt in den Sinn: Ich bin 30 Jahre alt, ledig, in der Holzverarbeitung beschäftigt – als Zimmermann oder Baumeister. Bin ein fanatischer Bergsteiger. Der Kamerad stammt aus dem Dorf. Er kennt alle Routen. Im Sommer sind wir Arbeitskollegen. Er ist verheiratet und hat zwei Kinder. Deswegen achtet er weit mehr auf Sicherheit als ich. ‹Wie bring' ich das seinen Eltern bei?› denkt er [gemeint sind Pauls Eltern].»

Paul beginnt nun, einen Zeitabschnitt im Leben des Kameraden zu beschreiben, der vom Zeitpunkt des Unglücks aus gesehen in der Zukunft liegt. Obwohl Paul den Kameraden nicht weiter begleitet, sondern entschwebt, weiß er um dessen Zukunft. Die Verknüpfung mit der Mentaldatei des Kameraden schafft eine Verbindung, die über den damaligen Moment hinaus für eine bestimmte Zeit in die Zukunft hineinreicht. Vom Zeitpunkt der eben laufenden Sitzung her betrachtet, ist diese natürlich bereits Vergangenheit.

Pauls Bergkamerad verharrt eine Weile an der Unglücksstelle; er kann es nicht fassen. Er macht sich Vorwürfe. «Warum hat Paul diesen Blödsinn gemacht?» denkt er. Schließlich macht er sich an den Abstieg und geht zurück ins Dorf. Er erzählt von dem Unglück. Die Leute wollen Pauls Leichnam am nächsten Tag holen. Der Kamerad will mit. «Nein», sagen die Leute, «du bleibst hier!» Der Kamerad setzt sich durch. Er weiß: «Ich muß mich bezwingen, sonst gehe ich später auf keinen Berg mehr!» Er schläft schlecht, macht sich Vorwürfe. Am nächsten Tag holen sie den Körper. Das ganze Dorf ist in Trauer. Es ist ein Hochgebirgsdorf in den Silvretta-Alpen. Der Kamerad braucht lange, bis er wieder auf einen Berg steigt. Aber nie mehr so hoch wie damals.

Nun macht Paul sich Vorwürfe: «Ich bin selber schuld an dem Unglück. Ich habe meinen Kameraden allein gelassen! Schon beim Streit. Und jetzt ist es zu spät.»

Sieht Paul seinen Kameraden lediglich als Erinnerung, oder spürt er dessen Präsenz auch jetzt in unserer Sitzung? Die Frage erscheint mir gerechtfertigt, weil Paul sich so ungewöhnlich intensiv mit seinem Kameraden auseinandersetzt und weil er diese Zukunftsschau entwickelt hat. Er scheint regelrecht im geistigen Raum seines Kameraden zu sein. «Ich erlebe ihn jetzt im Moment, aber nicht als Körper», sagt Paul. «Ich könnte ihm sagen: Du trägst keine Schuld!» Große Entladung am Mindwalker. Offenbar stehen die beiden in Kontakt.

Möchte der Kamerad Paul etwas mitteilen? Ja: «Ich werf' mir vor [sagt der Kamerad zu Paul], daß ich dich weggelassen hab'. Wir waren beide stur. Ich hätte das Seil aufgreifen sollen – dann wären wir wenigstens beide abgerutscht. Allein ins Dorf runtergehen war schwer. Vorwürfe haben sie mir gemacht; keiner hat mir geglaubt. Ich konnt' mich nicht entlasten. Offenbar bin ich ein schlechter Zeuge!» Er (der Kamerad) muß lächeln.

Paul erspürt die Erleichterung und das Lächeln des anderen natürlich nur; sehen kann er das nicht. «Wir vertragen uns wieder», sagt er. «Mann, was kribbelt das jetzt in Bauch und Brust und Armen. Mir wird warm! Was da für eine Energie fließt!»

Paul hat über die ihm anhängende Mentaldatei eine «direkte Leitung» zu deren Urheber, dem Wesen selbst, bekommen. So konnten beiderseitig die nie gesagten letzten Worte nachträglich gesprochen werden. (Sitzungsdauer insgesamt: 8:56 Std.)

Klaus (I): Fötus kennt Vorleben der Mutter

Trotz seiner Erfolge als Marketingleiter glaubt der dreißigjährige Klaus: «Ich bin einfach zu schlecht.» In unserer Sitzung greifen wir dieses Negativprogramm auf. Eine Erinnerungskette baut sich auf, die das ganze Leben von Klaus umfaßt. Es geht flott, denn Klaus, der seit Jahren verschiedene Meditationsformen praktiziert, hat sich dadurch für seine inneren Spannungszustände beträchtlich sensibilisiert. Kaum spürt er eine Spannung, so kann er auch schon das zugehörige Erinnerungsbild abgreifen. Mein Mindwalker ist hier praktisch überflüssig.

Schon nach einer halben Stunde erinnert sich Klaus an die Zeit vor seiner Geburt: «Ich liege zusammengerollt im Mutterleib – eine sichere Höhle. Aber dann geht eine miese Energie durch. Die Welt erscheint mir aus irgendeinem Grunde böse und unsicher. Ich höre die Stimmen von Mutter und Vater. Sie wollen mich nicht! Weil ich noch mehr Streß bringe. ‹Wenn der nicht da ist, wär' alles einfacher!› schreit der Vater und geht. Die Spannung bleibt bei der Mutter hängen.»

Die Szene spielt sich am Vormittag im Wohnzimmer ab. Der Vater nimmt die Mutter mit ihren Sorgen nicht ernst, sondern lehnt sie ab. Die Mutter resigniert, weil sie bei dem Vater keinerlei Unterstützung findet.

Womit die Sorgen der Mutter denn angefangen hätten, frage ich Klaus. «Mit der Geburt meiner Schwester», sagt Klaus, «viele Jahre früher.» Eine verblüffende Antwort, denn Klaus verläßt damit seinen eigenen Erinnerungsbereich.

Sieht Klaus dazu einen Mentalfilm? Ja. In seiner Erinnerung steigen Szenen aus der Kindheit seiner Mutter auf; sie hieß Erna. Oft wurde Erna von ihren Eltern geschlagen und war verzweifelt. 1948, sie war gerade acht Jahre alt, kam die Blockade. Rundum Trümmer, das Essen rationiert. Später in der Oberstufe des Gymnasiums hat sie einen Freund; ihr Vater unterbindet gewaltsam die Beziehung. Erna hat nichts zu lachen.

Noch früher steigt Klaus nun ein, in zeitliche Bereiche noch vor der Geburt Ernas, seiner Mutter. Als Ungeborenes bekommt Erna mit, daß sie kein Wunschkind ist. Ihre Mutter will überhaupt kein Kind. Aber «als Frau hat man eben ein Kind zu haben». Und so kommt sie zur Welt.

Als Erna zwei Jahre alt ist, heulen Bombenangriffe über die Stadt hinweg. Klaus liest die von seiner Mutter «geerbte» Mentaldatei ab: Er hört das Krachen der Einschläge, riecht den Kellergeruch, spürt die Angst der Menschen im Luftschutzkeller. Dann ist der Krieg vorbei. Ernas Vater kommt zurück, läßt sich von der Mutter bedienen, tyrannisiert die Familie.

Klaus taucht aus den Erinnerungen wieder auf und schaut sich im Raum um: «Irre, wie intensiv das war! Als hätte ich das selbst erlebt!»

Was hat das nun alles zu tun mit «ich bin zu schlecht»? Klaus kämmt die Ereignisspur seiner Mutter noch einmal durch. Jetzt hat er's: Es hängt zusammen mit der ewigen Streiterei zwischen Erna und ihrem Mann (dem Vater von Klaus), der ihr keinerlei Unterstützung gewährte. Dies wiederum erinnerte Erna an die Behandlung, die sie zeit ihres Lebens von ihrem eigenen Vater hatte erdulden müssen und sie zu dem Schluß führte: «Ich bin zu schlecht, um unterstützt zu werden.»

Klaus' Negativprogramm stammt also von seiner Mutter. Er übernahm es von ihr, komplett mit allen anderen zu dieser Mentaldatei gehörigen Informationen und Emotionen. «Da hat sich viel aufgelöst eben! Das ist ja Wahnsinn! Wie das zusammenhängt! Und jetzt ist alles in einem friedvollen Licht.» Klaus strahlt. Thema erledigt. (Sitzungsdauer: 1:55 Std.)

Franz (II): Mit einem Geist in Wohngemeinschaft

Eine eher seltene Form, sich mit einer fremden Mentaldatei zu infizieren, ist die des Kontaktes mit Besitzstücken der anderen Person oder der Aufenthalt am «Tatort». Der Kontakt entsteht somit durch ahnungshaftes halbes Wahrnehmen in Verbindung mit Ignorieren – genau die richtige Mischung für einen ordentlichen Klebstoff. Zwar spürt man zumindest so viel, daß es einen gruselt, jedoch nicht genug, um das herumgeisternde Mentalfeld voll zu erkennen. Wie auch sonst, so kann einen hier nur die volle Wahrnehmung und die staunende Akzeptanz des Wahrgenommenen retten.

Franz hat oft Kopfschmerzen, schon sein ganzes Leben lang. Eigentlich sind Kopfschmerzen kein Thema für MindWalking (denn nicht Heilung ist das Ziel, sondern Persönlichkeitsentwicklung). Da aber Ärzte und Heilpraktiker Franz nicht mehr zu helfen wußten und er selbst glaubt, daß die Sache einen psychischen Hintergrund haben müsse, möchte er dies versuchsweise in einer Sitzung klären.

Wir beginnen. Nach wenigen Fragen taucht in Franz ohne erkennbaren Zusammenhang die Erinnerung an eine Kammer auf, wo er in jungen Jahren zur Untermiete wohnte. Er sieht, wie er im Sessel sitzt und ihm seine Vermieterin, eine alte Frau, mit einem unfehlbaren Hausmittel gegen Haarausfall den Schädel massiert.

Woher bezieht diese harmlose Szene bloß ihre störende Kraft? Sie drängt sich auf, läßt sich nicht wegschieben. Wir rätseln herum. Plötzlich fröstelt es Franz. «Da ist was … Ich seh' auf dem Sessel eine Frau … in dem gleichen Sessel, wo ich die Massage bekomme! Sie ist etwa 35. Leichenblaß. Als wäre sie tot.»

Es ist, als strahlte der Sessel eine Botschaft aus und Franz habe sie damals, als er dort wohnte, zwar aufgenommen, aber nicht registriert. Erst jetzt wird ihm ganz allmählich klar, welche Schwingungen ihn damals anhauchten, als er in jenem Zimmer zur Untermiete wohnte.

Wir konzentrieren uns nun auf dieses Bild. Franz spürt ein Stechen in der Stirn. «Sie hat ein Loch im Kopf! 1920. Irgendwas mit Soldaten – Vergewaltigung? Soldaten kommen zur Tür rein – zwei Russen, nein, drei – in dicken Mänteln. Schnee draußen. Sie gehen ganz gezielt da hin, ist schon das dritte Mal. Die Tür wird ruppig aufgestoßen, die Frau liest gerade ein Buch. Sie erschrickt. Er nimmt ihr das Buch weg, heftig; er will sie, sofort und brutal. Nur noch halbbekleidet, wehrt sie sich. Eigentlich nur, um sie ruhigzustellen, zieht er den Revolver und versetzt ihr einen Schlag an den Kopf. Ihre Haare sind verschmiert mit Blut. Feuchtes Haar klebt am Revolverkolben. Der Soldat macht die Hose zu. Er geht die Treppen hinunter; die anderen beiden auch. Unten steigen sie ins Auto.»

Der mentalenergetische Abdruck der vergewaltigten Frau hing buchstäblich noch in der Kammer, die Franz als junger Mann bewohnte, genauer gesagt in dem besagten Sessel. Und diese Mentaldatei koppelte sich bei Franz an. Auf welcher Resonanzbasis das geschah, kam nicht zur Sprache. (Sitzungsdauer: 4:40 Std.)

Heike: Kind von Kofferinhalt psychisch verseucht

Auch Heike, 38 Jahre alt, Biochemikerin, entdeckte in unserer Sitzung, daß sie zum Opfer einer «mentalen Kontaktinfektion» geworden war. Im Eingangsinterview erklärt sie, sie fühle sich «nicht ganz». «Mir fehlt was zum Ganzsein», sagt sie. Auch im erotischen Bereich bringe das Schwierigkeiten mit sich. Wir forschen der Herkunft dieses Negativprogramms nach. Bald dämmert eine Ahnung herauf: Um ein Kind geht es, zehn oder elf Jahre alt, ein Mädchen, dazu das Bild eines dunklen und bärtigen Mannes von etwa dreißig Jahren. Ort und Zeit sind das nordöstliche Deutschland, sechziger Jahre, Herbst.

Die beiden machen einen Waldspaziergang. Er ist groß und schlank und trägt eine blaue Jacke aus Wachstuch. Sie trägt ein weißes, kurzärmeliges Hemd und einen Pullover. Sie geht vor ihm. Er holt von hinten auf, umarmt sie, legt die rechte Hand auf ihre Brust, beugt sich runter: «Das gefällt dir, nicht?» Kuß auf den Hals. Die Hand weiter runter, unter den Pulli. (Heike bekommt in der Sitzung weiche Knie.) Das Mädchen reißt seine Arme weg. (Heike hat Herzklopfen und eine Enge in der Brust.) Sie stemmt sich gegen ihn. Er: «Was soll das? Wir haben uns doch lieb!» (Mehr Herzklopfen bei Heike.) Er beugt sich runter, wischt ihre Tränen ab, fängt an zu fummeln; sie schreit, strauchelt, fällt, schlägt sich den Kopf an einem Stein auf, wird ohnmächtig. «Jetzt kriegt sie's nicht mehr mit», denkt er, ist nicht mehr aufzuhalten, registriert nichts mehr, trägt sie ins Gebüsch. Filmriß. Heike hat Herzrasen.

Nach mehrfachen Durchgängen hat sich die Vergewaltigungsszene in allen Details gezeigt und ist von Heike bewältigt worden. «Daß das so deutlich sein kann!» staunt sie. (Bis hierher 1:45 Std.)

Ich frage Heike, was dieses Erlebnis denn mit unserem Thema «nicht mehr ganz sein» zu tun habe? Das Mädchen sei nach diesem Erlebnis nicht mehr ganz gewesen, antwortet Heike. Ihr Vertrauen zu den Menschen, auch zu den Eltern, sei zerstört worden. Auch ihr Verhältnis zu ihrem Körper sei zerbrochen: Sie wollte keinen Kontakt mehr mit ihrem Unterleib.

Heike fällt auf, daß sie sich bei sexuellen Avancen seitens stürmischer Liebhaber stocksteif hinlegt und denkt: «Das mußt du jetzt aushalten!» Oder: «Da mußt du jetzt durch!» Selbst wenn es gut war, hat sie am nächsten Tag Scheidenprobleme. Jede Menge Einschaltungen und Dramatisierungen kommen Heike in den Sinn. Daß sie als Frau nichts wert sei. Und vieles mehr. Wir müssen noch einige Male durch, bis sich das Ganze entschärft hat. Ihre Erkenntnisserie dauert gute zwei Stunden.

Heike sprach die ganze Zeit über von dem Mädchen wie von einer anderen. Offenbar handelt es sich nicht um ihr eigenes Erlebnis. Sie sagt auch, daß sie die Gegend gar nicht kennt, in der sich das Erlebnis abspielt; daß sie noch nie dort gewesen sei. Thüringen müsse das sein, wo ihr eigener Vater herkommt. Anfang der sechziger Jahre. Wessen Erlebnis ist das wohl? «Nicht das des Vaters ...», überlegt Heike, «eher das des Onkels. Der war eher ein lockerer Typ. Der Vater hatte eiserne Grundwerte. Der Onkel war damals Anfang 20. Der Mann im Geschehnis hat echt genau die Figur, die der Onkel damals gehabt haben muß!» staunt Heike.

Wie kommt denn nun Heike zu dieser Mentaldatei des Onkels? Bei welcher Gelegenheit fand die Ankoppelung statt? Das müßten wir fairerweise schon belegen, denn immerhin sprechen wir hier eine schwere Anschuldigung gegen den Onkel aus – daß er nämlich ein Kinderschänder sei.

Mit dem Onkel habe sie wenig Kontakt gehabt, sagt Heike. Lief der Kontakt vielleicht auf dem Umweg über den Vater, den Bruder ihres Onkels? Irgend etwas vom Hörensagen mitbekommen? Heike bekommt Herzflattern. «Nach dem Umzug hat der Vater ein paar Koffer vom Onkel aufbewahrt», fällt ihr ein. «und ich hab einen seiner Koffer auf dem Dachboden entdeckt und aufgemacht. Ich war damals zehn. Lauter Pornos waren drin! Sehr schockierend!»

Heike verspürt immer noch Herzklopfen. «Und Rainer heißt der Onkel, nicht Ralf», fällt ihr jetzt ein.

Jetzt stimmt die Sache für sie. Sie lehnt sich im Stuhl zurück. Ihr Herz hat sich beruhigt. Wer das Mädchen war, spielt für sie keine Rolle; das braucht sie nicht zu wissen.

Am nächsten Tag brauchen wir noch 50 Minuten, um diese neue Perspektive zu verdauen. Das Familienimage ist angeknackst. Viele charakterliche Eigenarten des Vaters und des Onkels werden von Heike in neuem Licht gesehen. Danach bitte ich sie, das Negativprogramm «mir fehlt was zum Ganzsein» einige Male zu wiederholen. Heike bekommt einen Lachanfall. Keine weiteren Assoziationen mehr. Ende dieses Themas.

Rückblick: Heikes Lebensproblematik hing offensichtlich an einer angekoppelten Mentaldatei. Sie dramatisierte das Erlebnis eines unglücklichen Mädchens, dem Opfer einer Vergewaltigung durch ihren Onkel. Diese Tat fand um 1960 herum statt, also ungefähr zum Zeitpunkt von Heikes Geburt. Beim Lesen der Pornohefte dachte der Onkel gelegentlich an sein Erlebnis (die Vergewaltigung) zurück, um sich daran aufzugeilen. Auf diese Weise projizierte er seine Bilder in die Pornohefte hinein. Diese Projektion sprang Heike buchstäblich entgegen, als sie als Zehnjährige die Pornos im Koffer ihres Onkels erblickte und dabei vor Schreck erstarrte. Die Mentaldatei des Onkels blieb an ihr hängen und beeinträchtigte ab da ihre Beziehung zu ihrem Vater, ihrem Körper und ihrer Sexualität.

Exkurs: Aufbau und Funktionsweise des «mentalen Internets»

Der oben geschilderte Vorgang bedarf der Erklärung, denke ich, vor allem deswegen, weil sich an ihm sehr einleuchtend erklären läßt, wie das mentale Internet funktioniert. Im Fall Heike geschah folgendes: Ihr Onkel hat sich durch Kindesmißbrauch sexuell befriedigt. Beim Betrachten von Pornoheften sieht er das Erlebte genießerisch vor seinem geistigen Auge ablaufen und drückt dabei seine Vorstellungsbilder in die Hefte hinein. Jahre später strahlen sie auf die kleine Heike ab. Wie funktioniert so etwas?

Der Wirkungsmechanismus hat (einmal mehr) mit dem Strömen von Mentalenergie, sprich Aufmerksamkeit, zu tun. Wo man seine Aufmerksamkeit hinlenkt, da erschafft man ein Mentalfeld. Normalerweise würde man seine Aufmerksamkeit wieder zurückziehen, und der Kommunikationsablauf wäre damit abgeschlossen. Hat nun einer Böses getan oder erlitten, so will er sich dem später nicht stellen und blockiert den Rückstrom seiner Mentalenergie. Er löst das Feld also nicht auf und hinterläßt damit sozusagen seine «Duftmarke».

Solange ein Mentalfeld existiert, bleibt sein Urheber unvermeidlich mit ihm verbunden. Dadurch hält er es für einen unbegrenzten Zeitraum aufrecht (bis zur Auflösung eben), auch über seinen Tod hinaus. Immer wenn er, auch im nächsten Leben, eine diesem Mentalfeld vergleichbare Einschaltung erlebt, wird das Feld dadurch aktiviert. Dabei findet das Aufrechterhalten des Feldes nicht bewußt und willentlich statt, sondern sozusagen im Hintergrund (was ja bei allen Einschaltungen der Fall ist.) Zu manchen Zeiten mag das Feld nicht spürbar vorhanden sein (ausgeschaltet), zu anderen dafür sehr stark (bei Einschaltungen), je nach Agitationsgrad des Urhebers.* (Theoretisch hätte Heike die Pornohefte auch entdecken können, ohne Schaden zu nehmen; ihr Pech war, daß sie den Koffer sozusagen bei «Flut» öffnete statt bei «Ebbe».)

Wenn jemand etwas gern hat, so sagt man: «Er hängt daran.» Wie wahr! Denn man hängt tatsächlich an Dingen, Personen, Tätigkeiten, und die Aufmerksamkeit ist der Klebstoff. Erst wenn man loslassen kann, ist man frei. Kann man nicht loslassen, sondern hält seine Aufmerksamkeit beständig auf den betreffenden Zielpunkt gerichtet (ob bewußt oder unbewußt), so bindet man ihn an sich und sich an ihn. So entsteht Unfreiheit, so entsteht «schlechtes Karma».[28]

Aufmerksamkeit ist nicht «geschmacksneutral». Sie hat eine bestimmte Qualität. Sie hat Eigenschaften, die mit ihrem Er-

* Diese durch Aufmerksamkeit erschaffenen und aufrechterhaltenen Mentalfelder werden in der Magie und Esoterik auch als «Elementale» bezeichnet.

schaffungsakt zusammenhängen. Deswegen birgt jedes Mentalfeld die Information darüber, was sich der Urheber im Augenblick der Erschaffung des Feldes dachte und wie er sich dabei fühlte. Knapper gesagt: Ein Mentalfeld enthält die komplette Information zu Emotion und Intention des Erschaffers zum Zeitpunkt der Erschaffung. (Deswegen geriet Heike in Direktkontakt mit ihrem Onkel und seinen Bildern.)

Einfühlsame, sensible Menschen vermögen solche Mentalfelder (Elementale) bewußt zu erspüren und abzulesen, sobald sie ihre Aufmerksamkeit auf einen «geladenen» Zielpunkt richten, und sofern sie geistesgegenwärtig genug sind, die einströmenden Bilder sofort zu registrieren und auch zu verkraften (Toleranzkraft). Selbst mit geringerer Sensibilität ausgestattete, «normale» Menschen reagieren auf solche Schwingungen, wenn auch unbewußt. Wegen dieser Unbewußtheit aber, wegen des *unvollständigen* Registrierens und Verkraftens, können fremde Mentalfelder andocken, und das beschriebene Downloading findet statt.

Ein einmal geschaffenes und in Permanenz aufrechterhaltenes Mentalfeld wirkt demnach wie ein Verknüpfungspunkt zwischen zwei Wesen: Der erste hat es erschaffen, der zweite «klinkt sich darauf ein». Doch nicht nur der zweite, sondern auch der dritte, vierte und fünfte! Die Zahl der Kreuz- und Querverschaltungen ist nach oben offen. Es entsteht so im Laufe der Zeit ein ganzes Gewebe von miteinander verknüpften Wesen, wobei das eine unbewußt am Schicksal des anderen teilhat und es in seinem eigenen Leben ausdramatisiert. Geteiltes Leid wird also nicht lediglich zu doppeltem, sondern unter Umständen zu millionenfachem Leid!

Glücklicherweise lassen sich solche ungewollten Verkabelungen ins «Internet der Seelen» wieder auflösen. Der Ansatzpunkt dabei ist das Negativprogramm. Denn man möge nie vergessen, daß das Ausrichten von Mentalenergie auf einem Wollen beruht und dieses wiederum auf einem Gedanken. Negativprogramme aber sind Gedanken! Von ihnen hängt die emotionale und ethische Qualität des Erschaffenen ab.

Stellen wir uns folgenden Modellfall vor: Ein Mächtiger überwältigt einen Schwachen. Im Moment seiner Vernichtung prägt sich dem Schwachen ein: «Ich bin nichts wert.» Dem ist nicht so, sondern das ist, was er draus macht. Und das ist ein Negativprogramm! Darüber hinaus identifiziert er sich mit dem Mächtigen und «weiß»: «Gewalt führt zum Sieg.» Letzteres ist kein Negativprogramm, sondern eine Überzeugung, eine weltanschauliche Grundhaltung, ein «Überlebensrezept». Von nun «handhabt» der Schwache die in seinem Leben auftretenden Schwierigkeiten, indem er sich benimmt, als sei er der Mächtige. Bei Problemen haut er drauf, egal, was dabei herauskommt, denn aus seiner subjektiven Weltschau heraus «weiß» er mit Gewißheit: Gewalt siegt. Er haut in diesem Leben drauf und im nächsten und im übernächsten. Jedesmal schafft er Leid und Unglück, jedesmal schafft er unaufgelöste Mentalfelder, jedesmal werden die bereits früher geschaffenen Mentalfelder erneut aktiviert, selbst die aus seinen früheren Inkarnationen. Kurz gesagt, er zieht eine «Blutspur» aus unaufgelösten Mentalfeldern hinter sich her. Und das ist noch nicht alles! Hinzu kommt, daß sich andere darauf einklinken (so wie Heike auf die Bilder des Onkels) und daß sich die Einstellung «Gewalt siegt» dadurch wie ein Computervirus potentiell über die ganze Welt verbreiten könnte.

Hiermit erklärt sich, wieso bei MindWalking soviel Wert auf das Finden und Neutralisieren eines Negativprogramms gelegt wird. Hat man dies nämlich geleistet, so werden die betreffenden Anknüpfungspunkte des mentalen Internets aufgelöst – auf jeden Fall für einen selbst, möglicherweise sogar auch transpersonal für die anderen Beteiligten. Weiterhin zeigen diese Zusammenhänge, wie gefährlich es ist, sich in propagandistische Suggestionen und über die Medien verbreitete Horrorszenarien emotional «einzuklinken».

Luiz (II): Gleichzeitig in Hamburg und Sao Paulo

Luiz leidet unter Energieverlust. Er gibt sein Bestes, spürt aber gleichzeitig, wie seine Kräfte schwinden. In solchen Augenblicken bekommt er einen «ganz leeren Kopf – ganz leicht fühlt der sich an». Er erzählt von verschiedenen Gelegenheiten, als er sich überfordert fühlte und ihm sein Kräfteschwund unangenehm bewußt wurde. Nach etwa zwanzig Minuten stellt sich diese Erscheinung direkt in der laufenden Sitzung ein; Luiz hat «ein komisches Gefühl, wie schwerelos». Seine Augen werden immer kleiner, als sei er sehr müde. Sein Nacken verspannt sich. Gelegentlich zittern seine Hände. «Wie wenn meine Seele aus mir aussteigt.»

Ich frage ihn, was hier dramatisiert wird. «Es könnte von meinem Vater kommen», sagt Luiz. «Er litt an Herzvergrößerung. Da wohnte ich schon in Hamburg.» Entladung am Mindwalker.

Die Erinnerung an den Herzanfall seines Vaters steigt in Luiz auf: «Zu Hause in Brasilien. Im Hinterhof unseres Hauses. Ich sehe ihn von außen [Tränen]. Er bückt sich, als wolle er etwas aufheben. Er spürt einen Druck im Herzen. Mein Bruder kommt von rechts dazu. Er fragt: ‹Papa, was ist?› – ‹Ich weiß nicht›, sagt der Vater [Tränen]. Mein Bruder holt die Mama. ‹Was ist, Antonio, was ist?› [Luiz schluchzt laut.] ‹Schnell ins Auto und zum Krankenhaus!› sagt die Mutter. Es sind 80 km. Der Vater fährt selbst, denn nur er hat einen Führerschein. Er hält die Hand aufs Herz. ‹Ich weiß nicht, was es ist›, sagt er, ‹aber es tut mir weh.›»

Nun, nachdem es uns gelungen ist, die körperlichen Empfindungen zuzuordnen, die Luiz gerade eben während der Sitzung gespürt hat, verschwinden sie auch schon wieder: Offenbar handelt es sich um die Schmerzen, die der Vater spürte, als er sich ganz zu Beginn des Geschehnisses bückte und verspannte, weil sein Herz versagte und er befürchtete, ohnmächtig zu werden. Das Zustandekommen des Kräfteschwundes von Luiz scheint auf ein Herzversagen seines Vaters zurückzugehen. Luiz dramatisiert dessen Schwächeanfall, wenn er selbst an Energieschwäche leidet. Eine angehängte Mentaldatei also? Stimmt. Doch liegt der Fall noch etwas anders, wie sich gleich erweisen wird.

Von der Dramatik des Nacherlebens gepackt, weint Luiz. Doch dann ruft er erstaunt aus: «Ich sehe deutlich den Weg, den sie fahren! Die Brücke! Alles!» In der Klinik bekommt der Vater ein Bett zugewiesen. Luiz (in der Sitzung) spürt seine Schmerzen immer noch. Der Vater wird untersucht, bekommt ein Medikament, die

Schmerzen verschwinden (alles im Detail beschrieben). Sie fahren wieder nach Hause.

Wohlgemerkt, zum fraglichen Zeitpunkt lebte Luiz nicht in Brasilien, sondern wohnte bereits in Hamburg. Trotzdem erlebt er während unserer Sitzung die Autofahrt mit allen Raststätten, Kurven und Brücken mit solcher Intensität, als hätte er damals auf dem Rücksitz gesessen. Er spürt, wie der Vater beim Gasgeben und Kuppeln die Beine bewegt.

Die beiden Szenen – einmal, als sich der Vater im Hof bückt, und zum anderen, als Luiz die Fahrt vom Rücksitz aus mitverfolgt – beschäftigen Luiz weiterhin. «Als sich der Vater bückt, sehe ich das aus zwei Meter Entfernung. Der Vater schaut hoch, er schaut zu mir hin – zu mir! Als wolle er meine Hilfe!»

Luiz beschreibt die Einzelheiten, obwohl er ja gar nicht dabei war. Dann sagt er: «Als es geschieht, bin ich bei ihm, und er schaut zu mir hin. Ja, so war's.» Große Erleichterung.

Man bemerke, Luiz sagt: Da *bin* ich bei ihm. Gleichzeitig in Hamburg und in Sao Paulo?

«Und bei der Autofahrt, als ich alles von hinten sehe, bin ich auch bei ihm. Außer mir ist da noch jemand auf dem Rücksitz – die Schwester! Während der Fahrt sitzt sie rechts neben mir. Vorher, im Augenblick des Unglücks [des Vaters Herzproblem], kam sie die Treppe herunter und stieß zu Vater und mir. Ich sehe jetzt die Hofszene aus ihren Augen. Wir geben Vater Kraft. Damit ihm nichts passiert. Er darf nicht sterben!» (Tränen)

Zwar kam im Hof auch der Bruder hinzu, aber mit dem hatte es beim Frühstück einen heftigen Streit wegen seiner Lebensführung gegeben, denn er war ein Faulenzer und Säufer. Nach dem Streit hatte der Vater eine Familienversammlung angekündigt. Luiz erkennt: «Es war die Schwester, die mich zur Familie rief, denn sie hatte Angst vor der Gewalttätigkeit des Bruders.»

Luiz sagt damit, daß er dem mentalen Hilferuf seiner Schwester gefolgt war und demnach die Szene live miterlebte. Gleichzeitig in Hamburg und in Sao Paulo? Luiz findet das nicht verwunderlich.

Um Irrtümer auszuschließen, untersuchen wir die verschiedenen Wahrnehmungspositionen während der Autofahrt noch einmal auf ihre Urheberschaften hin. Der Vater fährt. Er erlebt alles aus der Innenposition heraus. Die Mutter sitzt vorne neben ihm. Die Wahrnehmungsposition des Bruders ist nicht existent, denn er war nicht mit im Auto. Die Schwester erlebt die Szene vom Rücksitz aus, aber aus einem deutlich anderen Blickwinkel heraus als Luiz. Es sind also drei verkörperte Personen im Auto und ein nichtverkörperter Geist. «Die Schwester beruhigt mich. Sie weiß, daß ich da bin. Irgendwo auf der Rückfahrt steige ich aus [als Geist]. An einer Tankstelle war das, wo sie gehalten haben. Weil ich glaube, daß er den Rest der Fahrt alleine schafft. Danach reißt der Film ab.»

Luiz kann sich das Erlebnis nun ohne Tränen anschauen. Er hat es bewältigt; die Sitzung ist vorüber. (Sitzungsdauer: 6:32 Std.)

Gerda: Beim Tod des Vaters geistig dabei

Gerda, eine 47-jährige Frau aus einfachsten Verhältnissen, leidet im Verlauf einer traumatisierenden Ehe zunehmend an Unsicherheit, Panik und Ohnmachtsanfällen. Mit 20 Jahren heiratete sie Fred. Direkt danach wird Fred unverdeckt brutal, zynisch und sadistisch. Gerda ist nun sein Eigentum; er versklavt sie. Jede Nacht Vergewaltigung, häufig Prügel. Sie hat fünf Kinder zu betreuen (ihr eigenes und die vier ihres Mannes aus erster Ehe), geht von 7 Uhr abends bis 2 Uhr morgens kellnern (wobei ihr Mann ihr, an der Theke sitzend, nachspioniert), putzt um 3 Uhr noch die von Kindern und Mann allabendlich verwüstete Wohnung, schläft ein paar Stunden und bringt morgens das Frühstück auf den Tisch. Dies geht 18 Jahre lang so. Weder von Fred noch von seinen vier Kindern erntet Gerda Dank. Sie darf keine Zeitung und keine Bücher lesen, keinen Film und kein Fernsehen sehen. Alles wird von Fred verboten oder zumindest zensiert. Sie darf nicht allein aus dem Haus gehen. Er bewacht sie sogar, während sie die Toilette benutzt.

Zu jener Zeit stirbt Gerdas Vater an Herzversagen. Etwa ein Jahr später verspürt Gerda gelegentlich Atemnot, entwickelt Panik, fällt ohnmächtig um. Dies häuft sich. Sie sucht einen Psychiater auf, der eine «Labilität» diagnostiziert und ihr Tabletten verschreibt. Die

Symptome lassen nach. Gerda kann die entwürdigende Behandlung ihres Mannes nun ertragen, «so als würde das jemand anderem passieren». Zehn Jahre lang nimmt sie Tabletten. Dann setzt sie die Tabletten aus freier Willensentscheidung von heute auf morgen ab und leidet unter übelsten Entzugserscheinungen. Diese werden mittels einer einjährigen Entspannungshypnose bewältigt. Ohne Beruhigungsmittel spürt Gerda den Sadismus ihres Mannes um so deutlicher. Sie flüchtet gut ein Dutzend Mal («ich kenne alle Frauenhäuser hier in der Gegend»). Jedesmal kehrt sie wieder zurück, wegen der Kinder. Jedesmal setzt es Prügel. Als Gerd 32 ist, fällt Herrmann, einem Handwerker, der im Haus Reparaturen verrichtet, ihre Situation auf. Er sagt ihr Hilfe zu. Doch erst nach weiteren sechs Jahren (sie ist nun 38) entschließt sich Gerda endgültig zur Flucht. Herrmann versteckt sie. Mit 39 heiratet sie Herrmann. Zu diesem Zeitpunkt ist sie nicht mehr in der Lage, selbständig einzukaufen und zu bezahlen, weil sie das jahrelang nicht durfte. In den folgenden sechs Jahren stabilisiert sich Gerda zunehmend, doch ihre Anfälle von Panik, Atemnot und Ohnmacht bleiben. Obwohl die Ärzte nichts finden können, hat man Gerda sicherheitshalber Herztabletten verschrieben.

Nicht wegen ihrer Symptome will Gerda eine Sitzung (denn diese hält sie für unwandelbar), sondern weil sie denkt: «Ich glaub' mir selbst nichts mehr.» Sie hat ihre Selbstachtung verloren.

Nach nur fünf Sitzungsabschnitten von insgesamt 9:31 Std. hat Gerda Distanz zu ihrem Leben gewonnen. «Wieso bin ich bloß bei dem geblieben? Ich war ja blind!» Sie muß laut über sich selbst lachen.

Am dritten Sitzungstag spreche ich den tags zuvor von Gerda nur kurz erwähnten Tod ihres Vaters an (einfach deswegen, weil der Mindwalker da ausschlug und es somit sein könnte, daß hier noch etwas vergraben liegt). Gerdas Vater wohnte in einer zwei Autostunden entfernten Stadt. In seiner Wohnung starb er an Herzversagen. Gerdas Symptome (Atemnot, Panik, Umfallen) begannen interessanterweise erst nach seinem Tod. Gerda sagt mir, sie habe «etwas gespürt», während sie zum fraglichen Zeitpunkt in ihrer Küche arbeitete. Was für eine Verknüpfung liegt hier wohl vor?

Ich bitte Gerda, ganz genau darzustellen, was sie damals in ihrer Küche erlebte. Bilder vom Tod ihres Vaters steigen in ihr auf. Der alte Mann steht mitten in seinem Wohnzimmer, spürt sein Herz, faßt noch hin – da bricht er schon zusammen. Gerda beschreibt es, als habe sie danebengestanden. Beim Erzählen kommen ihr die Tränen. Alle ihre Symptome tauchen auf und verschwinden wieder. Es waren die Symptome des Vaters! Gerda spürt, daß sich das jetzt alles aufgelöst hat. Abschließend erkennt sie: «Da war ich ja an der ganzen Misere selbst schuld!»

Ihre Symptome entstanden also nicht durch das Ehetrauma mit ihrem ersten Mann, sondern vielmehr dadurch, daß sie sie auf telepathische Weise von ihrem Vater in dem Moment übernahm, als dieser an Herzversagen starb. (Sitzungsdauer: 11:54 Stunden in drei Tagen.)

Carmen (II): Skifahrer von verunglücktem russischem Bauern kontaktiert

Um in der geistigen Welt Verbindungen herzustellen, kommt es auf Zeit und Raum im physikalischen Sinne nicht an. Vielmehr ereignet sich die Verknüpfung zwischen den Mentaldateien zweier oder mehrerer Wesen in einer Art «geistigem Überraum», d.h. in einer Dimension höherer Ordnung jenseits des normalen physikalischen Raums. Ein Beispiel hierfür lieferte Carmen, die ihre Persönlichkeitsentwicklung mit Hilfe des Mindwalker-Geräts zu Hause betreibt, allein also, ohne Sitzungsleiter. Sie denkt sich selbständig in ihre Mentaldateien hinein, wobei ihr die Ausschläge des Zeigers als Rückmeldung und Orientierungshilfe dienen. Anders ausgedrückt, ist sie Sitzungspartner und Sitzungsleiter in einer Person (wobei sie per E-Mail von mir Supervision erhält).

Die Vorgehensweise bei solchen Solositzungen ist diese: Man stellt sich auf einen Spannungsbereich ein, orientiert sich an den Rückmeldungen des Mindwalkers und tastet sich so zum Kern der Spannungsquelle vor. Das aufgefundene Urerlebnis wird genauso durchgeschaut und neutralisiert, wie man das auch in einer Sitzung mit Sitzungsleiter täte. Es handelt sich sozusagen um eine «Meditation mit elektronischer Rückmeldung».[29]

Zu einer ihrer Sitzungen schrieb mir Carmen den folgenden Bericht: «Ich begab mich in Sitzung. Es galt herauszufinden, mit welchen unerwünschten Wesen und Mentaldateien ich vernetzt sei. Die entsprechende Frage gab ich in meinen geistigen Raum hinein. Es dauerte nicht lange, da verspürte ich eine angenehme Wärme auf meiner linken Körperhälfte, wie von einem Ofen oder vom Handauflegen. Kurze Zeit später vernahm ich intuitiv eine Stimme, die mir sagte: ‹Bitte hilf mir. Ich stecke fest.› Mein Herz wurde augenblicklich schwer und traurig. Fast gleichzeitig baute sich vor meinem geistigen Auge das Bild eines festgefahrenen Pferdekarrens auf, der im Schlamm festsaß.

Es handelte sich um das Gefährt eines russischen Bauern, der vor etwa hundert Jahren lebte und bei diesem Unfall ums Leben kam. Im Zwiegespräch mit dem unglücklichen Wesen eröffnete sich mir seine Lebensgeschichte. Er hatte ein sehr glückliches Leben geführt mit einer harmonischen Ehe, fünf wunderbaren Kindern und einem gutgehenden Bauernhof. Wenige Jahre vor seinem tödlichen Unfall war der Hof einem Feuer zum Opfer gefallen. Dabei fanden alle seine Kinder den Tod. Bis auf zwei Pferde konnte er auch sein Vieh nicht retten. (Mir liefen während der Sitzung dauernd die Tränen über die Wangen.)

Seine Nachbarn hatten geholfen, das Anwesen wieder aufzubauen. Aber die fetten Jahre waren mit dem Unglück vorbei, seine Frau war schwer depressiv. Dann wurde sie wieder schwanger, und die Nebel ihrer Traurigkeit begannen sich langsam aufzulösen. Kurz vor der Geburt des Kindes wollte der Bauer auf den Markt fahren. Der Weg dorthin führte über einen zugefrorenen See. Durch das Auftauchen einiger Wölfe scheuten die Pferde. Der Karren verlor ein Rad und kam von der Bahn ab. Am Rande des Sees befand sich ein großes Schlammloch, weil dort eine warme Quelle austrat. In diesem Loch blieb das Fuhrwerk samt Fahrer stecken. Es gelang dem Bauern nicht, sich zu befreien, und er starb.

Für mich galt es nun zu klären, wie, wann und wo ich mich mit diesem Wesen vernetzt hatte. Dabei erinnerte ich mich spontan an folgende Szene: Im Frühjahr 1983 war ich zum Gletscher-Skifahren gewesen. Ich schulterte meine Skier und ging am Rand der Skipiste die hundert Meter zum Skilift hoch. Plötzlich trat ich mit einem Bein in ein Gletscherloch. Ich versank bis zur Hüfte und saß fest. Es fühlte sich an wie einzementiert. Aus eigener Kraft wäre ich aus diesem Loch nicht herausgekommen. Erstaunt dachte ich: ‹Ich stecke fest!› Bei dieser Gelegenheit entstand die Vernetzung mit dem Bauern.»

Warum ausgerechnet mit ihm? Schließlich gibt es Tausende von Menschen, die irgendwann einmal irgendwo feststeckten und dabei umkamen! So berechtigt die Frage ist, so wenig vermag ich dem Leser eine Antwort zu geben. Im «spirituellen Überraum» spielen sich Verknüpfungen ab, deren Logik sich nicht immer nachvollziehen läßt.

Übrigens ging die Vernetzung noch weiter: Schon während der eben beschriebenen Sitzung kam es zu starkem Husten, einer Dramatisierung, die offenbar mit dem Kältetod des Bauern zusammenhing. Auch nach der Sitzung wollte das Husten nicht aufhören. Am nächsten Tag forschte Carmen der Herkunft ihres Hustens nach. Sie stieß auf eine Verknüpfung mit ihrem Bruder, der mit vierzehn Jahren im Krankenhaus an Lungenentzündung gestorben war – ein großer Verlust für Carmen. Damals war sie zehn Jahre alt.

Man hatte ihr lediglich gesagt, ihr Bruder sei an Lungenentzündung gestorben; weitere Details erfuhr sie nicht. Persönlich gesehen hatte sie ihn das letzte Mal viele Jahre vor seinem Tod, denn der Bruder war in einem Heim für Behinderte, und die Eltern nahmen die kleine Carmen nie auf Besuche mit.

In ihrer Sitzung sieht Carmen die authentischen Szenen, wie ihr Bruder an einer verschleppten Lungenentzündung starb. Er hatte sie sich dadurch zugezogen, daß er in der Winterkälte unter einem unachtsamerweise offengebliebenen Fenster schlief (als Behinderter war er nicht in der Lage, es selbst zu schließen). Aus drei unterschiedlichen Wahrnehmungspositionen sieht Carmen dem Leiden ihres Bruders zu, das sich über mehrere Tage hinzog: aus der der Krankenschwester, der des Pflegers und der des Bruders selbst (teils innerkörperlich, teils außerkörperlich).

Carmen war nicht dabeigewesen, und keiner hatte ihr davon erzählt. Erst nachdem sie ihren Bruder (jetzt, in der Sitzung) durch das Geschehnis hindurch begleitet hat, verschwindet ihr Husten.

Der Zusammenhang: Des Bruders Mentaldatei koppelte sich an, als die zehnjährige Carmen von seinem Tod erfuhr, denn da dachte sie intensiv an ihn und verspürte einen starken Verlust. Als Zwanzigjährige blieb sie in den Schweizer Alpen mit dem Bein in einem kalten Gletscherloch stecken. Bei dieser Gelegenheit koppelte sich die Mentaldatei vom Kältetod eines russischen Bauern bei ihr an. Die Verknüpfung entstand über die verbindenden Elemente Kälte und Steckenbleiben (Negativprogramm «ich stecke fest»).

Wie eingangs gesagt: Zeit und geographischer Raum spielen in der geistigen Welt keine Rolle.

Exkurs: Mitgefühl als Mittel gegen mentale Kontamination

Die Verknüpfung fremder Mentaldateien mit einem nichtsahnenden geistigen Wesen (also z. B. mit Ihnen oder mir) scheint meiner Beobachtung nach auf viererlei Weise zu erfolgen:

Erstens durch intensiven emotionalen Kontakt mit dem eigentlichen Urheber der Mentaldatei, mit einer Person also, die man persönlich kennt und die man entweder bewundert oder bedauert. In beiden Fällen identifiziert man sich mit der betreffenden Person und stellt damit ein dickes Kabel bereit. So kann das Herunterladen fremder Dateien seinen Lauf nehmen.

Zweitens durch die böse Absicht eines dem Empfänger unbekannten Senders. Dies wird in der schwarzen Magie wie auch im Voodoo praktiziert. Der Kontakt entsteht dadurch, daß man die Attacke nicht in vollem Ausmaß erkennt und das, was man tatsächlich bemerkt, nämlich «unbegründetes» Unwohlsein oder Angstanfälle, ignoriert.[30]

Drittens entstehen Verknüpfungen dadurch, daß man mit mental kontaminierten Gegenständen in Berührung kommt (z.B. Mordwaffen) oder sich am Ort des Geschehens aufhält (z.B. auf Schlachtfeldern oder Galgenbergen). Wie oben entsteht der Kontakt auch hier dadurch, daß man seine eigenen Reaktionen nicht ernst nimmt und das, was sich einem da ahnungshaft andeutet, wegschiebt.

Viertens durch ein «rein zufälliges» Zusammentreffen in dem geistigen Überraum, der die Verbindung zwischen allen verkörperten und nichtverkörperten geistigen Wesen darstellt. Der Kontakt entsteht hier eher durch die logische Entsprechung zwischen Negativprogrammen als durch die emotionale Resonanz zwischen einem selbst und dem fremden Mentalfeld.

In allen Fällen gilt die schon mehrfach betonte Maxime: «An einem Reinen bleibt nichts haften.» Ohne karmischen Fleck auf der weißen Weste kämen keine Anhaftungen zustande. Auch hier ist das Opfer wieder einmal nicht ganz unbeteiligt.

Da wohl nicht allzu viele unter uns von sich sagen würden, daß sie zu den Reinsten der Reinen gehören, bleibt die Frage: Was tun? Einfache Antwort: anschauen, aussprechen, annehmen und dadurch auflösen, anstatt daß man lieber wegschaut (weil man es nicht sehen will), das Erschaute vor sich selbst und anderen verheimlicht (weil man sich weder vor sich selbst noch vor seinen Freunden bloßstellen will) oder es als Irrsinn abtut, es also nicht akzeptiert.

Zwar bewirkt Anschauen, Aussprechen und Annehmen die Auflösung unerwünschter geistiger Zustände, jedoch nur unter der Bedingung, daß man weder sich selbst noch die in dem erschauten Geschehnis vorkommenden Opfer bedauert, sondern ihnen Mitgefühl entgegenbringt.

Echte Anteilnahme beläßt einen in der ursächlichen Position, aus der heraus man effiziente Hilfe leisten kann. Obwohl man beim andern mitgeht, bleibt man dennoch bei sich selbst. Man bleibt bei allem Mitgefühl emotional stark.

Verliert man diesen inneren Halt und läßt sich in die Welt des anderen hineinreißen (im Extremfall bis zur vollen Identifikation mit dem andern), so besteht die Gefahr, daß man mitleidet – und es gilt: Geteiltes Leid ist doppeltes Leid. Warum? Weil das Leid des anderen bei einem selbst etwas einschaltet und man emotional in den Keller geht und zu dramatisieren beginnt. Damit wird man selbst zum Opfer. Deswegen ist Mitleiden und Bedauern etwas Unnützes und möglicherweise sogar Gefährdendes, Anteilnahme und Mitgefühl hingegen etwas Nützliches und Förderliches.

Ludwig (II): Vom Fluch getroffen

Die zweite Kategorie angehängter Mentaldateien, nämlich derjenigen, die einem durch böse Absicht «angehext» werden, wird von der nun folgenden Geschichte illustriert. Ludwig ist der ältere Herr aus Kapitel 1, der wegen unerklärlicher Druckbeschwerden auf der Brust zu mir kam, aber unter dem Tod seiner erst kürzlich verstorbenen Ehefrau so sehr litt, daß wir diesen Verlust erst einmal entlasten mußten. Zum eigentlichen Wunschthema, dem Brustdrücken, waren wir noch nicht vorgestoßen.

Heute, sechs Wochen nach jener ersten Sitzungsrunde, treffen wir uns zur zweiten Runde. Gesprächsweise umkreisen wir das Thema «nächtliche Beklemmungen auf der Brust» und stoßen erneut auf die Formulierung «als wollte mich einer bestrafen». Mir fällt auf, daß Ludwig die gleiche Bemerkung bereits im ersten Eingangsinterview gemacht hatte.

Wer könnte ihn bestrafen wollen? «Der Schwager», kommt es Ludwig in den Sinn – der Mann der Schwester seiner Frau. Der Mindwalker schlägt hier kräftig aus; offenbar sind wir auf einer heißen Spur.

Der Schwager verstarb kurz nach Ludwigs Frau, vor wenigen Monaten also erst. Zwar lägen die beiden nun friedlich Grab an Grab nebeneinander, sagt Ludwig, im Leben aber seien sie unversöhnlich gewesen.

Aus welchem Grund hätte der Schwager Ludwig bestrafen wollen? Wegen einer Erbschaftsangelegenheit vor dreißig Jahren, sagt Ludwig. Erblasserin war Ludwigs Schwiegermutter. Der Schwager wollte sich alles unter den Nagel reißen, doch setzte sich Ludwig im Namen seiner Frau gerichtlich gegen ihn durch. Deswegen haßte der Schwager den Ludwig. Obwohl diese Auseinandersetzung nun schon mehrere Jahrzehnte zurückliegt, spricht Ludwig mit großer Intensität darüber. Wir sind tatsächlich auf einer heißen Spur.

Ich frage Ludwig: «Jetzt im Moment, wenn Sie darüber sprechen, wo sehen Sie Ihren Schwager? In welcher Umgebung?» Ludwigs Antwort: «In seiner Wohnstube. Er geht auf und ab und schimpft auf mich. Seine Frau ist dabei. Er ist voller Rachsucht. Er schreit: Dem werd' ich einen Strick drehen!»

Man möge bei dieser Darstellung nicht vergessen, daß Ludwig nicht zugegen war, als der Schwager wutschnaubend in seiner Wohnstube hin- und herstapfte! Dennoch bekommt er ein deutliches Erinnerungsbild davon zu sehen. Wie kann das angehen?

Antwort: Nicht Ludwig hat diesen Mentalfilm gedreht, sondern der Schwager. Bei Ludwig hat sich die Mentaldatei bloß angehängt.

Nachdem Ludwig seinen zornigen Schwager beschrieben hat, fällt eine Last von ihm ab. Er muß schmunzeln. «Na, Alter», sagt er zu seinem Schwager, «bist du deinen Haß losgeworden?» Und er fügt noch hinzu: «Denn das kam gut bei mir an!»

Zur Erklärung: Als der Schwager seinen Fluch ausstieß («Dem werd' ich einen Strick drehen!») dachte er höchst intensiv an Ludwig. Wie auf einem telepathischen Energiestrahl bekam Ludwig die Mentaldatei des Schwagers samt Fluch zu sich «herübergepfeffert». Dieses Paket kam nicht nur bei ihm an, sondern blieb auch auf ihm sitzen – bis heute, bis zum Moment in unserer Sitzung, als Ludwig diese geballte Ladung aus emotionaler Energie und Information erkannte und entschärfte.

Damit haben sich der Brustdruck und die nächtliche Angst für Ludwig erledigt. Vorbei. Keine Symptome mehr. Auch in den Jahren danach nicht. (Sitzungsdauer: 1:25 Std.)

Anja (I): Verhextes Dienstmädchen zerrüttet Ehe

Ein weiteres Beispiel für Hexerei, diesmal aber im buchstäblich «professionellen» Sinn des Wortes, lieferte Anja, eine Kroatin, die zusammen mit ihrem deutschen Ehemann Dieter eine Pension mit Restaurant führt. Rein privat schüttete sie mir eines Tages ihr Herz aus. Sie war zu der Überzeugung gekommen, daß nach 30 Jahren der Gemeinsamkeit in Ehe und Beruf ihr Mann ihr untreu geworden sei und mit dem Hausmädchen, ebenfalls Kroatin, mehrfach Ehebruch begangen habe.

Mit Anjas Einverständnis sprach ich Dieter, ihren Mann, darauf an. Er wies die Vorwürfe weit von sich und sagte, Anja bilde sich das alles nur ein. Nach drei Jahrzehnten ehelicher Treue begehre er seine Frau, eine attraktive Erscheinung, noch immer wie am ersten Tag. «Warum also», fragt Dieter, «sollte ich mich an einen ausgefransten Besenstiel wie dieses Hausmädchen heranmachen?»

Wen Dieter hier meint, ist Marja, ein zum fraglichen Zeitpunkt zwanzig Jahre altes, spindeldürres Mädchen mit bleichem, spitzem Gesicht, blaßblondem, dünnem, immer fettigem Haar und schlechten Zähnen. Sie war kaum der deutschen Sprache mächtig. Dieter hingegen war kurz und stämmig, ein vitaler Endfünfziger, dem die Witze nur so von den Lippen flossen. Wenn ich Dieters Ehefrau Anja mit dem Hausmädchen Marja verglich, konnte ich ihm bei aller gebotenen Neutralität seine Verteidigungsrede schon abnehmen. Wirklich, warum sollte er? Schwer vorstellbar!

Dieter sagte, es gehe ihm um nichts als die Wahrheit und jedes seiner Worte sei wahr. Anja sagte das gleiche. Dieter sagte, wenn er nur jemanden kennen würde, der einen Lügendetektor habe, dann würde er sich mit dem hinsetzen und sich bestätigen lassen, daß seine Aussagen ohne Fehl stimmen. Ich stellte mich zur Verfügung, zwar ohne Lügendetektor, aber dafür mit Mindwalker. Dieter nahm an.

Am selben Nachmittag gingen wir miteinander in Sitzung. Dieter erzählte seine Geschichte zwar mit trauriger Stimme, blieb aber ruhig und entspannt. Er hatte nichts zu verbergen. Wenn er überhaupt wegen irgend etwas geladen war, dann wegen der falschen Anschuldigungen und Unterstellungen von seiten Anjas. Die Aussicht, wegen eines ihm unbegreiflichen Mißverständnisses seine Frau zu verlieren, trieb ihm die Tränen in die Augen.

Dieter, einem knochentrockenen Realisten, war die geistige Welt ein festverschlossenes Buch. Ganz anders seine Frau. Über die Jahre unserer Bekanntschaft hatte sie mir viel erzählt von Magie, von Geistern und Dämonen, von Elfen und Gnomen – was man eben im ländlichen Jugoslawien der vierziger Jahre als Kind so mit auf den Weg bekam. Elektrizität war damals unbekannt, Benzinmotoren eine Seltenheit, harte Arbeit, Prügel und Hunger die Regel. Ihre magische Welt nahm Anja mit in ihr Restaurant hinein. Durchreisende Zigeuner kehrten bei ihr ein, legten ihr die Karten und gaben ihr astrologische Ratschläge zum günstigsten Termin für Immobilien-Transaktionen. Anja selbst vermochte die Beziehungskrisen ihrer Freunde, Töchter und Enkel aus dem Kaffeesatz zu lesen (wie sie mir mehrfach demonstrierte).

Dieters Beispiel folgend, wollte nun auch Anja eine Sitzung haben. Um überhaupt ein Bild der Lage zu gewinnen, bat ich sie, doch zunächst einmal alle bekannten Informationen zusammenzutragen. Hier sind sie: Marja, das Hausmädchen, ist eine entfernte Verwandte von Anja und kommt aus sehr ärmlichen Verhältnissen. Als Marjas Mutter starb, war Marja noch ein Baby. Der Bruder der verstorbenen Mutter, Marjas Onkel also, nahm sich des Kindes an. Als Marja sechzehn war, fragte der Onkel bei Anja nach, ob sie das junge Mädchen in Deutschland aufnehmen würde. Anja stimmte zu. Und so reiste Marja zu ihrer «fabelhaft vermögenden» Verwandten in Deutschland, um dort als Hausmädchen in der Pension zu arbeiten. Doch schon nach ein paar Monaten wurde sie wieder heimgeschickt, weil sie zu langsam und schlampig arbeitete. Als Marja neunzehn war, klopfte sie ein weiteres Mal an, und Anja probierte es noch einmal mit ihr. Ein Jahr lang arbeitete Marja ordentlich und unauffällig, doch direkt nach ihrem zwanzigsten Geburtstag begann sich ihr Verhalten auffällig zu ändern: Sie wurde ihrer Chefin Anja gegenüber aufmüpfig – und bändelte (nach Anjas Auffassung) gar noch mit Dieter an.

Soviel zu Marjas Vorgeschichte. Weiterhin, so berichtet Anja mir, spukte ein Teufel in der Pension herum. Sie beschreibt seine Fratze und seine spitzen Zähne haargenau. Nachts bedrohe er Anja und fordere sie auf, ihren Mann umzubringen, der neben ihr schläft. Dieser Teufel habe schon seit Jahren sein Unwesen im Haus getrieben. Als fanatische Katholikin hielt Anja ihn in Schach, indem sie die Heilige Jungfrau um Hilfe anrief und im Schlafzimmer Weihwasser verspritzte. Sie lasse sich doch von einem Teufel nicht beeindrucken, sagt sie trocken.

Dieser Teufel schien nicht nur in Anjas Einbildung zu existieren, sondern ein Eigenleben zu führen. Dies gehe, sagt Anja, auch daraus hervor, daß eine durchreisende Zigeunerin sie vor ihrem Hausmädchen gewarnt habe, noch bevor sie sich überhaupt von diesem Teufel belästigt fühlte. Marja, so die Zigeunerin, habe einen Teufel auf sich sitzen und Anja solle sie so schnell wie möglich hinauswerfen. Anja hielt das zum damaligen Zeitpunkt für dummes Zeug.

Ich bitte Anja, sich jetzt, in der Sitzung, auf den Teufel einzustellen, bis sie Kontakt mit ihm hat, und ihn anzusprechen. Anja tut dies, wobei sie jedoch nicht die Augen schließt, sondern blicklos auf den Schreibtisch zwischen uns beiden starrt. Zu ihrer Verblüffung gibt der Teufel zu erkennen, daß er die Schöpfung eines Magiers sei und dieser ihn mit bösen Absichten gegen Anja programmiert habe. Weiter bekommen wir nichts aus ihm heraus. Er erweist sich als unzugänglich.

Mit der Vorstellung, daß ein Magier ein Wesen erschaffen, programmiert und auf sie angesetzt haben könnte, hat Anja keine Probleme. Die Angelegenheit paßt in ihr Weltbild.

Trotz der Verschlossenheit des Teufels fühlt sich Anja schon allein durch die Erkenntnis erleichtert, daß es sich hier um den unheilvollen Sendboten eines Magiers handelt. Denn dies gestattet ihr den Schluß, daß es der Teufel war, der ihren armen Mann dazu brachte, sich auf das Hausmädchen einzulassen. Also ist Dieter unschuldig. Sie kann ihm vergeben. Er hat nicht mit eigener Absicht hinter ihrem Rücken eine andere Frau bevorzugt; nein, es war der Teufel, der ihn blendete und verleitete. Und deswegen konnte Dieter auch nichts davon wissen, klarer Fall.

Nun, da wir den Bösewicht ausfindig gemacht haben – wie werden wir ihn los? Wie wird man einen Teufel los, der nicht mit sich reden läßt?

Exkurs: Teufel, Dämonen, Energiewesen

Unterbrechen wir Anjas Erlebnisse für einen kurzen Moment, um uns ihre Geschichte durch den Kopf gehen zu lassen. Ihre Beschreibung des «Teufels» deutet nicht auf eine Mentaldatei hin, weder auf eine eigene noch eine fremde, denn sie erlebt den Teufel außerhalb ihrer selbst. Sie sieht ihn nicht als Erinnerungsbild, sondern als ein Gegenüber, als einen Ansprechpartner eigener Art. Die durchreisende Zigeunerin sah ihn auf die gleiche Weise, noch bevor Anja selbst etwas von ihm wußte. Daher muß es sich bei dem Teufel um etwas anderes handeln als eine Mentaldatei, nämlich um ein freischwebendes Feld eigener Art. Solche Felder bezeichne ich als «Energiewesen» (auch dies ist eine Form von Elementalen).

Energiewesen sind vorsätzlich aufgebaute und verdichtete Mentalfelder, die, mit Aufträgen befrachtet, auf eine Zielperson ausgerichtet und losgeschickt werden. Solche Konstruktionen werden z.B. im brasilianischen Voodoo, aber auch in der Schwarzmagie verwendet. Der Schamane oder Magier läßt durch Beschwörungsriten ein konzentriertes mentalenergetisches Feld entstehen, lädt es mit einem Programm auf – gewöhnlich, um die Zielperson zu töten oder erkranken zu lassen – und läßt es auf die Zielperson los.

Hierfür die Bezeichnung «Wesen» zu verwenden ist zugegebenermaßen etwas gewagt, denn ein Energiewesen ist ja etwas künstlich Geschaffenes. Es wurde von «richtigen» geistigen Wesen, von Quellwesen also (Leuten wie Sie und ich), hergestellt. Dennoch erscheint die Bezeichnung legitim, denn in der Art, wie ein solches Energiewesen agiert, erweckt es den Anschein, als handle es aus einer eigenen Intelligenz heraus. Im Sinne einer künstlichen Intelligenz tut es das tatsächlich, wenn auch in nur schmaler Bandbreite. Nur im Rahmen seines Verhaltensprogramms kann ein Energiewesen «intelligent» agieren und kommunizieren, darüber hinaus jedoch nicht. An dieser Beschränktheit und an der Tatsache, daß es irgendwann einmal von jemandem erschaffen wurde, kann man es mit Sicherheit erkennen.

Im Volksmund nannte man diese Erscheinungen Dämonen, im Okkultismus Elementargeister (oder eben Elementale). Sie sind die Quelle von Stimmen und unerwünschter Beeinflussung. Das traditionelle Gegenmittel dazu – oft unbeholfen, wenn nicht sogar brutal – ist die in jeder Kultur unterschiedlich gehandhabte Teufelsaustreibung, im christlichen Raum Exorzismus genannt. Ein klassischer Fall von Dämonenaustreibung wird im Neuen Testament geschildert: Jesus bannte die «unsauberen Geister» («Legion heiße ich, denn wir sind viele») in eine Herde Schweine hinein, die sich daraufhin in einen See stürzten und ertranken (siehe Markus 5,1–20).

«Klassisch» ist die hier verwendete Methode insofern, als Jesus die negativen Kräfte mit positiven «aushebelte», anstatt sie zu ihrem Entstehungsmoment zurückzuführen und aufzulösen, was die langsamere, sanftere und endgültige Art gewesen wäre. (Im genannten Fall baten die unsauberen Geister allerdings regelrecht darum, in die Schweine verbannt zu werden.) Welche Methode man verwendet, hängt großenteils von den vorliegenden Notwendigkeiten ab. Mit Druck geht es möglicherweise schneller als auf die sanfte Art; das hat aber den Nachteil, daß die Sache dadurch noch nicht endgültig aus der Welt ist. Denn: Was wurde aus den Dämonen, nachdem die Schweine tot waren?

Der übliche Zugang zum Auflösen von Energiewesen (im Sinne der «sanften und endgültigen Art») wäre der, daß man sich von dem betreffenden Energiewesen seine Entstehungsgeschichte «erzählen» läßt: Wie, unter welchen Umständen und von wem wurde es geformt und beschworen?

Natürlich kann ein Energiewesen nicht wirklich etwas erzählen, denn es ist ja kein geistiges Wesen im echten Sinne, sondern nur ein aus Mentalenergie geschaffenes und mit bestimmten Informationen bepacktes Feld. Korrekterweise müßte man also sagen: «die in diesem Energiewesen eingebetteten Informationen ablesen». Trotzdem bleiben wir bei «erzählen» und ähnlichen vermenschlichenden Ausdrücken, weil sie den subjektiven Eindruck des Sitzungspartners besser wiedergeben. Schließlich hat er das Gefühl, als spreche er mit jemandem.

Läßt man ein Energiewesen von seiner Entstehungsgeschichte erzählen, so erhält man damit gleichzeitig alle Informationen zu seinem Auftrag, denn dieser ist schließlich der Grund für seine Erschaffung und steht somit am Anfang seiner Existenz. Spricht man Erschaffungsmoment und Auftrag korrekt an, so löst sich das Energiewesen am Ende buchstäblich «ins Nichts» auf. Es kann nur heimlich und als hochverdichtete mentalenergetische Wolke existieren. Beraubt man es seiner Heimlichkeit und bringt man seine Energie wieder zum Strömen, so verfliegt solch ein Energiewesen buchstäblich.

Das aber setzt voraus, daß das betreffende Energiewesen mit sich reden läßt. Wurde es jedoch von seinem Erschaffer von vornherein mit einem Spezialprogramm gegen Kontakte und Kommunikationsversuche abgesichert, so haben Sitzungsleiter und -partner eine schwierigere Aufgabe. Genau das ist die Situation im Falle Anjas und ihres Teufels.[31]

Anja (II): Der Pakt mit dem Teufel

Wie wird man einen Teufel los, der nicht mit sich reden läßt? Um ihm auf die Spur zu kommen, frage ich Anja in unserer nächsten Sitzung, was sie über das Vorleben ihres Hausmädchens Marja weiß. Nicht viel, wie sich herausstellt. Von Marjas Onkel hatte Anja gehört, daß Marja eine harte und lieblose Kindheit verbracht hatte. Bevor Marjas Mutter wenige Jahre nach Marjas Geburt starb, habe sie (die Mutter) sich oft gehässig und neiderfüllt über Anja ausgelassen, über Anjas Auswanderung nach Nordeuropa und ihre Heirat mit einem «immens reichen» Restaurantbesitzer.

Anja kannte Marjas Mutter nicht persönlich. Nur eine Fotografie von ihr hatte sie einmal gesehen und war betroffen gewesen von der bösen Ausstrahlung dieser Frau. Marjas Mutter starb dadurch, daß sie sich erhängte. Niemand wußte, warum.

Als Anja mir dies erzählt – und obwohl sie ja nur etwas wiedergibt, was man ihr erzählt hatte –, erscheint vor ihrem geistigen Auge auf einmal das Bild der erhängten Frau, wie sie am Deckenbalken ihrer ärmlichen Hütte baumelt. Während Anja das Bild beschreibt, wird es immer deutlicher. Es drängt sich ihr regelrecht auf. Trotz aller Skepsis weiß Anja, daß sie sich hier nichts zusammenreimt, sondern daß sich da etwas aus eigener Kraft meldet und gehört werden will.

Endlich haben wir einen Einstieg in die tieferen Schichten dieses Falles. Ich fordere Anja auf, sich auf die Ereignisspur der Mutter zu schalten und diese im Hinblick auf die Ereignisse vor zwanzig Jahren durchzuschauen, auf die Zeit kurz nach Marjas Geburt also. Was führte zum Selbstmord durch Erhängen?

Obwohl es sich um die Ereignisspur einer Frau handelt, von der Anja nie mehr gesehen hat als lediglich ein Foto, bringt Anja das fertig. Die über das Foto entstandene Verbindung ist stark genug, um die Mentaldateien von Marjas Mutter anzupeilen und zu öffnen.

Natürlich ist diese Vorgehensweise für Anja recht außergewöhnlich. Sie befürchtet, es könnte alles ihrer blühenden Phantasie entstammen. Als sie aber den Unterschied zwischen einer Vorstellung und einer Erinnerung begreift, ist ihr wohler, und sie kann gut mitarbeiten.

Szene um Szene zieht vor Anjas geistigem Auge vorbei. Unzählige Male müssen wir die Bilder Revue passieren lassen, bevor alle Zusammenhänge deutlich sind. Vor zwanzig Jahren, als Marja noch ein Baby war, hat sich folgendes ereignet: Marjas älterer Bruder war sehr krank geworden, todkrank. Der Arzt gab ihn auf. Für weitere ärztliche Behandlungen hätte Marjas mittellose Mutter auch kein Geld gehabt. Blieb nur der Hexer. Sie mußte den Hexer befragen – im damaligen Jugoslawien nicht allzu ungewöhnlich. Ihr Söhnchen auf dem Rücken, machte sich die Mutter auf den langen Fußmarsch. (Anja beschreibt den gewundenen Fußweg durch Wald und Feld, den sie selbst nie gesehen hat, farbig und ausführlich.)

Stundenlang marschierte die Mutter, bis sie schließlich zur Wohnung des Hexers gelangte, einem einfachen Haus am Dorfrand. Anja schildert das Äußere des Hauses wie auch jeden Raum, den die Mutter betrat – Wartezimmer, Behandlungszimmer, die geheime Küche, wo der Hexer seine Tränke braute. Auch den Hexer beschreibt sie. Er sah nicht anders aus als die meisten älteren Bauern der Gegend.

Der Hexer erkennt sofort, wie schwerwiegend die Krankheit des Buben ist. Normale Mittel würden da versagen. Man müsse den Teufel um Hilfe bitten. Doch gibt der Teufel nur ein Leben, wenn er dafür ein anderes bekommt. Würde sie ihre Tochter Marja dem Teufel opfern?

Eine lange Weile denkt die Mutter nach. Endlich stimmt sie zu. Das Leben eines Sohnes ist ihr wertvoller als das einer Tochter. Allerdings möchte sie wissen, ob ihre Tochter, wenn sie schon dem Teufel ihre Seele opfert, nicht auch etwas davon haben könnte – irgendeine Entschädigung.

Der Hexer glaubt, daß sich das wohl arrangieren ließe; ob sie denn an etwas Bestimmtes dächte? Ja, sagt die Frau, sie wünsche sich, daß ihre Marja all die Reichtümer des Ehemannes von Anja haben soll, all seine Reichtümer und auch den Mann selbst, daß er sie also zur Frau nehmen und Anja verstoßen solle.

«Kein Problem», sagt da der Hexer, «wenn du das nächste Mal kommst, bring einen Tropfen Blut mit von deiner kleinen Tochter.»

Beim nächsten Zusammentreffen übergibt die Mutter dem Hexer ein kleines Glasfläschchen mit einem Blutstropfen aus Marjas Unterarm. Der Hexer geht hinaus, um seine Kräuter zu sammeln, bereitet sein Gebräu komplett mit Spinnenbeinen und Krötenköpfen (so beschreibt es Anja mir) und überreicht die Mixtur der Mutter, damit sie diese ihrem Sohn als Medizin eingebe.

Alle Beschreibungen sind höchst detailliert und in sich stimmig. Anja ist es gelungen, sich in die Mentaldateien des Hexers einzuklinken und die Szene mit seinen Augen zu sehen, genauso, wie der Hexer selbst sie damals erlebte. Die telepathische Verkabelung dabei ist diese: von Anja zu Marjas Mutter über den intensiven Eindruck, den das Foto von Marjas Mutter auf Anja gemacht hatte; von der Mutter zum Hexer über die intensive Interaktion zwischen den beiden, getragen von der Hoffnung der Mutter.

Laut Plan des Hexers sollte das Komplott gegen Anja und Dieter automatisch zu Marjas zwanzigstem Geburtstag «gezündet» werden. So kam es dann auch, wie wir wissen. Marja reiste das erste Mal im Alter von sechzehn Jahren zu Anja nach Deutschland. Sie wurde zwar wieder fortgeschickt, ließ aber ihren Teufel vor Ort zurück. (Von damals schon stammte die Warnung der Zigeunerin!) Das zweite Mal kam sie angereist, als sie neunzehn war. Diesmal blieb sie. Kaum war sie zwanzig, spielten sich höchst eigenartige Dinge im Hause ab. Des Hexers Instrument zur Durchführung des Komplotts war der auf Marja angesetzte «Teufel».

Die eben beschriebene Sitzung (bislang sind es zehn Stunden gewesen) hat das Resultat, daß der Teufel im Verlauf der nächsten Tage nur noch einige wenige Male erscheint. Anja fällt es jetzt leicht, sich auf ihn einzulassen und ihn «ins Gebet zu nehmen». Ich rate Anja, ihn beim nächsten Auftauchen an die Szene zu erinnern, als der Hexer ihn heraufbeschwor. «Geh dahin zurück, wo du hergekommen bist!» soll sie ihm mit starkem Nachdruck geistig zurufen. «Geh zurück zu dem, der dich erschaffen hat!»

Unter Anrufung der Jungfrau Maria und reichlicher Verwendung von Weihwasser trat Anja dem Teufel in der nächsten Nacht mit dieser Aufforderung entgegen, woraufhin er sichtlich «ausdünnte» und sich nach einigen weiteren Wiederholungen schließlich in eine Wolke von Mentalteilchen auflöste und verschwand.

Anja war selig. Der Bann war gebrochen und Dieter in Anjas Augen rehabilitiert. Sie vergab ihm dafür, daß er durch Teufelswerk das Hausmädchen verführt hatte. Es kam ihr keinen Moment lang in den Sinn, daß vielleicht sie selbst dem Blendwerk des Teufels zum Opfer gefallen war. Als ich diesen Punkt ansprach, wies sie die Möglichkeit energisch von sich. Sie hatte gesehen, was sie gesehen hatte, nämlich ihn mit ihr in der Vorratskammer, direkt hinter der Tür bitteschön, und das war die Wahrheit. Der Teufel hatte ihn und nicht sie im Griff gehabt, klarer Fall.

Nun gut. Wie dem auch sei, Anja nahm ihr glückliches Eheleben mit Dieter wieder auf. Auch Dieter war zufrieden und erleichtert, obwohl er trotz Anjas eifriger Erläuterungsversuche nicht recht begriff, was sie denn da in unseren Sitzungen herausgefunden hatte. Er war zufrieden, weil sie zufrieden war. Das reichte ihm.

Anja (III): Wahre Geschichte hat Placebo-Effekt

Die konventionelle Interpretation dieser Geschichte wäre klar: Placebo-Effekt. In ihrer extremen Verwirrtheit schuf sich Anja ein stabiles Bezugssystem, anhand dessen sich ihr Leben neu ordnete und schließlich wieder normal verlaufen konnte: Dieter, so glaubt sie, sei durch die Schuld des Hexers und seines Teufels in Trance versetzt und manipuliert worden. So betrachtet, läßt sich annehmen, daß die von Anja berichteten Zusammenhänge allesamt auf ihrer Phantasie und Einbildungskraft beruhen. Diese Konstruktionen waren für sie nötig, um sich quasi auf einem Umweg wieder mit der Wirklichkeit zu konfrontieren und diese ursächlich zu beeinflussen. Zeigt sich hieran nicht, wie sehr doch der Seelenfrieden einer Person (in diesem Fall Anjas) von ihren Ansichten und Meinungen abhängt?

Soviel zur konventionellen Interpretation, die aber durch eine unerwartete spätere Begebenheit erheblich in Frage gestellt wird: Drei Monate nach unseren Sitzungen besuchte Anja ihre Familie in Kroatien. Sie erzählte einer Freundin von ihren ehemaligen Kümmernissen mit Dieter und wie sich die ganze Sache durch ihre Sitzungen in Luft aufgelöst hätte. Weil Anja insbesondere davon beeindruckt war, daß sie ein ihr fremdes Leben (das von Marjas Mutter) erschaut hatte, schilderte sie ihrer Freundin detailliert den langen Fußweg der Mutter zum Hexer, wie es dort aussah und was dieser für den kranken Sohn zusammengebraut habe.

Während Anjas Erzählung kicherte ihre Freundin gelegentlich in sich hinein und schüttelte wie ungläubig den Kopf, so als fände sie die ganze Geschichte doch recht albern und lächerlich. Am Schluß fragte Anja ihre Freundin, ob sie ihr etwa nicht glaube? Doch, doch, entgegnete die Freundin und schüttelte abwehrend den Kopf, sie sei einfach verblüfft darüber, daß es Anja gelungen war, in eine zwanzig Jahre zurückliegende Vergangenheit einzutauchen und Personen und Orte zu beschreiben, von denen sie keine persönliche Kenntnis hatte. Das Frappierende sei nämlich, daß ihre Beschreibung haargenau den tatsächlichen Umständen entspreche.

Nun war es Anja, die staunte. Ihre Freundin erklärte, sie kenne diesen Fußweg durch Wald und Feld nur allzugut, denn sie selbst sei ihn oft gegangen, wenn sie den Hexer aufsuchte, der damals in der ganzen Region als Pflanzenkenner und Heiler einen Namen hatte. Inzwischen sei er verstorben. Sie fügte hinzu, daß Anjas Beschreibung der Person des Hexers und seines Hauses absolut akkurat seien und daß man allenthalben wußte, daß er magische Kräfte einsetzte, wenn sonst nichts mehr half.

KAPITEL 8

Defensivtelepathie als Selbsthilfe

Das vorige Kapitel behandelte die telepathischen Vernetzungen, die uns mit anderen Personen verknüpfen und uns beeinflussen – doch nur, solange sie uns unbewußt sind! Wird man sich nämlich einer angehängten Mentaldatei bewußt, so genügt allein schon dies, um die Verbindung zu lockern. Verständnisvolles Wiedererleben des fremden Schicksals löst die mentale Verballung dann vollends auf.

Geschickt wäre es natürlich, wenn man es gar nicht erst zu einer Ankoppelung kommen ließe, sondern die Dinge möglichst schon registrierte und auflöste, wenn sie sich noch «im Anflug» befinden. Diese Kombination von Wachsamkeit und verständnisvollem Annehmen bezeichne ich als «Defensivtelepathie».

Charlotte (II): Hausverwaltung entsorgt Psychomüll

Ein schönes Beispiel für Defensivtelepathie ist auch die Entsorgung «psychischer Duftmarken», von deren Existenz Charlotte in ihrer Funktion als Hausverwalterin ein Lied singen kann. Denn haben sich in einer Wohnung üble Szenen abgespielt – Streit, Suff, Selbstmord, Drogen, Prostitution und ähnliche Geschichten –, so findet Charlotte nur schwer einen Nachmieter. Selbst für eine Nobelwohnung in bester Lage stehen dann die Chancen schlecht. Die Leute kommen zur Besichtigung, loben die Vorzüge der Wohnung – und dann kommt der Satz: «Tja, aber irgendwie ...» Und das war's dann.

Charlotte, im MindWalking nicht ungeübt, hat eine simple Abhilfe dafür gefunden: Sie entstört einfach die Wohnung. Sie entsorgt den darin herumhängenden Psychomüll. Sich auf die Schwingungen und dazugehörigen Bilder einzustellen fällt ihr relativ leicht, weil sie zumindest bruchstückhaft die Vorgeschichte der Wohnung und der Vormieter kennt. Sie stellt sich in die leere Wohnung und «läßt es kommen». Und dann tut sie genau das, was man auch in einer Sitzung täte: Sie läßt die Szenenfolge so oft durchlaufen, bis sich die Bilder aufgelöst haben. Anschließend finden sich auf einmal Nachmieter! Darauf kann sich Charlotte verlassen.

Moritz(I): Toter Selbstmörder belästigt Zugfahrgast

Moritz, ein vierzigjähriger Heilpraktiker, erscheint zu unserem Sitzungstermin mit Verspätung. Er sei mit der Bahn angereist und es habe sich jemand vor den Zug geworfen, erklärt er. Wir beginnen unser Eingangsinterview; Moritz äußert seine Wünsche. Nach etwa zehn Minuten werde ich stutzig, denn auf dem Mindwalker zeigen sich keinerlei Reaktionen, obwohl Moritz seine Situation lebhaft und engagiert darstellt. Irgend etwas «klemmt die Leitung ab».

Ich frage Moritz, ob ihn jetzt im Moment, gleichzeitig mit seinem Wunschthema, vielleicht noch etwas anderes beschäftige? Er sagt, ja, der Selbstmörder. Sofort kommt Bewegung in den Mindwalker. Ich lasse Moritz den Ablauf des Unglücks schildern, wie er es als Fahrgast erlebt hat. Die Reisenden wurden per Durchsage informiert, es habe einen «Personenschaden» gegeben, aber Moritz spürte intuitiv, daß es sich hierbei nicht um einen Unfall handelte, sondern um einen Selbstmord.

Schon allein diese seine Intuition zum Zeitpunkt des Geschehens schien ausgereicht zu haben, um zwischen Moritz und dem Selbstmörder ein Band zu knüpfen. Auch die Reaktionen des Mindwalkers sprechen dafür. Grund genug, der Spur zu folgen.

Was für ein Bild kommt Moritz in den Sinn, wenn er sich auf den Selbstmörder einstellt? Er sieht einen etwa vierzigjährigen Mann auf den Gleisen stehen, das Gesicht dem heranrasenden Zug zugewandt. Erst knapp vor dem Aufprall sprang er vor den Zug. Die Wahrnehmungsposition ist außerkörperlich in zehn Meter Höhe. Aufprall! Der Körper wird zerfetzt.

Der Geist des Mannes fühlt sich daraufhin nicht erleichtert, wie er es erwartet hätte, sondern schockiert und orientierungslos. Ich frage Moritz, wo sich dieser Geist jetzt im Moment befinde. Am Ort des Geschehens, sagt Moritz, in etwa fünf Meter Höhe über den Gleisen; er stecke noch im Schock des Aufpralls. Zudem könne er mit seinem gegenwärtigen geistigen Zustand nichts anfangen. Darauf, daß es hinterher weitergeht, war er nicht vorbereitet.

Hier haben wir es nicht mit einer Mentaldatei zu tun, die in der fernen Vergangenheit angelegt und Moritz irgendwann einmal angehängt wurde, sondern wir stehen in direktem telepathischem Kontakt mit dem Geist des Selbstmörders, der sich noch am Unfallort aufhält. Sozusagen eine Live-Übertragung.

Um diesem Geist den Übergang in seine nächste Lebensphase zu erleichtern, geben wir ihm eine kleine Sitzung. Wir lassen ihn den Moment des Aufpralls wiedererleben, als sein Körper in Stücke flog. Ich stelle die Fragen, und Moritz, der in Kontakt mit dem Wesen steht, gibt die Antworten an mich durch. Als der Geist langsam begreift, daß er unsterblich ist, wird ihm auch klar, daß all das Ungelöste nach wie vor vorhanden ist. Er konnte sich ihm nicht dadurch entziehen, daß er seinem Leben ein Ende setzte.

Was ihn in den Selbstmord trieb, war seine Vereinsamung. Gab es in seinem vergangenen Leben vielleicht auch etwas Schönes? Ja, so mit zwanzig Jahren, als er eine Freundin hatte. Wäre das ein Anreiz, es noch einmal zu versuchen? Ja, soziale Geborgenheit, das sei ihm wichtig. Welche Gegend stellt er sich vor? Warm soll es da sein und Wasser soll es geben. Der Chiemsee zieht ihn an. Gut, so möge er sich dort einen Körper suchen. Ohne Körper fühle er sich hilflos, gibt Moritz an mich weiter.

Ich weise unseren Geist an, sich einfach zum Chiemsee «hinzuwünschen» und sich dabei an einer Geburtenklinik zu orientieren. Moritz sagt, er bekomme nun das Bild einer gerade ablaufenden Geburt: Er sieht den dicken Bauch einer Frau aus vier Meter Entfernung schräg von oben. Unserem Geist gefällt die Frau. Wir ermutigen ihn, seine Chance wahrzunehmen, denn die Konkurrenz sei groß. Es macht *schwupp!* – und er ist drin. Die Kommunikationslinie bricht ab.

Moritz ist seine Ablenkung nun los; wir können unser Eingangsinterview fortsetzen, diesmal mit Erfolg. (Sitzungsdauer: 30 Minuten, also sehr wenig, zumal es sich um eine Erstsitzung handelt. Doch bringt Moritz, bedingt durch seine schamanische Ausbildung, bereits beträchtliche Vorerfahrung im Umgang mit geistigen Dingen mit.)

Vera: Abgeschiedener spricht letzte Worte

Ein weiteres Beispiel für sinnvolle Vorsorge, bevor sich etwas einnisten kann: Vera glaubt, daß ihr Vater, der vor drei Monaten verstorben ist, ihr noch etwas mitteilen möchte. Sie möchte Kontakt mit dem Verstorbenen herstellen und braucht dazu meine Hilfe. Vera ist eine junge, in Deutschland aufgewachsene Jugoslawin. Die Vorstellung, mit Verstorbenen zu sprechen, ist ihr nicht fremd.

Der Tod ihres Vaters: Er bekam einen Schlaganfall, kam ins Krankenhaus, sein Hirn schwoll an, Blut trat ihm durch Mund und Nase aus, er konnte nicht sprechen. Fünf Tage später starb er.

Vera und ihre Mutter begleiteten das Sterben des Vaters vom ersten bis zum letzten Tag. Fast ständig saßen sie im Krankenhaus an seinem Bett. Vera berichtet, der Vater sei bei Bewußtsein gewesen und habe reden wollen, aber nicht können. Sie habe aus seinem Gestammel nur schwer erraten können, was er vielleicht meinte – in etwa, daß er lieber sterben wolle, statt als Pflegefall weiterzuleben, gleichzeitig aber Angst vor dem Tod habe. Vera glaubt, da müsse noch mehr Ungesagtes sein; mit meiner Hilfe will sie es herausbekommen.

Ich frage Vera, ob sie ihren Vater irgendwo erspüren kann, und sie sagt ja, ganz nah. Will er ihr etwas mitteilen? Hat er irgendwelche Sorgen? Ja – die Erbschaftsregelung, wie es mit dem Geschäft weitergehen soll und daß seine Frau vielleicht nicht über seinen Tod hinwegkommen wird. Aber er ist guten Mutes: «Von hier aus läßt sich alles leichter ertragen», sagt er.

Die Botschaften kommen flüssig. «Als würde ich ihn anzapfen! Er ist dicht neben meinem Kopf», staunt Vera.

Vera erlebt ihren Vater an einem «luftigen Ort. Viel Platz dort. Hellblau. Er genießt die Ferne. Aber noch ist er mehr hier als dort. Er ist zu beschäftigt mit dem Unerledigten.» Der Vater trägt Vera Botschaften an seine Ehefrau auf: «Alles halb so wild. Sie soll die Gläubiger ruhig auflaufen lassen. Die können sie doch alle am Arsch lecken. Diese Sprechweise ist ganz offensichtlich «der alte Vater». Vera muß darüber schmunzeln.

Wie es ihm beim Sterben ergangen sei, fragt Vera nun ihren Vater. Sofort bekommt sie ein schweres Gefühl auf der Brust, Druck auf den Augen und ein Angstgefühl. Sie erkennt, daß es sich um die Symptome ihres Vaters beim Sterben handelt. Ich fordere Vera auf, das Erlebnis zu durchlaufen und so ihrem Vater die Belastung abzunehmen. Sie bekommt das Gefühl, ihr Hirn schwelle an. Ihr Kopf wird in den Nacken gezerrt, weil sich die Nackenmuskeln verkrampfen. In fürchterlich verzerrter Haltung sitzt sie vor mir auf dem Stuhl. Nach einigen Durchläufen durch das Geschehen entspannt sich diese Dramatisierung. Vera erlebt nun von der Wahrnehmungsposition ihres Vaters aus, wie er seinen Körper verläßt und entschwebt. Unter sich sieht er Vera und ihre Mutter am Krankenbett sitzen, sieht ihre Besorgtheit und Ängstlichkeit. Dann gerät er «zu einer Gruppe von Menschen dort oben». Der Weg sei kurz. Sie seien vor einem Schloß mit einer Wiese davor. Altmodische Kleidung. Sein Opa sei dabei.

Wir fragen Veras Vater, ob ihn sein Tod an der Ausführung von etwas Wichtigem gehindert habe. Als er davon erzählt, wird er traurig, was wiederum Vera Tränen in die Augen treibt. Seine bescheidenen Träume waren gewesen, einen neuen Hund zu haben (der vorherige war ein Jahr zuvor gestorben), mit ihm im Park spazierenzugehen, auf einer Bank zu sitzen und ein Buch zu lesen – das genaue Gegenteil zu seinem ehemaligen, übermäßig geschäftigen Alltag.

Nach dieser Entlastung entsteht unvermittelt eine eigenartige energetische Spannung. Der Ladungspegel am Mindwalker klettert hinauf in den roten Bereich. Ich frage Vera, ob wir ihren Vater mit unserer Fragerei vielleicht festhalten? «Ja», sagt sie, «wir hindern ihn am Gehen. Er will weg, aber wohin, sagt er nicht.»

Wir ziehen uns von ihrem Vater zurück und lassen ihn gehen. Ladungspegel wieder im grünen Bereich. Normalwerte. Alles klar. (Sitzungsdauer: 1:49 Std.)

Thomas: Verstorbene Katholikin braucht Zuspruch

Es folgt ein Ausschnitt aus einer Sitzung mit Thomas, einem 55-jährigen Elektronik-Ingenieur, der mit MindWalking bereits Vorerfahrung hat. Seit gut einer Stunde befinden wir uns in einer Sitzung. Obwohl bisher alles ganz prima lief, bleibt aus noch unbekanntem Grund eine unangemessen hohe Grundspannung bestehen, wie am Mindwalker abzulesen ist. Vom Gefühl her haben wir im Hinblick auf das behandelte Thema ein Endergebnis erzielt, Thomas fühlt sich prächtig – und doch setzt keine Entspannung ein. Was ist los?

Ich frage Thomas, ob unsere Sitzung vielleicht aus einer ganz unerwarteten und bisher ignorierten Ecke beeinflußt wird. Klebt seine Aufmerksamkeit an irgend etwas fest?

Thomas schaut sich einige Sekunden lang in seinem geistigen Raum um. In den Zeiger des Mindwalkers kommt Bewegung. Thomas sagt, daß er Angst, Verwirrtheit und Hoffnungslosigkeit spüre. Wessen, frage ich (denn so munter, wie er mir gerade gegenübersitzt, kann es nicht seine eigene sein). Von einem Geist komme das, sagt Thomas, und zwar sei es ein weiblicher. Der Geist wisse nicht, was er tun soll.

Thomas stellt sich weiter auf die Quelle dieser Information ein. Schlagartig wird ihm klar, um wen es hier geht, nämlich um Marion, eine vor zehn Tagen verstorbene Verwandte, die sehr katholisch war. Sie ist enttäuscht, denn den Himmel, den sie sich ausgemalt hat, findet sie nach ihrem Ableben nicht vor.

Daß wir mit ihr ins Gespräch kommen, erleichtert Marion sehr. Sie macht sich Sorgen um ihre Tochter. Marion hatte erwartet, ihrer Tochter «vom Himmel aus» besser helfen zu können. Daraus wird nun nichts, weil Marion mit ihrem für sie ungewohnten körperlosen Zustand nicht zurechtkommt. Thomas, als Vertrauter der Familie, beruhigt sie.

Wo würde sie sich wohlfühlen, lasse ich Thomas sie fragen, wo zieht es sie hin? In die Schweiz, zu Verwandten, antwortet Marion, aber dort sei es eher eng – vielleicht nach Kanada, wegen der Natur? Sie wirkt unschlüssig. Ich fordere sie auf (über Thomas), sich bei ihrer Zukunftsplanung insbesondere auf ihre geistigen Ziele als Katholikin zu besinnen. Das hilft. Die nächste Antwort kommt mit Entschiedenheit: Nach Nordschottland will Marion, auf die Hebriden; in der nahezu klösterlichen Abgeschiedenheit dieser Gegend möchte sie eine spirituell orientierte Kindheit und Jugend verbringen.

Marion zieht sich langsam zurück; ihr Draht zu Thomas wird dünner. Sie schaut noch lange zu ihrem Mann und ihren Kindern hinunter. Dann fragt sie Thomas, ob sie sich auch später noch an ihn wenden könne, «falls was sein sollte». «Klar,» antwortet Thomas.

Und weg ist Marion! Spurlos verschwunden. Nicht mehr auffindbar. (Dauer dieses Ausschnitts: 20 Minuten.)

Carmen (III): Para-Gleiter-Absturz vom Schreibtisch aus verhindert

Nicht nur im Rahmen von Sitzungen ergeben sich Kontakte mit geistigen Wesen. Auch außerhalb sind wir gut verdrahtet, vorausgesetzt, wir bemerken es. Dazu die folgende Begebenheit: Carmen sitzt in ihrer Firma in Norddeutschland am Schreibtisch. Plötzlich kommt ihr die Vision, daß ein guter Bekannter, der gerade in Österreich Urlaub macht, sich beim Para-Gliding in Absturzgefahr befindet (beim Para-Gliding springt man von einer Bergspitze und schwebt, an einem lenkbaren Fallschirm hängend, ins Tal). Carmen kennt sich mit dem Para-Gliding aus. Sie gibt ihrem Bekannten telepathisch fachliche Anweisungen und rettet ihn.

Erst viel später erzählte Carmens Bekannter ihr von seinem Abenteuer. Die beiden rekonstruierten den Zeitpunkt – und siehe da: Carmen hatte ihre Vision tatsächlich gleichzeitig mit dem verhinderten Absturz.

Ulrich (I): Dicke Luft im Traktorschuppen

Gerd hat ein altes, schon länger unbewohntes Bauernhaus gekauft, renoviert, umgestaltet und ist zusammen mit einer befreundeten Familie dort eingezogen. Mit der Zeit gewann man den Eindruck, daß es dort spuke. Die Frauen und Kinder gruselte es in der geräumigen, düsteren Scheune, die den einzigen Durchgang zum Garten darstellt. Besonders abends ging da niemand gerne entlang. Zu gruselig. Mich selbst, gerade zu Besuch bei Gerd und Familie, gruselte es nicht, weswegen mich Gerd um Unterstützung bat. Spät am Abend, schön dunkel war es, stellte ich mich ruhig in die Scheune und ließ, was immer da kommen mochte, auf mich einwirken. In einer bestimmten Ecke fühlt sich die Dunkelheit schwärzer an als sonstwo, sozusagen schwer und zäh wie Teer. Dort steckt ein großes Grausen, ein Mentalfeld voller Heulen und Zähneklappern. Ich lasse es sich aufbauen und leite es durch mich ab. Ein paarmal zuckt mein Körper, wie von schweren Stromschlägen gebeutelt. Ich habe keine Ahnung, um was es inhaltlich geht. Danach ist Ruhe.

Das Urerlebnis habe ich in diesem Falle nicht herausgefunden. Das muß auch nicht sein. Manches läßt sich rein auf der Schwingungsebene auflösen, ohne daß man sich mit Inhalten beschäftigt – was übrigens auch die direktere und schnellere Methode ist. Genaugenommen sind die Inhalte gar nicht wichtig. Sie sind nur eine Brücke zum eigentlichen Ziel: dem Auflösen psychischer Spannungsfelder.

Gruseln tat es hinterher übrigens niemanden mehr. Der Spuk war verflogen. (Dauer: zehn Minuten.)[32]

Bernd (I): Stromschlag für den Sitzungsleiter

Wie eben bereits angedeutet, können psychische Entladungen von beträchtlicher Gewalt sein. In diesem Zusammenhang erzählte mir Bernd, ein MindWalking-Trainer, folgende kleine Anekdote: Sein Sitzungspartner Friedrich fühlte sich manchmal wie von einer bösen Kraft beeinflußt, die sich ausgerechnet immer dann einschaltete, wenn es um wichtige Entscheidungen ging. Schon während er Bernd in der Sitzung davon erzählt, baut sich diese Kraft um ihn herum auf. Friedrich spürt, wie es zu «brodeln» beginnt.

Wo er sie denn wahrnimmt, diese Kraft, will Bernd wissen: In sich drin? Um sich herum? Irgendwo im Raum?

«Da drüben, in der Zimmerecke», sagt Friedrich.

«Meinst du dort?» fragt Bernd und zeigt mit dem Finger zu der angegebenen Stelle … worauf er einen Schlag bekommt, der ihn fast vom Stuhl haut – als wenn er einen elektrischen Weidezaun angefaßt hätte, nur stärker. Danach geht es weiter mit der Sitzung wie üblich. Die Entstehungsgeschichte dieser Kraft wird ausgekundschaftet, und sie verflüchtigt sich.

Es haben beide einiges auszuhalten, Sitzungspartner wie auch Sitzungsleiter. Der psychische Strom schießt durch den Körper hindurch wie der Blitz durch den Blitzableiter. Das ist der Grund dafür, daß Sitzungen, obwohl «rein geistig», auch körperlich sehr anstrengend sein können.

Bernd (II): Tot und nichts gemerkt

Bernd, der im wirklichen Leben Geschäftsführer eines Verlags ist, wird von einer ihm unbekannten Frau angerufen, einer Mittsechzigerin, die über gemeinsame Bekannte von ihm und seinen «besonderen» Fähigkeiten erfahren hat. Sie bittet Bernd, den Geist ihres Mannes aus ihrem Haus zu vertreiben, der dort seit seinem Tode vor einem Jahr, im Februar 2002, noch immer herumspuke. Selbst zu seinen Lebzeiten sei sie schlecht mit ihm ausgekommen; ein altes Ekel sei er gewesen, sehr stur und keine Einwände akzeptierend, und jetzt nach seinem Tod setze er ihr immer noch zu. Sie halte es einfach nicht mehr aus. Im Hause würde sie mit Herzschmerzen und extrem hohem Blutdruck reagieren. Wenn sie sich aber außerhalb des Hauses aufhalte, sei alles schlagartig in Ordnung, fügt sie noch hinzu. Ob Bernd da etwas machen könne? Bernd kann. Er fragt noch, ob sie vielleicht ein Foto von ihrem verstorbenen Gatten habe. Sie sagt nein, sie habe alles weggeworfen, was sie an ihn erinnern könnte.

Die beiden verabreden, daß sich Bernd während einer kurzen Abwesenheit der Besitzerin in ihr Haus (es steht in einem Dorf im Taunus) begeben und «aufräumen» soll. Die Nachbarin würde ihn reinlassen. Der Zweck ihrer Abwesenheit ist ein Klinikaufenthalt, bei dem die extremen körperlichen Reaktionen ärztlich untersucht werden sollen.

Und so geschieht es dann auch. Bernd betritt das leere Haus. Die Nachbarin hat noch ein Bild des Verstorbenen gefunden und es Bernd zur Verfügung gestellt. Er setzt sich an den Eßtisch, schaltet seinen Mindwalker an und läßt «seinen Radar kreisen». Nach wenigen Sekunden hat er Kontakt mit dem verstorbenen Ehemann, der weit in seinen Siebzigern steht. Bernd stellt sich vor. Man siezt sich. Als aber nach etwa einer halben Stunde das Vertrauen hergestellt ist, bietet der Ältere ihm das Du an. Während des Gesprächs beginnt der Zeiger des Mindwalkers verrückt zu spielen. Bernd kennt seine persönlichen Reaktionen auf dem Gerät bestens und kann daher mit Sicherheit sagen, daß diese Dynamik nicht seine eigene ist. Während des Gesprächs «sitzt» der Verstorbene neben Bernd auf dem Stuhl am Tisch. Bernd kann das fühlen. Wenn er seine Hand nach rechts ausstreckt, in das Geistfeld des Verstorbenen hinein, werden die Zeigerausschläge des Mindwalkers noch extremer, als sie es ohnehin schon sind. (Bei Solositzungen hat man eine Doppelelektrode in der linken Hand, die rechte bleibt frei zum Schreiben, ist also beweglich.)

Es stellt sich heraus, daß der Alte nichts damit anfangen kann, gestorben zu sein. Seinen Tod hat er anscheinend überhaupt nicht registriert, er erwähnt ihn nicht einmal. Seinen Körper nimmt er genauso wahr wie vorher. Daß es sich dabei um einen Geistkörper aus Mentalstoff handelt, ist ihm völlig entgangen. Was ihm allerdings auffällt, sind die ungewohnten Perspektiven, die sich ihm neuerdings bieten, wenn er das Haus verläßt – daß er zum Beispiel die Dinge auf einmal von oben sieht, und das erschreckt ihn. Deswegen bleibt er lieber im Haus und verläßt es nicht. Da kennt er alle Ecken und Kanten, da kann ihm nichts passieren. Was ihn sehr ärgert, ist, daß er die Reparaturarbeiten am Haus nicht wie gewohnt fortsetzen kann. Der Hammer rutsche ihm immer durch die Hand, wenn er danach greife. Mit seiner Frau sei er ständig in Kontakt; sie sei die einzige, die ihn wahrnehme. Er möchte, daß sie dableibt. «Ich kann nirgendwo sein außer hier in diesem Haus, und wenn sie auszieht, bringe ich mich um.»

Auf Bernds Frage, ob er denn wisse, daß er zur Zeit körperlos sei, antwortet der Geist des Alten mit der Gegenfrage, wie er das denn verstehen solle. Bernd und er sprächen doch schließlich miteinander, und im übrigen spreche er auch immer mit seiner Frau, die sich allerdings immer vor ihm fürchte. «Mit meiner Frau habe ich mich immer viel gestritten», sagt er. «Sie hat mich immer eingeschränkt, hat gesagt, ich sei ein Idiot. Ich wäre trotzdem gerne mit ihr auf eine Weltreise gegangen, aber das geht ja jetzt nicht mehr, und außerdem wollte meine Frau sowieso nicht, und alleine wollte ich nicht.»

Bernd fragt ihn nach seinen Wünschen und Vorstellungen und was er denn am liebsten machen würde. Der Geist erklärt, daß er am liebsten Häuser und Brücken bauen würde, das sei schon immer sein Wunsch gewesen. Bernd klärt den Geist über seine neue Situation auf, auch darüber, daß er – körperlos, wie er jetzt sei – sich diese Wünsche nicht erfüllen könne. Er schlägt ihm vor, sich einen Körper auszusuchen und ein neues Leben anzufangen.

Bald zeigen sich Bilder aus einer Geburtenklinik in der Umgebung. Karl, so hieß der Mann, ist offenbar im Begriff, sich anderswohin zu orientieren. Es geht langsam, mit viel Hin und Her; er muß sich an den ihm unbekannten Zustand erst einmal gewöhnen. Schließlich löst er sich und entschwebt. (Sitzungsdauer: 1:35 Std.)

Nach der Sitzung bleibt Bernd noch etwa eine halbe Stunde im Haus und geht durch alle Räume, um sicher zu sein, daß alles o.k. ist. Zum Abschluß nimmt er noch einmal die Mindwalker-Elektroden in die linke Hand. Rundum normale Werte. Kein verrückten Ausschläge mehr. Wieder in seiner eigenen Wohnung, ruft er die «Auftraggeberin» an. Um die Möglichkeit einer Suggestion zu vermeiden, teilt er ihr lediglich mit, er sei mit ihrem verstorbenen

Mann in Kontakt gewesen, und bestätigt ihr damit, daß ihre Wahrnehmungen richtig gewesen sind. Inhaltlich wolle er ihr aber nichts verraten, sie solle nach ihrem Klinikaufenthalt bitte selbst erspüren, ob sich im Haus etwas geändert habe. Sie antwortet, so stur wie der immer gewesen sei, würde sie ihm glatt zutrauen, daß er zur Hintertüre wieder hereinkommt, nachdem man ihn zur Vordertür hinausgeworfen hat. Das Ergebnis des Klinikaufenthaltes und der damit verbundenen umfangreichen Untersuchungen und Tests sei übrigens negativ gewesen, also ohne Befund.

Einige Tage vergehen. Schließlich erhält Bernd einen Anruf von ihr. Sie werde noch am gleichen Tag aus dem Krankenhaus entlassen, habe aber Angst davor, alleine in das Haus zurückzukehren, da sie wieder die schon bekannten extremen körperlichen Reaktionen erwarte und befürchte. Bernd schlägt ihr vor, bei ihrer Rückkunft zugegen zu sein, um sie gegebenenfalls zu unterstützen.

Zum verabredeten Zeitpunkt treffen sie sich vor dem Haus. Bernd läßt seine Auftraggeberin allein ins Haus hinein, damit sie selbst erspüre, was sich verändert habe, wenn überhaupt. Nach einer guten halben Stunde geht Bernd ebenfalls ins Haus, um nachzufragen, wie sie sich fühle und ob sie seiner Hilfe bedürfe. Nein, sagt die Dame, alles sei in Ordnung. Sie spüre keinerlei körperliche Reaktionen. «Das Haus riecht ganz anders, sehr frisch.» Insgesamt erscheint ihr das Haus heller. Ein neuer Lebensabschnitt kann für sie beginnen.

Exkurs: Telepathie im Alltag

Verläuft die Sitzung mit entsprechender Intensität, so geschieht es häufig, daß der Sitzungsleiter die Erinnerungsbilder seines Sitzungspartners genauso deutlich wahrnimmt wie dieser selbst, oft sogar früher. Doch auch außerhalb einer Sitzung ist es nicht ungewöhnlich, daß Menschen die Bilder wahrnehmen, die im «geistigen Raum» anderer Personen vorhanden sind. Meines Erachtens gehört das zur Telepathie des Alltags. Wir sind so an sie gewöhnt, daß sie uns gar nicht mehr auffällt: Einer summt das Lied, das dem anderen gerade durch den Kopf geht; wir wissen schon beim Klingeln des Telefons, wer da anruft; wir spüren, daß der Autofahrer vor uns gleich abbiegen oder überholen wird, und ähnliches mehr.

Während meiner Seminare entdecke ich oft, wie sehr ich mich beim Suchen von Beispielen und Vergleichen an Bildmaterial orientiere, das um mich herum «in der Luft hängt». Beispielsweise konstruierte ich während eines MindWalking-Seminars im Frühjahr 2001 gerade einige Beispiele für psychische Mechanismen und sagte in diesem Zusammenhang zu einer Teilnehmerin: «Stell dir vor, du bekommst immer Haarausfall, wenn du eine Fahrradklingel siehst. Das wäre ein Beispiel für eine Einschaltung. Die Fahrradklingel wäre der Auslöser.» Ich benutze bei solchen Gelegenheiten absichtlich recht absurde Beispiele, um bei den Seminarteilnehmern nichts Echtes einzuschalten. Was mich aber nicht vor unbeabsichtigten Treffern schützt! Denn in der nächsten Pause fragte mich die betreffende Teilnehmerin, ob ich denn gewußt hätte, daß sie im Babyalter über lange Zeit hinweg Haarausfall hatte. Nein, das hatte ich nicht gewußt.

Mein Beispiel hatte bei ihr nicht etwa etwas eingeschaltet, sondern im Gegenteil, bei der Suche nach einem passenden Beispiel orientierte ich mich unbewußt an einer bereits existierenden Einschaltung der Seminarteilnehmerin! Ihre Vorstellung vom Haarausfall, weder ihr selbst noch mir bewußt, «hing im Raum».

Kurz darauf – diesmal, um zu veranschaulichen, was eine traumatische Situation ist – erfand ich eine Szene, in der ein Kleinkind in einer düsteren Kinderklinik von einer beleibten Nonne in schwarzer Tracht zwangsweise gefüttert wird, wobei ihm die Nonne gewaltsam einen Löffel Brei in den Mund schiebt. Hinterher erfuhr ich, daß sich meine «erfundene Geschichte» aus zwei authentischen Erlebnissen zusammensetzte: Die eine Hälfte stammte von einer Teilnehmerin, die als Kind auf einer Nonnenschule mit schwarz gekleideten Nonnen üble Erlebnisse gehabt hatte, die andere Hälfte von einem Teilnehmer, der als Kleinkind zwangsgefüttert worden war, und zwar von seiner beleibten Großmutter.

Ich glaube, jeder gute Vortragende hat eine Nase für solche Dinge. Erfolgreiche Vortragsredner oder charismatische Führungspersönlichkeiten sind vermutlich in hohem Maße dazu befähigt, die Bilder und Vorstellungen ihrer Zuschauer und Zuhörer intuitiv zu erspüren. Indem sie bei ihren Auftritten ihrem Gespür folgen, gelingt es ihnen, ihr Publikum mitzureißen.

Wenn es aber Tatsache ist, daß eingeschaltete Mentaldateien um die Menschen herumhängen und man sie so leicht ablesen kann wie eben beschrieben, dann ist damit auch offensichtlich, wie groß die Gefahr der Vernetzung ist. Es braucht nicht viel, und schon hat man etwas am Hals. Das einzige, was einen wirklich schützen kann, ist wache Aufmerksamkeit. Wenn man einen Ziegelstein anfliegen sieht, weicht man ihm mit einer Kopfbewegung aus. Nicht anders sollte man sich auch bei feinenergetischen Phänomenen verhalten – vorausgesetzt, man sieht sie. Aber auch das läßt sich erlernen.[33]

Manuel (II): Rechtsanwalt interveniert telepathisch und bewirkt Entlassung

Bei dem folgenden Beispiel für gezielte Defensivtelepathie handelt es sich um eine Solositzung von Manuel, dem in der Versicherungsbranche tätigen Rechtsanwalt aus Kolumbien. In Kolumbien gehört es leider zur Tagesordnung, daß Menschen unerklärlicherweise verschwinden und oft nie wieder auftauchen. Sie werden das Opfer der Drogenmafia, des ständig schwelenden Bürgerkriegs oder einer Willkürjustiz, wie man sie sich in Europa kaum vorstellen kann.

Ein solches Schicksal erlitt einer von Manuels Geschäftsfreunden, der eines Tages aus seinem Büro heraus verhaftet und gleich ins Gefängnis gesteckt wurde – ohne Begründung, ohne Verfahren. Seinen Freunden und Bekannten war klar: Der kommt da nie wieder raus. Beispiele dafür gab es ja genug.

Manuel begab sich in eine Solositzung mit dem Ziel, seinem Freund geistigen Beistand zu leisten. Hier sein Bericht, den er auf meine Bitte hin abfaßte:

«Telepathische Kommunikation wurde für mich irgendwann einmal genauso real wie die telefonische. Wenn man die Wellenlänge richtig trifft, was ungefähr das gleiche ist wie die Sendereinstellung beim Radio, dann kann man praktisch jedes beliebige Wesen vor sich hinsetzen und mit ihm reden. Voraussetzung dafür ist die uneingeschränkte Absicht zu kommunizieren, und zwar mit großer Verständnisbereitschaft und Zuneigung für die Zielperson.

Wenn ich heute von mir sagen kann, daß ich auf die weiter unten beschriebene Weise zu agieren vermag, möchte ich aber auch sogleich hinzufügen, daß diese Fähigkeit jedem Wesen angeboren ist und ich kein Sonderphänomen darstelle, sondern ein ganz gewöhnlicher, durchschnittlicher Mensch bin. Ich bin ein sehr auf das Diesseits bezogener Mensch, ein in die Welt von Versicherungen und Finanzierungen eingebundener Rechtsanwalt, daher gehören spirituelle und esoterische Themen bei mir gewiß nicht zur Tagesordnung.»

Nach dieser Einleitung kommt Manuel auf seine Sitzung zu sprechen: «Ich bekam die schlimme Nachricht, daß ein naher Freund wegen eines recht merkwürdigen Finanzskandals ins Gefängnis gesteckt worden war. Der Vorfall erregte bei mir Skepsis und Verblüffung. Irgend etwas ging hier nicht mit rechten Dingen zu, zumal ich auch wußte, daß vor nicht allzu langer Zeit seine Ehe in die Brüche gegangen war. Insgesamt sah es so aus, als befinde sich sein Leben in komplettem Chaos.

Bei der ersten sich bietenden Gelegenheit besuchte ich ihn im Gefängnis, das genauso chaotisch war wie jedes beliebige andere in Südamerika. Ich fand ihn, bedingt durch die Vorfälle, geistig völlig blockiert; es ließ sich nichts aus ihm herausbekommen. Sofort suchte ich gemeinsam mit Freunden einen Anwalt, und wir machten uns an die Arbeit, ihn aus seinem Verlies schnellstens wieder herauszuholen.

Es galt auch, erst einmal zu verstehen, warum man ihn überhaupt verhaftet hatte. Rein technisch lag kein Delikt vor; trotzdem könnte das Gericht das aber auch ganz anders interpretieren. Es handelte sich um eine Intrige gewisser Feinde, deren dunkle Geschäftsangebote mein Freund abgelehnt hatte.

Sechs Monate vergingen und nichts geschah. Es war, als sei man einer finsteren Macht ausgeliefert. Verständlicherweise war die

Verzweiflung sowohl seiner Freunde wie auch seiner Anwälte gleichermaßen groß.

Eines Tages fiel mir ein, daß ich ja die Solotechnik beherrschte und vielleicht in einer Sitzung herausfinden könnte, was sich da abspielte. Sofort befand ich mich in Kommunikation mit meinem Freund, und gemeinsam schauten wir die Ereignisse vor dem Zeitpunkt seiner Verhaftung durch. Bei einer telepathischen Kommunikation ist das genauso, als wäre die angesprochene Person anwesend, und die Ausschläge auf dem Mindwalker bestätigen einem, was man wahrnimmt.

Seine Stimmungslage war die vollständiger Verzweiflung. Mit großer Vorsicht und aus meinem gesunden Menschenverstand heraus stellte ich ihm einige einfache Fragen im Hinblick auf seine Situation. Dies brachte ihn zu der Einsicht, daß er sich wegen des Scheiterns seiner Ehe mit der Absicht getragen hatte, sich selbst zu zerstören; denn seine Frau hatte ihn mit einem anderen betrogen.

Als er diese böse Absicht gegen sich selbst erkannt und dabei begriffen hatte, daß er selbst als einziger der Erschaffer dieser gegen ihn gerichteten Kraft war, spürte er große Erleichterung, begleitet von einer bemerkenswerten Entladung am Mindwalker. Ich würdigte seine Erkenntnis kräftig, um sie zu stabilisieren. Alles sprach dafür, daß die Gegenkraft verschwunden war. Nach dieser Aktion hatte ich die Gewißheit, daß sich bald etwas Gutes ereignen würde.

Genau zwei Tage später ließ das Gericht ihn frei. Ich weiß nicht, ob das ein Zufall war, glaube aber doch, daß es mir über meine Solositzung gelungen ist, jemandem aus einem Problem herauszuhelfen, das er sich selbst gemacht hatte. Egal was einer denkt, für mich ist das real, und das ist das wichtigste.»

Ulrich (II): Fernsitzung um die halbe Welt

Die beiden Schwestern Sheila und Helen sind von Beruf Heilpraktikerinnen mit kinesiologischer Ausrichtung. Beide haben Sitzungen von mir bekommen und von ihrer Praxis in Brisbane aus für mich mehrere Seminarreisen in Australien organisiert. Nachdem ich sie zwei Jahre lang nicht mehr gesehen habe, erhalte ich eines Tages von Sheila per E-Mail die Nachricht, daß Helen erkrankt sei.

Obwohl beide Schwestern sehr tüchtige Kinesiologinnen sind, wissen sie der Krankheit nicht zu Leibe zu rücken. Auch die Ärzte wissen keinen Rat; sie tippen auf Meningitis (Hirnhautentzündung), sind sich aber nicht einig.

Sheilas E-Mail-Bericht besagt, Helen habe böse Kopf- und Augenschmerzen, praktisch ihr ganzer Körper tue ihr weh, sie sei nicht ansprechbar, träume schwer und könne kaum schlafen. Sie, die praktisch nie krank sei, müsse plötzlich zu starken Schmerzmitteln greifen, um es überhaupt aushalten zu können. In ihrem Geist würden Bilder herumwirbeln wie in einer Wäschetrommel. Ob ich etwas unternehmen könne.

Ich lasse mir von Sheila per E-Mail die Vorgeschichte zu Helens Krankheit schildern: Anläßlich einer Geschäftsreise nach Südafrika hatten die beiden Schwestern die Tochter Helens besucht – ihr Name ist Cindy – und einige vergnügliche Tage mit ihr verbracht. Drei Tage vor dem Rückflug – zwölf Tage vor Helens Krankheitsausbruch – fühlte sich Cindy vorübergehend schwach und krank. (Hat sich da bei Helen etwas angehängt? Oder hat sie sich einfach bei Cindy angesteckt?)

Neun Tage vor Krankheitsausbruch, direkt vor dem Abflug aus Südafrika, wurden die Passagiere in einem überfüllten Bus über das Rollfeld zum Flugzeug gebracht. Ein neben Helen eingequetschter Passagier mußte furchtbar niesen. (Ansteckung?) Während des Abflugs und noch einige Zeit danach war Helen traurig, weil sie ihre Tochter verlassen mußte, und weinte. (Offensichtlich ein Verlusterlebnis. Hat sich dabei ein früheres Urerlebnis eingeschaltet?)

Ich bedanke mich für die Auskünfte (per E-Mail) und sage Sheila, daß ich mal in die Sache hineinschauen werde, aber versprechen könne ich nichts. Schließlich sei ich kein Geistheiler. Ich gebe auch nicht bekannt, wann ich eine Sitzung zu machen gedenke (das weiß ich aus Termingründen zu diesem Zeitpunkt selbst noch nicht).

Erst zwei Tage später finde ich Gelegenheit, mich mit Helen zu beschäftigen. Am 9. Juni gegen 16 Uhr beginne ich die Sitzung. In

Brisbane ist es 23 Uhr. Ich stelle mich auf Helen ein. Bald spüre ich ihre Kopfschmerzen in meinem eigenen Kopf. Ich gehe mehrere Vermutungen durch – Ansteckung? Verlustängste? Einschaltung? – und beobachte die Reaktionen des Mindwalkers. Verlust der Tochter beim Abflug, das ist es! Da kommt ein kräftiger Ausschlag! Das Negativprogramm «ich habe keinen Sinn» («I'm pointless») taucht auf. Ohne ihre Tochter, so stellt sich heraus, fühlt Helen keine Existenzberechtigung.

In Sekundenschnelle blitzt ein ganzer Reigen von Ideen und Konzepten bei mir auf und verschwindet sofort wieder. Ich begreife Helens Lebensplan, ihre Beziehungen, ihre Ängste. Eine ganze Informationslawine rauscht durch mich hindurch. Unsere Kommunikation erfolgt auf einer reinen Wissensebene jenseits von Zeit und Raum, jenseits der normalen Verständnisebene und jenseits dessen, was man in Worten ausdrücken könnte. Wir begegnen uns in dem schon beschriebenen geistigen Überraum. Wollte man in Worten ausdrücken, was wir uns hier gegenseitig mitteilen, so würde das Stunden dauern.

In meinem Kopf läßt die nachempfundene Spannung nach. Ich werte das als Zeichen dafür, daß auch Helens Spannung sich löst. Ich spüre, daß sich Helen verstanden fühlt. Auch scheint sie eine Erkenntnis gehabt zu haben. Die Kommunikationsschnittfläche zwischen uns wird dünner und verschwindet. (Die ganze Sitzung dauerte 23 Minuten.)

Ich unternehme nun nichts weiter, sondern warte gespannt, ob ich etwas aus Australien hören werde. Tatsächlich, ein Tag später kommt eine E-Mail von Sheila bei mir an, abgesandt um 8:43 australischer Zeit, also am Morgen nach meiner Sitzung: Helen gehe es heute seit dem Aufwachen besser. Sie habe auch etwas gegessen.

Erst jetzt verrate ich Sheila, daß ich eine Sitzung gemacht habe und zu welcher Uhrzeit. Über den Sitzungsinhalt sage ich nichts – zu heiß auf eine solche Distanz, denn es könnte sich dadurch ja wieder etwas einschalten.

Wiederum zwei Tage später, um 23:22 Uhr australischer Zeit, schreibt mir Sheila, Helen sei über den Berg. Die Schmerzmittel werden abgesetzt.

Exkurs: Ursache und Wirkung immer eindeutig?

Drei Fakten haben wir hier: eine Krankheit, eine Sitzung, eine Genesung. War es tatsächlich meine Sitzung, die Helens Genesung bewirkte? Sind die drei Fakten wirklich so monokausal miteinander verknüpft? Dem Augenschein nach ja, aber bewiesen ist noch lange nichts. Vielleicht gab es ja noch andere, uns unbekannte Einflüsse?

Wenn mir ein Sitzungspartner nach einer Sitzung strahlend sagt, daß die Welt nun anders für ihn aussehe, kann ich das problemlos als direkte Auswirkung der Sitzung betrachten. Wenn er drei Monate nach der Sitzung einen guten Job findet oder einen tollen Lebenspartner, fällt es schon schwerer zu sagen: Klar, das hat unsere Sitzung bewirkt. Im Fall von Helen handelt es sich gar um eine Fernwirkung und damit um eine noch viel weitere Dimension von Interaktion. Da sind meine Sitzungsaktionen nur eine der vielen denkbaren Einflußfaktoren. Dies sollte man fairerweise in Betracht ziehen.

Um den Gedanken ad absurdum zu führen: Lag es vielleicht daran, daß im zeitlichen Zusammenhang mit unserer Sitzung gerade der sprichwörtliche Sack Reis in China umfiel? Ist es vielleicht nicht die Sitzung, sondern der umgefallene Sack Reis, der die Genesung bewirkte? Oder ist es der Sack Reis in Kombination mit der Sitzung? Oder war es wirklich die Sitzung und nichts anderes als die Sitzung?

Der Leser möge verzeihen, daß ich hier so kritisch zu Werke gehe. Ziehen wir aber in Betracht, mit welcher Akribie ein naturwissenschaftlicher Beweis erbracht werden muß, um als stichhaltig zu gelten, so kann ich nur sagen: Hier gibt es noch viel zu tun.

Ulrich (III): Fernsitzung macht Arzttermin überflüssig

Ein weiteres Beispiel für eine Fernsitzung, auch diesmal mit durch E-Mail bestätigter zeitlicher Koinzidenz: Martha, eine 52-jährige Psychoanalytikerin, bekommt MindWalking-Sitzungen von mir und nimmt an den Basiskursen teil, von denen es drei gibt. Zwei davon hat sie bereits abgeschlossen, am dritten will sie teilnehmen und freut sich drauf. Doch zwei Tage vor Kursbeginn teilt sie mir zu ihrem Bedauern per E-Mail mit, sie könne wegen einer Zungenschwellung nicht zum Kurs erscheinen, denn dummerweise habe sie ausgerechnet für diesen Zeitraum einen stationären Untersuchungstermin bekommen. Ich schreibe zurück und frage sie, ob es sich nicht vielleicht um eine Einschaltung handle, die man während des Kurses mit einer Sitzung bereinigen könnte. Dieser E-Mail-Austausch findet am Morgen statt.

Nachmittags mache ich einen Spaziergang. Die Sache geht mir nicht aus dem Kopf. Plötzlich fällt mir eine merkwürdige Bemerkung ein, die Martha vor zwei Wochen am Ende des zweiten Kurses als abschließenden Kommentar abgegeben hatte. Auf meine Frage, wie ihr der Kurs gefallen habe, antwortete sie: «Also, das Essen im Hotel war wirklich hervorragend». Da ich wußte, wie viel ihr der Kurs gebracht hatte, und außerdem ihren trockenen Humor kannte, dachte ich mir nichts bei der Bemerkung. Dennoch kam sie mir gelegentlich in den Sinn, so auch jetzt auf meinem Spaziergang. Ich spüre eine verborgene Botschaft hinter ihren Worten – da steckt was drin ... ein Bild ... ihre Zunge. Ich sehe ihre geschwollene Zunge als geistiges Eindrucksbild vor mir! Da wird mir bewußt: Als sie mir damals nach dem Kurs antwortete, ist ein mentales Eindrucksbild ihrer Befindlichkeit zu mir herübergeflogen und hat sich angedockt. Das ist der Grund, warum ich fast täglich ein- oder zweimal an ihre Bemerkung denken mußte!

Wie sich später im Gespräch mit Martha herausstellen wird, hat sie diese Beschwerden tatsächlich schon zum Ende des zweiten Kurses gehabt, weswegen ihr das Kauen trotz hervorragender Speisen beschwerlich war. Zu jenem Zeitpunkt aber wußte ich davon nichts. Erst jetzt, während meines Spaziergangs, dämmert es mir langsam. Außerdem weiß ich, daß ich nun etwas unternehmen muß. Wenn sich nämlich diese Mentaldatei von Martha, mit somatischen Beschwerden belastet, bei mir angedockt hat, so sollte ich flugs dafür sorgen, daß sie entsorgt wird, denn sonst laufe ich Gefahr, daß die gleichen Zungensymptome auch bei mir ausdramatisiert werden.

Ich begebe mich sogleich in Sitzung, stelle mich auf das Zungenbild ein und finde ein Geschehnis, bei dem jemand erhängt wird. Als sich der Strick um seinen Hals zuzieht, schwillt ihm die Zunge an. Ich finde Ort, Zeit und Ablauf des Geschehens, die Sache löst sich auf und ist nach 20 Minuten erledigt.

Nun stelle ich mich auf Martha persönlich ein, weil ich neugierig bin, ob sie von meiner Aktion etwas mitbekommen hat. Doch ich erhalte lediglich den Eindruck, daß sie sehr konzentriert mit etwas beschäftigt ist. Ich komme nicht an sie heran. Plötzlich aber, nach einigen Sekunden des Wartens, fließt eine sehr angenehme Kommunikationswoge zu mir herüber; ich nehme deutlich Marthas Persönlichkeitsqualität wahr. Ende der Sitzung um 17:04 Uhr.

Eine Stunde später erledige ich meine E-Mail und entdecke eine Botschaft von Martha. Als Antwort auf meine Mail von heute morgen sagt sie, sie glaube nicht, daß es sich um eine Einschaltung handle, denn der von ihr konsultierte Arzt habe sich sehr besorgt gezeigt und ihr dringend zu einer gründlichen stationären Untersuchung geraten.

Mehr als der Inhalt erregt die Absendezeit von Marthas E-Mail meine Aufmerksamkeit – 17:04 Uhr! Genau zu dem Zeitpunkt, als ich den angenehmen Kommunikationsschwall von ihr spürte, hat sie ihre Mail losgeschickt. Und wieso ich vorher nicht an sie herankam, war deswegen, weil sie mit Schreiben beschäftigt war. Unabhängig vom wenig positiven Inhalt ihrer Mail hegte Martha mir gegenüber positive Gefühle; daher konnte ihre Kommunikation trotz negativen Inhalts positiv auf mich wirken.

Ich schreibe zurück, daß mir das leid tue und sie könne mich gerne abends noch einmal anrufen, wenn sie möchte. Um 21:30 Uhr ruft mich Martha tatsächlich noch an. Wir unterhalten uns über ihre Situation. Ich sage nichts von meiner Fernsitzung. Nach einer guten halben Stunde angeregter Unterhaltung fällt Martha auf, daß sie mit mir eben bedeutend flüssiger gesprochen hat, als ihr das in den letzten Tagen gelungen war. Ich sage lediglich, na ja, vielleicht geht's ja von selbst weg. Martha antwortet: «Also, wenn das morgen in Ordnung ist, gehe ich nur mal kurz ambulant zum Arzt und komme zum Kurs.»

Sie kam zum Kurs. Erst da weihte ich sie bezüglich meiner Sitzung und deren Inhalten ein. Sie hatte nichts dagegen, daß ich sie auf diese Weise unterstützt hatte.

Exkurs: Ist telepathische Hilfe legitim?

Wie aus den genannten Beispielen für Defensivtelepathie ersichtlich, bekommt die Zielperson nichts von der Behandlung mit, die der Solo-MindWalker ihr zukommen läßt. Die Zielperson ist somit kein im üblichen Sinne mit einbezogener Sitzungspartner. Jedoch ist es nicht immer möglich oder ratsam, das Einverständnis des Betreffenden einzuholen, bevor man loslegt.

Grundsatzfrage: Ist es statthaft, im geistigen Raum eines anderen herumzuräumen und dort Ordnung zu schaffen, ohne daß der Betreffende das weiß, vor allem, wenn er mit seinen eigenen Mitteln nicht weiterkommt und Not am Mann ist? Liegt jemand blutend und ohnmächtig im Straßengraben, so leistet man ja schließlich auch dann Erste Hilfe, wenn man das Unglücksopfer nicht um sein Einverständnis fragen kann. Gilt das gleiche für geistige erste Hilfe per Telepathie?

Diese Frage betrifft natürlich nicht nur MindWalking, sondern richtet sich genauso an die gesamte weißmagische, hellseherische, geistheilerische, kinesiologische, homöopathische, psychologische, ja sogar die medizinische Kunst: Inwieweit ist es in Ordnung, jemandem zu helfen, der nicht weiß, wie die Methode genau wirkt?

Daß es der Zielperson hinterher besser geht, ist keine ausreichende Rechtfertigung. Verabreicht z. B. ein Arzt einem Patienten ein Medikament, ohne ihn zu fragen, ob er das überhaupt will, und ohne ihn über dessen Wirkungen, Nebenwirkungen oder mögliche Alternativbehandlungen aufzuklären, so handelt es sich um eine Bevormundung. Der Patient würde von diesem Arzt nicht mündig gemacht, d. h. in den Zustand der Mitkompetenz und der Mitverantwortung erhoben. Erklärte man nun Mündigkeit zum ethischen Standard, so bliebe selbst nach erfolgter Besserung der Vorwurf bestehen, daß die Zielperson immer noch genauso unmündig bzw. unaufgeklärt ist wie vorher. Diesem Standard zufolge wäre eine Hilfeleistung letztlich nur dann legitim, wenn man dem Klienten nicht hülfe, sondern ihn lehrte, sich selbst zu helfen.

Leistet man diese Aufklärung nicht, so bleibt Unmündigkeit bestehen und damit die Gefahr, daß der Klient abrutscht und mit dem gleichen Symptom immer wieder daherkommt – womit auch seine Bindung an den Helfer bestehenbliebe (der sich – so er entsprechend gewissenlos ist – auf diese Weise eine goldene Nase verdienen könnte).

Mündigkeit schaffen und erhalten ist ein ethisches Gebot. Einerseits. Andererseits aber kann man einen potentiellen Patienten nicht durch ein komplettes Medizin-plus-Psychologie-Studium hindurchschicken, auf daß er ja durchblicke, bevor man ihm ein Grippemittel verschreibt, denn er will seine Grippe jetzt gleich kuriert bekommen, nicht erst in acht Jahren, nachdem er seinen Doktortitel erworben hat.

Genau hier liegt der ethische Spannungsbereich: Wie mündig sollte man jemanden angesichts einer anstehenden Notlage machen? Wie mündig kann man ihn überhaupt machen, bevor man ihm hilft?

Eine wichtige Frage, zweifellos. Zu weitreichend, um sie im Rahmen dieses Textes in gebotener Breite zu diskutieren. Aber zumindest aufgeworfen werden sollte sie.

Um nun wenigstens eine auf MindWalking und Defensivtelepathie bezogene, praktische Antwort zu geben: Wenn die Befindlichkeit eines anderen meine eigene Befindlichkeit negativ tangiert, wenn es mich bedrückt, daß es ihm schlecht geht und ich ihn nicht in einem sinnvollen Zeitraum durch Hinweise soweit bringen kann, daß er er seine Probleme selbst bereinigt, oder wenn eine seiner Mentaldateien in meinem Raum gelandet ist – wenn ich also auf diese Weise mit ihm verknüpft bin –, so darf ich mich «aus purem Eigennutz» berechtigt fühlen, ihm beizustehen, selbst wenn er meinen Beistand nicht mitbekommt. Letztlich tue ich damit nicht mehr und nichts weniger, als eine telepathische Verknüpfung zu lösen. Indem ich ihm beistehe, helfe ich mir selbst.

Kann man jemandem durch solche MindWalking-Aktionen schaden, z.B. durch Fahrlässigkeit oder Stümperei? Nein. Erstens, weil ein Stümper gar nicht erst in die geistigen Regionen hineinkommt, die ihm gestatten würden, mit einer Zielperson überhaupt Kontakt aufzunehmen. Zweitens, weil MindWalking nicht dafür angelegt ist, anderen etwas draufzupacken (wer das lernen will, sollte einen Kurs in Schwarzmagie belegen), sondern mit ihnen gemeinsam und zu ihrem Nutzen etwas aufzulösen. Und dagegen dürfte es keine ethischen Einwände geben.

Jedes geistige Wesen hat eine ihm innewohnende Tendenz zur Befreiung, zur Entwicklung, zum Wachstum. MindWalking unterstützt diese Tendenz. Wollte man während einer Sitzung in Richtung Einengung und Schrumpfung arbeiten, so würde der Sitzungspartner dies sofort als Manipulation empfinden und entsprechend protestieren. Von daher ist die Notbremse gleich mit eingebaut.

DRITTER TEIL

Wie der Geist auf die Materie wirkt

Vom Zusammenspiel zwischen Körper, Geist und Selbst.

KAPITEL 9

Der Körper und sein Vitalfeld

In den vergangenen Kapiteln ist eine Frage noch nicht aufgegriffen worden: Wie wirkt der Geist auf die Materie ein? Aus dem Erlebnis, das Bernd mit Karl hatte (dem Verstorbenen, der nicht merkte, daß er tot war), ging hervor, daß der Abgeschiedene teilweise auch deswegen unglücklich war, weil er nicht in gewohnter Weise mit der Materie umgehen konnte (der Hammer rutschte ihm durch die Hände). Was ihm dazu fehlte, war ein Körper. Doch gilt auch für den Umgang mit diesem die gleiche Frage: Wie wirkt der Geist auf die Materie ein? Schließlich ist auch der Körper Materie, zwar keine tote, sondern belebte, aber dennoch Materie – wobei der Unterschied zwischen tot und lebendig aber entscheidend ist, denn es ist leichter, einen belebten Körper zu bewegen als einen toten Gegenstand. Wir machen es täglich – nur: Wie machen wir das eigentlich?

Um die Antwort bereits vorwegzunehmen: Nicht direkt auf Skelett, Muskeln und Organe wirken wir ein, sondern wir tun dies durch Interaktion mit dem vitalenergetischen Feld des Körpers. Um dieses geht es in Teil Drei.

Ulrich (IV): Verbranntes Vieh im Kinderzimmer

Eine weitere Episode aus Gerds altem Bauernhaus: In der unteren Etage, wo ehemals der Kuhstall lag, war das Kinderzimmer eingerichtet worden. Solange die Kinder tagsüber dort spielten, war alles in Ordnung, nachts aber schliefen sie schlecht. Sie hatten Albträume.

Offenbar hing dort etwas herum, was ihren Schlaf störte. Man bat mich um Unterstützung. Ich setzte mich in Gerds Arbeitszimmer, nahm den Mindwalker zur Hand und konzentrierte mich auf das ein Stockwerk tiefer liegende Kinderzimmer. Bald stiegen in mir Bilder auf: von Rindern, die aus ihrem Stall fliehen wollen, sich in Panik gegen die Hauswand drängen, in einer Ecke gar aufeinander steigen und sich dabei gegenseitig tottrampeln. Der Stall brannte. Und der Stall ist das heutige Kinderzimmer!

Vor 110 Jahren – so erfahre ich nach der Sitzung – war das Haus tatsächlich abgebrannt. Die Tiere konnten sich nicht aus dem Kuhstall retten und verbrannten. Aber auch ohne dies zu wissen, bin ich jetzt (in der Sitzung) mitten im Gewimmel und Gewühle. Die Ausschläge am Mindwalker bestätigen die Dramatik meiner Wahrnehmung. Ich lasse die emotionalen Energien und Bilder durch mich hindurchrauschen. Heftige Zuckungen und Krämpfe rasen durch meinen Körper. Er wird so heftig geschüttelt, daß der Stuhl, auf dem ich sitze, hin- und herrutscht, als träte einer gegen das Stuhlbein. Die aufgestaute Energie dieses komplexen, von vielen Tierseelen geteilten Geschehnisses hat auch nach mehr als hundert Jahren ihre Wirkung nicht verloren. Es dauert knapp eine Stunde, bis die Flut der hereindrängenden Schreckensbilder abgeflaut ist. Dann ist Ruhe. Und seitdem schlafen die Kinder wieder gut.

Wohlgemerkt handelt es sich hier um eine von Tieren gemachte Aufzeichnung, um etwas ganz anderes also als bei den in den vergangenen Kapiteln erwähnten Mentaldateien, die nur von Menschenwesen gemacht wurden. Noch ein Beispiel, und wir werden in einem Exkurs darauf eingehen.

Franz (III): Kopfschmerz vom Schwein

Die nun folgende Sitzung fand zwischen zwei Teilnehmern eines MindWalking-Basiskurses statt. Schon hier sind die ständigen Kopfschmerzen, an denen Franz leidet, das Sitzungsthema.

Der Sitzungsleiter läßt Franz gerade die Erinnerungskette bis zum frühesten ihm greifbaren Auftreten seiner Kopfschmerzen durchlaufen, da treten sie plötzlich mitten in der Sitzung ganz stark auf, und zwar rechts oben an der Stirn, also genau da, wo Franz sie immer spürt. Offenbar die Dramatisierung eines Urerlebnisses!

Schon dämmert eine Kindheitserinnerung herauf: Franz ist auf dem Bauernhof. Ein Schwein soll geschlachtet werden. Es wird aus der Wärme der Schweinefamilie herausgerissen und steht verwirrt im Hof. Es liegt Schnee. Plötzlich schießt ein wilder Schmerz durch den Kopf des Schweins. Ein stumpfer Eisenknüppel ist auf seine Stirn niedergegangen und hat seinen Schädel zerschmettert. Der Schnee färbt sich blutrot.

Franz hat die Szene aus der Sicht des Schweins erlebt wie auch aus seiner eigenen als siebenjähriger Bub. Die beiden Wahrnehmungspositionen – mal die des Schweins, mal die des Buben – wechseln einander ab. Der von Franz verspürte Kopfschmerz ist in Wirklichkeit der des Schweins, was sich daran zeigt, daß er erst vergeht, nachdem Franz das Erlebnis nicht lediglich von seiner eigenen Position her (aus der Sicht des Kindes also) voll durchlaufen hat, sondern auch von der des Schweins.

Zwischen der Empfindungsqualität des Schweins und der von Franz bestehen deutliche Unterschiede. Die des Schweins ist weniger differenziert, sozusagen dumpfer: Im körperlichen Bereich registriert es Druck und Schmerz, im emotionalen Verwirrung und Panik. Gedanken, Betrachtungen, Reflektionen, die Charakteristika eines Geistwesens, fehlen hier völlig. (Sitzungsdauer: 3:15 Std.)

Exkurs: Das Vitalfeld

Wir haben nun zweimal von den Erlebnissen gepeinigter Tierseelen gehört. Da drängt sich die Frage auf: Was bedeutet das Wort «Seele» eigentlich? Wir sehen, daß es unterschiedlich, ja sogar widersprüchlich verstanden wird: Man spricht von «Volksseele», von «ein Herz und eine Seele», «Seelenverkäufer» (für ein rostiges altes Schiff), von «seelischer Belastung», «unsterblicher Seele», «Seelenheil», «Seelenwanderung» usw. Für die einen ist die Seele gleichbedeutend mit dem Selbst, für andere ist sie der Sitz der Emotionen, für wieder andere ist sie das den Körper durchdringende «Ätherfeld».

Wie eingangs gesagt, kann der Geist nicht direkt auf den Körper zugreifen, schon gar nicht auf den toten. Was den Zugriff auf den

Körper ermöglicht, ist also nicht im Geist, aber auch nicht in der Biomasse des Körpers vorzufinden. Es muß also eine Zwischenstufe zwischen Geist und Körper geben, und diese – falls es sie denn wirklich gibt – muß im psychologischen Basiskonzept aller Völker irgendwo zu finden sein. Und tatsächlich! Wie hinlänglich bekannt, sprechen alle im Schamanismus bewanderten Kulturen davon und arbeiten damit, zumeist aufgrund präziser Modellvorstellungen: Man denke an die hawaiischen Kahunas, die indianischen Medizinmänner und viele Geistheiler der westlichen Welt.

Für diesen metaphysischen Bereich zwischen Körper und Geist gibt es die verschiedensten Begriffe: «Aura» bei den Esoterikern, «Ätherleib» bei den Theosophen, «niederes Selbst» bei den Kahunas, «morphogenetisches Feld» bei dem Biologen Rupert Sheldrake. Sogar bei Sigmund Freud tauchen Anklänge daran auf, wenn er vom «Es» spricht. Obwohl er es nicht metaphysisch, sondern rein biologisch definiert, schreibt er dem Es aber Eigenschaften zu – wie Sexualdrang, Libido usw. –, die genau auf die obengenannten Konzepte hinauslaufen.

Landläufig wird hierfür auch der Begriff «Seele» verwendet, z. B. in dem Ausdruck «beseelte Natur». Damit beziehen wir uns auf die der Natur innewohnende Lebendigkeit, nicht etwa auf die intellektuelle Kapazität von Tieren und Pflanzen. Da der Begriff «Seele» aber zu Mißverständnissen führen kann, möchte ich ihn im Zusammenhang mit MindWalking nicht verwenden, sondern hierfür einen eigenen Begriff einführen.

Die hier angesprochene Lebenskraft heißt in Indien «Prana», in China «Chi», bei Paracelsus «Vitalkraft». Diese Energie umgibt und durchdringt den Körper wie das Wasser den Schwamm. Sie ist «metaphysisch» («jenseits der Physis») in dem Sinne, daß sie weder biochemisch noch bioelektrisch meßbar ist und keine Funktion des Körpers darstellt, sondern vielmehr dessen Funktionen steuert. Die Anwendungsbereiche, die sich mit dieser Vitalkraft befassen, sind die Akupunktur, die Kinesiologie, die Homöopathie, die Bach-Blüten, usw.

Der physische Körper ist also nicht ein sich selbst organisierender Biocomputer, sondern braucht (wie jeder Computer) auch

«Strom» und eine «Software». Was den Biocomputer, genannt Körper, an Energie durchströmt und ihn betreibt, ist die genannte Vitalkraft, und das durch diese Energie aufgebaute Feld kann demnach als «Vitalfeld» bezeichnet werden.[34] Ein anderer möglicher Begriff wäre «Vitalkörper», in Anlehnung an «Ätherkörper», womit angedeutet ist, daß der physische Körper von einem energetischen Feld durchdrungen ist, das seinerseits eine Art «Körper» bildet. Die Erscheinung dieses «Ätherfeldes» ist das, was meistens unter dem Begriff «Aura» verstanden wird.

Da aber auch der Begriff «Äther» mit unterschiedlichsten Definitionen belegt ist, möchte ich die Begriffe «Vitalfeld» oder «Vitalkörper» hier einführen, da diese präzise definiert werden können und auch eine gute Vorstellung von dem geben, was gemeint ist.

Gleichfalls erscheint mir die Bezeichnung «Vitalwesen» angebracht, und zwar deshalb, weil man mit einem vitalenergetischen Feld in Kommunikation treten kann. Es wirkt nicht anonym oder neutral, sondern genauso einzigartig und persönlich wie ein Hund oder ein Pferd, wie ein Lebewesen eben. Einem Hund oder Pferd kann man etwas sagen und wird verstanden. Wäre dies nicht so, so könnte man weder auf einem Pferd reiten noch einen Hund dressieren. Zwar wird man nicht intellektuell verstanden, aber dennoch ereignet sich eine sinnvolle Kommunikation. Dabei hat man nicht das Gefühl, man rede mit einem anonymen «Feld», sondern mit einem individuellen Lebewesen.

Der Vitalkörper ist also ein energetisches Gebilde (ein «vitalenergetisches»), genauso wie auch der physische Körper und der Geist. Wir haben es mit drei Feldern zu tun: dem vitalenergetischen, dem mentalenergetischen und dem bioelektrischen. Denn auch der lebende Körper produziert ein Feld, und zwar durch die elektrischen Aktivitäten der Zellen. Dieses Feld ist nicht identisch mit dem Vitalfeld. Der Unterschied ist beträchtlich: Auf der körperlichen Seite haben wir es mit physikalischer Energie zu tun, auf der Seite des Vitalwesens jedoch mit nichtphysikalischer. Essen, Trinken und Atmen, das Einnehmen von Medikamenten, Alkohol oder Drogen – all dies führt zu biochemischen Veränderungen, diese wiederum zu bioelektrischen. Die Energie des Vitalwesens hingegen existiert *unabhängig* von der Körperelektrizität, obwohl es mit der Existenz des Körpers verwoben ist und diese unmittelbar ermöglicht. Wenn das Geistwesen beim Tod den physischen Körper verläßt, so zerfällt nicht nur dieser, sondern auch das ihm zugeordnete Vitalfeld. Selbstverständlich zerfällt das Vitalfeld nicht in dem Sinne, daß es verwest, sondern dadurch, daß es sich in das Gesamtvitalfeld der Erde auflöst und seine Energien und Informationen dort einspeist. (Einige benutzen hier den Sanskrit-Begriff «Akasha».[35])

Zurück zu den bereits dargestellten Sitzungserlebnissen: Es wurden Bilder gesehen, die aus der Erinnerung von Tieren stammten. Wie ist das möglich? Ganz einfach dadurch, daß Tiere, nicht anders als Menschen bzw. Geistwesen, ihre Umgebung mit Aufmerksamkeit beschicken und die so wahrgenommenen Eindrücke abspeichern. (Der genaue Mechanismus wird im nächsten Exkurs dargelegt werden.) Das Feld blieb über all die Jahre genauso stehen, wie wir das bei Mentalfeldern erlebt haben. Die Schreckensbilder der Tiere blieben buchstäblich in der Luft hängen.

Bleibt jeder Tod eines Tieres als Informationsfeld stehen? Meiner Beobachtung nach nein. Es gibt so etwas wie «artgerechte» Tode, die das Vitalwesen sozusagen mit einem Achselzucken quittiert. So findet man z. B. nie die Erinnerungsbilder von Mäusen, die von einer Katze gefressen wurden. Hingegen enthalten unnatürliche Tode, die im Programm des Vitalwesens nicht vorgesehen sind, wie etwa durch Vivisektion oder durch Vergiftung, so schwerwiegende Traumatisierungen, daß hiervon durchaus Aufzeichnungen gemacht werden. Die Schwere des Schocks ist der Faktor, der den «Film» belichtet. Diese Bilder bleiben als vitalenergetische Gebilde bestehen, bis sie durch einen bewußten Akt aufgelöst werden.

Kommuniziere ich als Geistwesen mit diesen Informationsfeldern, indem ich meine Aufmerksamkeit auf sie richte, so erwecke ich sie zum Leben und kann sie mir mit der gleichen Deutlichkeit anschauen, als wären es meine eigenen Erinnerungen. Bei dem kleinen Franz, der dem Schlachten des Schweins zuschaute, verlief das ähnlich, mit dem Unterschied, daß Franz das informationsgeladene Spannungsfeld des Schweins nicht bewußt wahrnahm. Deswegen konnte es sich ihm anhängen, und der Kopfschmerz des

Schweins wurde über Franz' Kopf ausdramatisiert. Es handelt sich hier also um den gleichen Mechanismus wie beim telepathischen Verkehr zwischen Geistwesen (beschrieben als «Internet der Seelen»). So wie in der Interaktion zwischen Geistwesen energetisierte *Mental*felder als «Andockpunkte» fungieren, übernehmen bei der Interaktion zwischen Geist- und Vitalwesen die *Vital*felder diese Aufgabe.

Ulrich (V): Toter Hirsch gibt Lebenszeichen

Der Jäger hat einen Hirsch geschossen und ihn in Gerds Haus vorbeigebracht. Er liegt in der Küche. Als ich hinzukomme, stehen bereits alle um den Tisch herum und sind damit beschäftigt, den Hirsch zu zerlegen. Ich trete näher, und eine Woge von Eindrücken schwappt zu mir herüber, Eindrücke von nahrhaften Kräutern, wohlschmeckendem Gras und kraftvoller Lebenslust. Offenbar «sendet» das Vitalfeld des Hirschs noch, obwohl er körperlich bereits zu Filets und blanken Knochen reduziert ist. Ich lasse das Erlebnis «durchrauschen» und sage niemandem etwas davon.

Am nächsten Morgen erzählt mir meine Frau, sie habe schlecht geschlafen und das hänge mit dem Hirsch zusammen. Sie habe beim Zerlegen das deutliche Bild seiner letzten Mahlzeit gehabt; auf einer Waldlichtung sei es gewesen, mit Eindrücken von Gräsern und Kräutern. Dann der Schlag, als ihn die Kugel trifft und sich alles in ihm zusammenzieht, und das Nichtbegreifen.

Exkurs: Erinnerungsspuren in der Seele

Zwei Personen nehmen unabhängig voneinander die gleiche, von einem Hirsch gesendete Ausstrahlung wahr. Wie kommt das? Wer hat da aufgezeichnet und «gesendet»? In welcher Form blieb die Aufzeichnung erhalten? Wie konnte sie sich uns mitteilen?

Offensichtlich machen nicht nur wir als «Quellwesen» unter Zuhilfenahme des Geistes Aufzeichnungen, sondern auch das Vitalwesen. Sowohl Geistwesen wie auch Vitalwesen verschicken Aufmerksamkeit. Dieser mentalenergetische Vorgang findet auf vitalenergetischer Ebene seine exakte Parallele. Der Hirsch zum Beispiel tastete mit seiner Aufmerksamkeit die Umgebung ab und zeichnete die gewonnene Information auf. Diese strahlte vom Urheber der Aufzeichnung ab, vom Vitalwesen des Hirschs also, selbst nachdem dessen Körper bereits zerlegt worden war.

Die vom Vitalwesen abgespeicherten Informationen und Emotionen bezeichne ich als Vitaldateien (im Unterschied zu den vom Geist aufgezeichneten Mentaldateien). Selbst wenn ein Organismus bereits zerstückelt und tiefgefroren ist, wird jedes Fleischstück doch noch von einem kompletten Abbild seiner Vorgeschichte umhüllt (holographisches Prinzip). Dies trifft für Pflanzen genauso zu wie für Tiere. Bei Tieren sind die Eindrücke allerdings kräftiger und deswegen leichter wahrnehmbar. Je traumatischer und «artungerechter» die Art des Todes oder der Ernte bzw. Abholzung, desto intensiver die Bilder.

Bei artgerechtem Tod endet der vitalenergetische Kommunikationsvorgang mit eingetretener Verwesung oder Verwelkung. Das Vitalfeld hat sich auf natürliche Weise aufgelöst. Bei industrieller Verarbeitung des Nahrungsmittels hingegen wird das informationstragende Vitalfeld auf unnatürliche Weise aufgelöst, nämlich dadurch, daß man es bis zur Unkenntlichkeit fragmentiert. Ist das Leben erst einmal aus einem Stoff heraus, so «sendet» er nicht mehr. Er ist dann in jeder Hinsicht tot – nicht nur physiologisch, sondern auch psychoenergetisch. Solche Nahrung ist kein «Lebensmittel» mehr.

So gesehen, nimmt man mit jedem Bissen ein ganzes vitalenergetisches Informationspaket zu sich. Was nicht ganz egal ist. Denn die hinzukommenden fremden Vitaldateien geraten zwangsläufig ins Wechselspiel mit dem eigenen Vitalfeld. Schaltet sich dadurch etwas ein, so entsteht ein uns schon bekanntes Phänomen: die hinzukommende Vitaldatei hängt sich an. Dadurch kann im eigenen Vitalwesen einiges durcheinandergeraten, vor allem dann, wenn die hereingenommene Information traumatischer Natur ist. Bei der heutigen Vergewaltigung von Pflanzen und Tieren zwecks Nahrungsmittelproduktion ist dies eher die Regel als die Ausnahme (siehe Schlachthöfe, Legebatterien, Massentierhaltung, Fischzuchtanlagen, Holland-Tomaten, Raubbau-Monokulturen usw.).

Der Gedanke läßt sich weiterspinnen: Betrachtet man lebendes organisches Gewebe nicht bloß als «Ersatzteil», sondern als vitalenergetischen Informationsträger, der die Lebens- und Leidensgeschichte des Vorbesitzers enthält, so ergibt sich die Frage, wie sich Bluttransfusionen, Organtransplantationen und gentechnische Manipulationen im feinenergetischen Bereich praktisch auswirken. Hierbei werden ja nicht nur Gewebeteile zerstückelt, eingefroren, gelagert, vermischt und mit anderen Körperfeldern zusammengeführt, sondern die begleitenden Vitalfelder registrieren dies alles! Ob das wohl gut ist?

Ulrich (VI): Baum leidet unter Abholzung

Wie jeder Gärtner weiß, haben nicht nur Tiere Empfindungen, sondern auch Pflanzen. Schenkt man Pflanzen keine Aufmerksamkeit, so leiden sie bekanntlich darunter. Tatsächlich registrieren sie erstaunlich viel und speichern dies auch ab.[36]

Ich erinnere mich in diesem Zusammenhang an eine Solositzung, in der ich den Grund für eine eigenartige Empfindung in meinen Knöcheln ausfindig machen wollte. Seit meinem letzten Waldspaziergang wurde ich ein merkwürdig dumpfes Gefühl in der Knöchelgegend nicht los. Ich stellte mich auf den Knöchel ein, um herauszubekommen, was da wohl um ihn herumhing.

Vor meinem geistigen Auge entstand das Erinnerungsbild eines Baumes, der gerade dabei war, abgeholzt zu werden. Es war ein hoher, gerader Baum, eine alte Buche. Die Wahrnehmungsposition war oben in der Krone. Von dort oben registrierte der Baum, wie unten am Stamm etwas mit ihm geschah. Nicht das Holz und die Blätter des Baumes registrierten dies, sondern er, als komplettes Vitalwesen, bemerkte, daß man ihm zu Leibe rückte. Äxte und Motorsägen kannte er keine, er nahm sie nicht wahr. Entsprechend waren sie nicht Teil des Bildes, das sich mir mitteilte. Aber ihre

Die psychophysische Interaktion

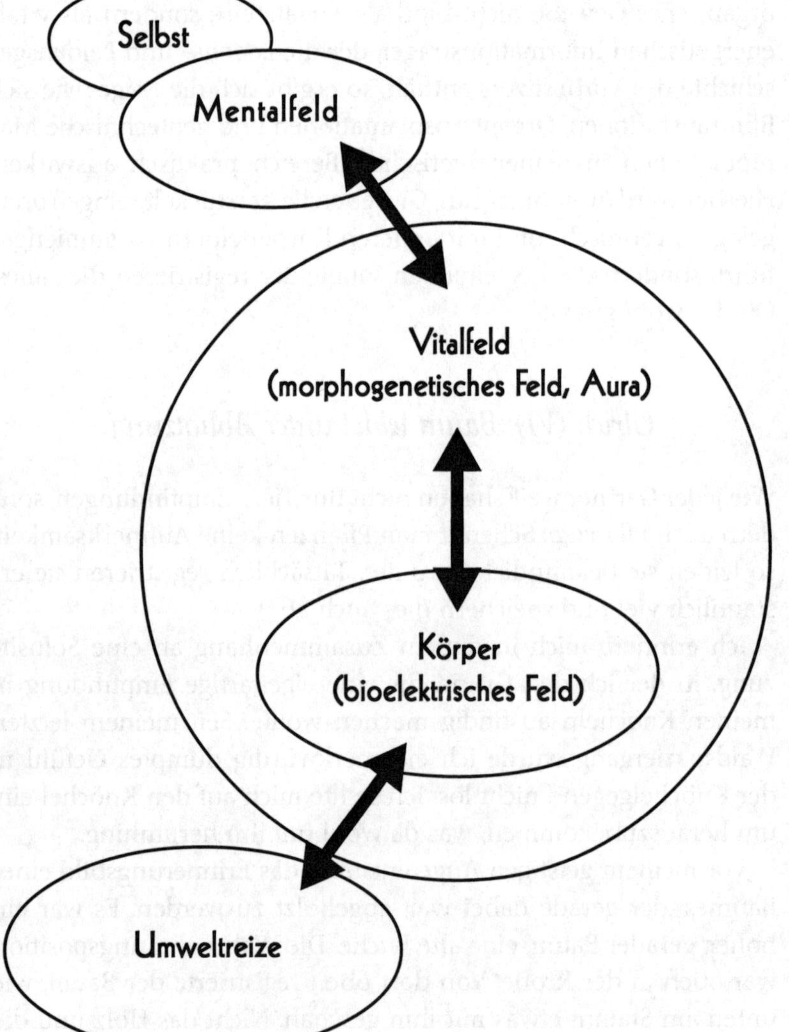

Die psychophysische Interaktion (Erklärung der gegenüberliegenden Graphik)

Die Komponenten Selbst (Quellwesen), Mentalfeld (Geist) und Vitalfeld wurden an verschiedenen Stellen im Text definiert. Diese Graphik soll ihr Zusammenwirken verdeutlichen. Es kann sich in Form unterschiedlicher Wirkungsketten ereignen:

a) Das Selbst faßt einen Gedanken, produziert Mentalenergie und versetzt den Geist in Schwingung. Eine Emotion entsteht. Per Resonanz versetzt diese das Vitalfeld in Schwingung. Die passenden Vitaldateien werden aktiviert und verstärken mit ihren Bildern und Emotionen die bereits laufende emotionale, informationsgeladene Welle. Schließlich teilt sich diese dem bioelektrischen Feld mit und verursacht die der Emotion entsprechenden hormonellen, neuronalen und muskulären Reaktionen, wie z.B. ein Erröten oder Erblassen, ein Lachen oder ein Weinen.

b) Umgekehrter Weg: Bedingt durch Umweltreize, wird das bioelektrische Feld aktiviert. Das Vitalfeld erkennt diese Aktivierung als lebensförderlich oder lebensfeindlich, je nachdem, und aktiviert die dazu passenden Vitaldateien. Diese mögen den Standardprogrammen zu Wachstum, Heilung, Fortpflanzung oder Sozialverhalten entsprechen oder den durch traumatisches Lernen zusätzlich angelegten Notprogrammen. Die in diesen Vitaldateien gespeicherten Emotionen werden freigesetzt; das Vitalfeld gerät ins Schwingen, z. B. in der Form von Ekel, Appetit, sexueller Lust usw. Diese Schwingung setzt sich nach oben fort, zum Geist hin. Mentaldateien werden eingeschaltet, Bilder und Informationen abgerufen, gute Gedanken oder aber Negativprogramme aktiviert. Nun macht sich das Selbst entweder Sorgen oder freut sich, was die ganze Sache entweder neutralisiert oder verstärkt. Im letzteren Fall würde die Welle wieder nach unten laufen und sich zu gar noch höheren Wirkungsgraden aufschaukeln.

c) Der Geist wird nicht vom Selbst, sondern von einem Energiewesen oder Elemental aktiviert, was die Wirkungskette im Sinne von a) in Bewegung versetzt. Das Selbst wurde in diesem Fall durch eine Fremdbeeinflussung übergangen.

d) Weitere Kombinationen sind selbstverständlich denkbar, wie z.B., daß ein fremdes Vitalwesen das eigene «anschwingt». Es versteht sich von selbst, daß die Reaktionen des Körpers auf den Input vom Vitalwesen bzw. der Kombination von Vitalwesen plus Geist sich bis zur Dramatisierung von Traumata steigern und so die Form psychosomatischer Symptome annehmen können. Der umgekehrte Fall wäre die Spontanheilung. Sie ereignet sich dann, wenn durch einen mächtigen positiven Außeneinfluß die eingeschalteten Vital- und Mentaldateien ausgeschaltet werden, z.B. durch einen Heiler, einen Kraftort oder auch nur durch einen Urlaub.

Auswirkungen konnte er *spüren*. Nicht so wie wir Menschen, wenn uns einer die Füße abschneidet, sondern viel dumpfer und nebulöser. Seine Wahrnehmungseindrücke umfaßten nicht Sehen und Hören, sondern lediglich Druck- und Schmerzempfindungen, wie sie nicht zum Leben eines Baumes gehören. Ohne daß er einen präzisen Gedanken formuliert hätte, teilte sich mir deutlich mit, daß dieser Baum «wußte», daß es ihm ans Leben geht.

Abschließend wurde mir klar, wann und wo ich diese Vitaldatei aufgeschnappt hatte: Bei einem Waldspaziergang war ich kürzlich an einem frisch abgeholzten Waldstück vorbeigekommen und hatte die schönen Bäume vermißt. Nur deren Stümpfe zu sehen stimmte mich traurig.

Hier bewahrheitet sich einmal mehr, daß das Bedauern ungesunde Folgen haben kann. Gibt man sich dem Gedanken an einen Verlust hin und läßt sich in eine Stimmung des Bedauerns hinunterziehen, so wird man unaufmerksam, und sofort hängt sich einem alles Mögliche an.

Ein weiteres Beispiel dafür, wie sich einem die Vitalwesen von Bäumen mitteilen können: Auf einem benachbarten Grundstück ließ es sich der Besitzer einfallen, eine Reihe von sechs alten Tannen in drei Meter Höhe zu kappen. Der feinsinnige Grund dafür war die Errichtung einer Gartenlaube. Die sechs Baumstümpfe sollten die Rückwand bilden. Von einem Tag auf den anderen standen dort, wo man vorher hohe Tannen zu sehen gewohnt war, sechs drei Meter hohe Baumstümpfe. Kein erbaulicher Anblick.

Unabhängig von den geschmacklichen und ästhetischen Aspekten der Angelegenheit war besonders traurig, daß die Vitalwesen weiterhin vor Ort existierten. Statt der sechs leibhaftigen Tannen standen dort nun sechs feinstoffliche «Nachbilder» von Tannen. Über den sechs Stümpfen erhoben sich die mächtigen, zwölf Meter hohen vitalenergetischen Felder der ursprünglichen Bäume. Wohlgemerkt standen sie da nicht als dunkle tannenförmige Umrisse, sondern eher als hochstrebende, leicht bauchige Lichtkerzen mit einem diffusen Leuchten von innen heraus. (Um es im Computerjargon auszudrücken: Die Hardware war dahin, aber die Software stand noch. Der Körper samt Genen wäre die «Hardware», das

Vitalwesen mit all seinen intelligenten Funktionsprogrammen die «Software». Sie enthält die ideale Ausprägung von Form und Funktion des betreffenden Körpers.)

Jeden Tag dünnte die Erscheinung ein wenig mehr aus und verschwand nach einer Woche schließlich ganz. Die Stümpfe wurden zu totem Holz.

Eine persönliche Anmerkung sei gestattet: Der Leser glaube bitte nicht, daß ich für diese Dinge besonders talentiert sei. Daß ich über die hier beschriebene Feinwahrnehmung verfüge, ist das Ergebnis von Hunderten von Solostunden, von viel Übung also.

Ernst (I): Tierseele wird zum Verhaltensprogramm

Die folgende kurze Notiz wurde mir von einem Solo-MindWalker per E-Mail zugestellt. Er stieß auf eine Vernetzung seines Vitalfeldes mit dem eines Tieres und entdeckte, wie dies auf geistiger Ebene, ihn selbst betreffend also, ungut zu Buche schlug: «Thema: Vernetzung mit anderen Wesen. Gefunden: das Kaninchen. Es handelt sich hier um die bei mir abgelegte Kopie einer Kaninchen-Vitaldatei. Die Verknüpfung damit hat dazu geführt, daß ich in bestimmten Gefahrensituationen das Verhalten von Kaninchen übernommen habe: nicht einer Situation ins Auge blicken und ihr standhalten, sondern zurückweichen und mich im Kaninchenbau verkriechen (also unterhalb des Bodens, in der Erde, wo es keiner sieht). Weglaufen, Ausweichen, Zurückweichen und im Boden verkriechen gehörten zum Urerlebnis des Kaninchens. Einmal klappte das nicht, und es entstand ein Trauma. Ich hatte große Probleme zu glauben, daß sich das Vitalwesen von einem Tier bei mir festmacht. Dauer: 1:20 Std.»

Wer wäre auch darauf gefaßt, ein Verhaltensprogramm in Form einer angehängten Vitaldatei zu entdecken, gar eines Kaninchens! Ernst fand nicht heraus, wie und wann er sie aufgelesen hatte. Oft bleiben viele Fragen offen, nachdem sich etwas aufgelöst hat, doch entscheidend ist das Sitzungsergebnis, nämlich das Verschwinden unerwünschter Verhaltensweisen.

Zoran: Eberjagd stört Waldesstille

Es folgt ein weiterer Fall der Dramatisierung einer fremden, angehängten Vitaldatei durch das eigene Vitalwesen. Zoran aus Belgrad kam zu einer Sitzung zu mir. Der erste Tag endete mit einem guten Zwischenergebnis. Über Nacht aber hat er ohne erkennbaren Anlaß Magenprobleme bekommen. Ihm ist, als sei sein Magen «in Stücke gerissen». Weil er sich in diesem Zustand nicht ungestört konzentrieren kann, müssen wir von unserem geplanten Sitzungsziel abweichen, um zu untersuchen, ob das Problem psychischer Natur ist. Wenn nicht, müßte Zoran zum Arzt.

Ich bitte Zoran, sich auf die Empfindung im Magen einzustellen, um zu schauen, ob sich irgendwelche Bilder zeigen. Zoran kennt sich aus; dies ist nicht seine erste Sitzung. Tatsächlich zeigt sich eine steinzeitliche Jagdszene: Zwei Jäger haben einen Eber gestellt, der eine hat ihn mit einem Pfeil getroffen und geschwächt, der andere setzt mit dem Speer nach. Dabei wird der Magen des Ebers zerrissen.

Hier das Protokoll der Sitzung: «Der Eber rennt durch den Wald. Er sieht die Blätter und Zweige und hört ihre Geräusche. [Zoran erlebt dies aus der Wahrnehmungsposition des Ebers, er «ist» sozusagen der Eber.] Ein Schlag trifft ihn am Rücken – das ist der Pfeil, aber das weiß der Eber nicht. Er spürt nur den Aufprall und den Schmerz. Ich sehe das aus drei Meter Entfernung.»

Eine Wahrnehmungsposition außerhalb des Eberkörpers? Das paßt nicht zum Aufzeichnungsmodus des Vitalwesens, denn das Vitalwesen nimmt immer nur von innerhalb des Körpers wahr. Wer schaut da zu? Der Jäger?

«Nein, das ist nicht die Wahrnehmungsposition des Jägers, – das ist ein Baum, der das wahrnimmt! Nicht visuell, aber irgendwie schon. Er spürt den Eber als einen Teil des Waldes; er hat Zuneigung zu ihm. Alles war vorher optimal. Dann plötzlich diese erschreckende Veränderung. Der Jäger bringt Qualen und Tod. Vom Standpunkt des Baumes ist der Eber immer noch da, obwohl er tot ist, aber er ist anders da als vorher. Was der Tod ist, versteht der Baum nicht. Aber daß die Harmonie beeinträchtigt wurde, das spürt er sehr wohl. Alles stand in harmonischem Zusammenhang:

Bäume, Sonne, Insekten. Danach sind sie wie auseinandergerissen, jedes ist nun für sich selbst. Ein großer Verlust für alle, so als gebe es da eine große, allumfassende Wahrnehmungsinstanz, einen Waldgott sozusagen, den Geist des Moments – und der zerbrach. Das große Miteinander wurde hinuntergezogen in angstvolle Vereinzelung. Tausende von Organismen sind betroffen – sogar das Gras!»

Wegen dieser kollektiven Betroffenheit genügte es bei diesem Geschehnis nicht, die Wahrnehmungspositionen der beiden Jäger und des Ebers durchgeschaut zu haben; nein, wir verbringen geraume Zeit damit, die Wahrnehmungspositionen der damals aufgescheuchten Vitalwesen einzunehmen, ihre Erlebnisse zu erfassen und sie den korrekten Urhebern zuzuordnen – ob das nun Käfer waren oder Gräser oder Vögel. Danach beruhigt sich alles. Auch Zorans Magen. (Dauer dieses Sitzungsausschnitts: 1:50 Std.)

Zoran erlebte sowohl den Eber wie auch den Baum und alle anderen betroffenen Wesen aus diesem Wald aus der Innenposition. Gleiches gilt für die weiter oben schon erwähnten Organismen, etwa den gefällten Baum oder das geschlachtete Schwein. Vitalwesen erleben nie aus einer Außenposition heraus; ihr Wahrnehmungs- und Aktionszentrum sitzt immer innerhalb des Körpers. Entsprechend sieht der Sitzungspartner den Erinnerungsfilm von der Innenposition des betreffenden Organismus aus.

Ulrich (VII): Fließende Schmerzübertragung

Bisher war von tierischen und pflanzlichen Vitalwesen die Rede. Lassen wir nun auch den menschlichen Körper zu Worte kommen. Das folgende Erlebnis demonstriert die Direktübertragung von Energie von einem menschlichen Vitalwesen zu einem anderen.

Zu einer Nachmittagsgesellschaft im Garten eingeladen, traf ich wie zu erwarten Personen, mit denen ich noch nicht bekannt war. Auf einer Bank sitzend, unterhielt ich mich mit einem älteren Herrn. Während des Gesprächs verspürte ich einen zunehmenden

Schmerz in meiner linken Schulter. Ich saß rechts neben dem Herrn; meine linke Schulter, also die ihm zugewandte, begann zu schmerzen.

Ich wußte, daß das nicht mein Schmerz war, sondern daß etwas von ihm zu mir herüberfloß. Deswegen ließ ich den Schmerz voll zu (statt mich gegen ihn zu wehren), und er klang ab. Später erfuhr ich, daß der alte Herr unter starkem Rheuma im Schulterbereich leidet.

Dieses Beispiel zeigt, wie zwei Vitalfelder in Resonanz miteinander stehen und sich wechselseitig zu beeinflussen vermögen. Es ist wie bei den Musikinstrumenten: Schlägt man auf einem Klavier einen Ton an, so wird die daneben lehnende Gitarre mitsummen. Übertragen auf das obige Erlebnis, heißt das, daß das im Schulterbereich verwirbelte Vitalfeld des alten Herrn seine Schwingungen auf mein Vitalfeld übertrug. Hätte ich diesen zu mir herüberfließenden Schmerz nun gewaltsam abgewehrt oder mir deswegen Sorgen gemacht, so hätte ich Pech haben können: Die Vitaldatei des anderen hätte nämlich von meinem Vitalwesen übernommen und als Duplikat abgespeichert werden können («heruntergeladen» werden können, wie Computerbenutzer dazu sagen). Damit wäre die Gefahr gegeben gewesen, daß sich die fremde Vitaldatei auch irgendwann einmal bei mir einschaltet, so als wäre es meine eigene. Im Laufe der Zeit könnten die Schmerzen bei mir schließlich genauso chronisch werden wie bei ihrem «Spender».

Es ist wie bei einem Schnupfen: Wenn ich mich von jemandem anstecken lasse und zu niesen anfange, ist der andere seinen Schnupfen deswegen nicht los. Wie immer: Geteiltes Leid ist doppeltes Leid.

Matthias (I): Verhinderte Zeugung

Bleiben wir noch einen Augenblick bei den Aufzeichnungen eines menschlichen Vitalwesens. Wir sind in einer Sitzung, Matthias arbeitet gerade an dem Negativprogramm «ich kann es nicht auf den Punkt bringen». Plötzlich, mitten in einer Kette ganz normaler, zu erwartender Erinnerungen sagt er: «Ich bekomme irgend etwas mit Eizelle und Samen und Zeugung. Habe auf einmal die Wahrnehmungsposition eines Spermiums. Vor mir die Eizelle ... sie ist riesig ... Ich schaffe es nicht. Ich bleibe hängen. Ich sehe die Eizelle, spüre die Wärme der Umgebung – ich komm' nicht hin.» Offenbar kann es die Samenzelle nicht auf den Punkt bringen – unser Thema!

Auch eine Samenzelle hat ihre Wahrnehmungen, wie es scheint. Allerdings ist das Aufmerksamkeitsvolumen eines Spermiums sehr gering; entsprechend schwach sind seine Aufzeichnungen. Eine schwache Vitaldatei läßt sich aber dadurch «hochpowern», daß ein geistiges Wesen (in diesem Fall Matthias als Sitzungspartner) seine Aufmerksamkeit konzentriert auf sie richtet – bis zu dem Punkt, da sie bildhaft wahrnehmbar wird. Aufmerksamkeit fungiert hier als Verstärker, ganz ähnlich wie in der Radiotechnik. Ohne das bewußte Hineinpumpen von Mentalenergie blieben die feinen Signale mancher Mentaldateien einfach im Hintergrund und würden nicht erkannt werden. (Gerade hier sind die Ausschläge des Mindwalker-Zeigers eine wichtige Unterstützung.)

Fahren wir fort mit der Sitzung: Um wessen Zeugung handelt es sich hier? Matthias vermutet, es sei seine eigene. Ausschlag am Mindwalker. Wie aber kann es angehen, daß er die Erinnerungsspur einer Samenzelle mit sich herumträgt, wenn diese die Zeugung seines gegenwärtigen Körpers *nicht* bewirkte? Deren Erlebnis kann ja wohl kaum im Vitalwesen von Matthias' Körper abgespeichert sein. Trotzdem kann er die Vitaldatei abrufen. Wie ist das möglich?

Diese Frage stelle ich Matthias. Auch er sieht, daß hier etwas nicht stimmen kann – bis er erkennt, daß es hier durchaus um «seine eigene» Zeugung geht, allerdings in einem anderen Sinn verstanden: Nicht die elterliche ist gemeint, die seinen gegenwärtigen Körper hervorbrachte, sondern eine von ihm selbst ohne Absicht vorgenommene, aber mißglückte Zeugung, die sich während des Sexualverkehrs mit einer Freundin ereignete. Sofort fällt ihm ein, wann, wo und mit wem das war. (Dauer dieses Ausschnitts: knapp 10 Minuten.)

Sheila: Auch eine Kakerlake will Beachtung

Bewußtes Erleben, egal wie dumpf, scheint es tatsächlich auf jeder Lebensstufe zu geben. Hier ein kurioses Beispiel: Während einer Sitzung erinnerte sich Sheila, meine australische Seminarorganisatorin, wie sie als kleines Mädchen einen extrem heftigen Streit ihrer Eltern miterlebte. Voller Entsetzen verkroch sie sich in eine Ecke und wimmerte vor Angst – ein traumatisierendes Erlebnis, das sich tief in Sheilas Gedächtnis einfraß.

Wir arbeiten den Streit von jeder verfügbaren Wahrnehmungsposition aus durch: von derjenigen der Mutter, der des Vaters, der Sheilas – aber es will sich einfach keine abschließende Erleichterung einstellen.

Sieht Sheila in diesem Geschehnis vielleicht eine Kleinigkeit, die sie bisher unberücksichtigt gelassen oder nicht ausgesprochen hat? Na ja, sagt Sheila, da sei schon etwas, doch komme es ihr albern vor und deswegen habe sie mir bisher noch nichts davon erzählt, aber tatsächlich habe sie schon die ganze Zeit über das Gefühl gehabt, daß es da noch eine weitere Wahrnehmungsposition gebe, eine weitere Kamera, von der aus der Film aufgezeichnet worden sei, und zwar in einer ganz anderen Ecke des Zimmers in Bodennähe – nämlich die einer Kakerlake! Die sei von der Wucht der elterlichen Emotionen aus ihrem Kakerlaken-Dämmerzustand herausgerissen worden. Auch sie habe das Ganze auf ihre Art mitbekommen. Großer Lachanfall, keine weiteren Äußerungen mehr. Der Streit ist abgehakt. Ende der Sitzung.

Keiner hatte die Kakerlake berücksichtigt. Daran hing der Erfolg der Sitzung. Auch sie hatte eine Wahrnehmungsposition beizutragen.

Exkurs: Bewußtsein auf allen Stufen

Sitzungen wie die eben beschriebene lassen vermuten, daß jede Lebensform, egal auf welcher Stufe, ihre Umgebung bewußt wahrnimmt, auch niedere Lebensformen wie Kakerlaken, Bäume, Grashalme und Spermien. Offenbar nehmen sie ihre Umgebung nicht nur durch den Austausch von Molekülen und Photonen wahr – im Sinne eines biochemischen oder biophysikalischen Vorgangs –, sondern auch über das vitalenergetische Feld. Wie sonst könnten biochemische und biophysikalische Vorgänge bildhaft ablesbare Aufzeichnungen hinterlassen, wenn es nicht außerdem auch feinenergetische Komponenten gäbe?

Organismen haben in dem Sinn Bewußtsein, als sie sowohl ihren körperlichen Zustand wie auch ihre Umgebung registrieren. Ein Hund spürt seinen Hunger, und er weiß, wo er seinen Freßnapf findet. Ein Hase registriert Gefahren in seiner Umwelt und flüchtet in seinen Bau. Ein Papagei lernt, seinen Käfig von innen zu öffnen. Diese Vorgänge lassen sich weder über neuronale Verknüpfungen noch über genetische Anlagen vollständig erklären, denn – um bei dem Papagei zu bleiben – damals, als die Gene entstanden, gab's noch keine Papageienkäfige. Wie also sollte diese Information in den Genen gelandet sein?

Wir haben es hier mit Bewußtseinsvorgängen zu tun, mit Wahrnehmung und Lernen. Der Organismus erlebt und registriert seine Befindlichkeit; er drückt sie aus als emotionale Qualitäten, und gerade bei höheren Säugetieren wie Pferden und Hunden vermögen wir Menschen diese deutlich wahrzunehmen. Doch wissen Hunde und Pferde nicht um sich selbst als Erlebende. Daher kennen sie kein Selbstmitleid. Genausowenig wissen sie, daß sie die Verursacher ihrer Erlebnisse und Emotionen sind. Die ganze Thematik von Ethik und Verantwortung läßt sich nicht auf sie anwenden. Hierin liegt der große Unterschied zwischen geistigen Wesen und Vitalwesen.

Tiere und Pflanzen denken nicht, sie erleben. Dabei lassen sie sich von ihrer Umgebung und ihren Instinkten leiten. Sie leben und erleben das Jetzt. Vergangenheit und Zukunft sind ihnen fremd. Sie denken nicht darüber nach. Sie denken auch nicht über sich selbst nach. Zwar sind sie bewußte Wesen, denn sie nehmen ihre Umgebung bewußt wahr, aber selbst-bewußt sind sie nicht, denn der Satz «ich weiß, daß ich wahrnehme» liegt jenseits ihres Begriffsvermögens.

Weil Organismen intelligent und lernfähig sind und jede Kreatur ihre Lebensnische sucht und findet, erleben wir sie (ganz besonders natürlich die Haustiere) als unverwechselbare Individuen. Doch nie übersteigt ihre Intelligenz und Lernfähigkeit den Lebensrahmen, für den sie «gebaut» sind. Tiere und Pflanzen folgen einem bestimmten, artenspezifisch definierten, überlebensorientierten Grundprogramm und sind in dessen Rahmen enorm flexibel, aber darüber hinaus läuft nichts. Man kann einem Tiger zwar beibringen, durch einen feurigen Reifen zu springen, aber diese Intelligenzleistung kommt nicht vom Tiger, sondern vom Dompteur. Zudem läßt der Tiger die Sache schnellstens bleiben, wenn man ihn damit in Ruhe läßt. Er hat nichts davon. Es gehört nicht zu seinem artenspezifischen Überlebensprogramm.

Aus gutem Grund bezeichnen wir daher Tiere und Pflanzen nicht als geistige Wesen. Wir können an ihnen nicht das spezifisch Geistige beobachten, was den Menschen auszeichnet. Sie können sich und ihre Welt nicht als Ergebnis einer denkerischen Leistung verantwortungsbewußt gestalten (wie ich trotz der wundersamen Ergebnisse der Schimpansen- und Gorillaforschung samt ihrer Bemühtheit, uns klarzumachen, daß der Affe der bessere Mensch sei, zu behaupten wage).

Die Verhaltenspsychologie hat in ihren frühen, allseits bekannt gewordenen Experimenten folgendes verdeutlicht: Man zeigt einem Hund das Futter; der Speichel läuft ihm im Maul zusammen; gleichzeitig läßt man ein Glöckchen erklingen. Ist diese Koppelung von Reiz und Reaktion erst einmal stabil, so läuft dem Hund bereits beim Erklingen des Glöckchens das Wasser im Maul zusammen, auch ohne daß er das Futter sehen oder riechen müßte. Diesen Vorgang bezeichnet man als «Konditionierung».

Der Mensch als geistig begabtes Wesen vermag da einen Schritt weiter zu gehen als das Tier: Er kann sich willentlich sein Lieblingsgericht vor Augen führen, und schon allein dadurch wird ihm das Wasser im Mund zusammenlaufen; er braucht kein Glöckchen dazu. Der Mensch hat Vorstellungskraft; er kann sich sein Futter erdenken und sich bereits an den heraufbeschworenen Bildern begeistern. Zwar hat ein Hund, der hungrig zu werden beginnt, oft einen ganz bestimmten Appetit, z.B. hätte er gerne einen Leckerbissen statt sein Standardfutter; ob ihm aber im buchstäblichen Sinn etwas «vorschwebt», sei dahingestellt. Vital- und Geistwesen sind sich zwar darin ähnlich, daß sie Wünsche haben; ob sich der Hund allerdings ein leckeres Essen auszudenken vermag, wenn er gerade *keinen* Hunger hat, das wage ich zu bezweifeln. Der Mensch jedenfalls kann das – besonders dann, wenn er ein guter Koch ist.

Man glaube bitte nicht, daß ich Tiere für «minderwertig» hielte. Bei allem Respekt vor den zahllosen Haustierbesitzern, die ihren Lieblingen nahezu menschenähnliche Fähigkeiten zuschreiben, gestatte ich mir jedoch einen eher unsentimentalen Standpunkt. Seit Jahren wohne ich mit zwei Hunden, zwei Katzen und einem Papagei in ländlicher Umgebung mit Pferden, Kühen und Schweinen und erlebe dabei nicht nur, daß der Verhaltensspielraum von Tieren weit begrenzter ist als der von Menschen, sondern auch, daß es zwischen beiden einen bedeutenden qualitativen Unterschied gibt: den des Geistes.

Der Begriff «Geist» ließe sich zweifellos noch sehr fein differenzieren, speziell in bezug auf die Frage, wie er sich bei Mensch hier und Tier dort manifestiert. Es mag wie eine grobe Vereinfachung klingen, Tieren und Pflanzen einen Geist schlichtweg abzusprechen, doch ist dieses simple Denkmodell völlig ausreichend, um in MindWalking-Sitzungen gut und ergebnisreich arbeiten zu können.

Exkurs: Instinkt und Intuition

Instinkte sind Sache des Vitalwesens. Intuitionen hingegen sind Sache des Geistes, genauer gesagt des Quellwesens selbst. Instinkte äußern sich als nicht erlernte Verhaltensweisen. In der Wissenschaft ging man deswegen davon aus, daß sie genetisch vererbt sein müßten. Bis zur Formulierung der morphogenetischen Feldtheorie stand kein anderes Erklärungsmodell zur Verfügung. Heute können wir sagen: Ja, Verhaltensweisen werden tatsächlich vererbt – aber nicht durch die Gene, sondern durch das Weitergeben oder «Herunterladen» von Informationsfeldern.

Ein Beispiel: Unser im Sommer geborener Hund traute sich als halbjähriger Welpe im ersten Winter seines Lebens erstmalig aufs Eis. Sorgfältig prüfte er mit den Pfoten die Dicke des Eises, bevor er es betrat. Er gab erst mal Gewicht auf das Eis, um es zu testen. Er verhielt sich total intelligent. Woher wußte er das? Weder seine Mutter noch sonstwer haben es ihm je beigebracht. Ich glaube kaum, daß sich solche Handlungsweisen «in den Genen» finden lassen. Also sagen wir doch der Einfachheit halber, er ist seinem Instinkt gefolgt, seiner Vitalintelligenz, seinen mitgegebenen Überlebensprogrammen.

Auch der Mensch folgt seinen Instinkten. Ist man krank oder schwanger, so spürt man ganz genau, was gut für einen ist und was nicht, da verhält man sich «instinktiv richtig». Zweifelt man an seinen instinktiven Vorlieben (weil es der Geist mal wieder besser weiß), so macht man gewöhnlich etwas verkehrt und wird kränker.

Intuition hingegen ist ein Bewußtsein von Wissen. In unseren intuitiven Momenten schalten wir uns in ein Wissenspotential ein, das jenseits von Zeit und Raum im «geistigen Überraum» existiert. Dieses Wissen ist nicht das Ergebnis von Lernen. Es ist «von selbst schon da», sozusagen als «höheres» Wissen. Es ist Teil unseres bewußten Seins, unseres Bewußtseins.

Wenn wir Aufmerksamkeit in die Welt verschicken, laufen wir Gefahr, daß wir uns mit ihr identifizieren, dadurch die innere Verbindung zu unserem geistigen Potential verlieren und so unser Bewußtsein vernebeln.

Idealerweise sollte man in der Lage sein, seine Aufmerksamkeit auf einen bestimmten Bereich zu konzentrieren, ohne dabei sein umfassendes Bewußtsein einzubüßen. Das, so vermute ich, würde einen Weisen auszeichnen. Er befände sich, so darf man sich vorstellen, im Zustand der simultanen Wahrnehmung sowohl der physikalischen Welt wie auch des geistigen Überraums. Instinkte hätte auch der Weise, aber genaugenommen nicht er, sondern sein Vitalwesen. Und er würde das eine nicht mit dem anderen durcheinanderbringen: weder die materielle Welt mit der geistigen Welt noch die geistigen Datenbanken mit den vitalenergetischen.

KAPITEL 10

Der Dialog mit dem Körper

Exkurs: Der Mensch denkt sich krank – oder gesund

Jeder Organismus, ob pflanzlich, tierisch oder menschlich, ist zusammengesetzt aus Körper und Vitalwesen. Beim Menschen gibt es darüber hinaus noch einen Geist, der mit dem Vitalwesen in Wohngemeinschaft haust. Durch mangelnde gegenseitige Rücksichtnahme können hier Spannungen auftreten.

Weil der Mensch fähig ist, über sich selbst nachzugrübeln, läuft er Gefahr, das ihm beiwohnende Vitalwesen mit seinem Kummer, seinen Sorgen und seinen Negativprogrammen in Verwirrung zu bringen und so dessen Kräfte zu schwächen. Zwangsläufig wirkt sich das auf den Körper aus. Der Mensch kann sich buchstäblich krank denken. Solche Krankheiten sind trotz medikamentöser Behandlung nur sehr schwer wegzukriegen – falls überhaupt.

Egal ob pharmakologische, homöopathische oder naturheilerische Mittel eingesetzt werden – der Geist erweist sich immer als die stärkere Instanz. Er vermag eine todbringende Krankheit herbeizuführen, für die rein medizinisch überhaupt kein Anlaß besteht; umgekehrt vermag er Heilung zu bewirken, wo keiner dem Patienten mehr eine Chance geben würde.

Tiere werden selten krank, und nach Unfällen verheilen ihre Wunden schnell. Warum? Weil sie nicht über ihre Situation nachdenken. Da ist kein Geist, der sich Sorgen macht. Das Tier, als reines Vitalwesen, funktioniert im Rahmen seiner Idealprogramme, soweit die Umgebungsfaktoren dies zulassen. Es hat eine «vitale Intelligenz». Und diese will nur eines: das optimale Überleben des Individuums und der Art garantieren.

Gelingt es einem Menschen, sein Vitalwesen anzusprechen und ganz bewußt dessen Überlebensintelligenz zu aktivieren, so kann Heilung unerwartet rasch einsetzen.[37] Wichtig dabei ist der positive Wille zur Gesundung. Um diesen herzustellen, müssen aktiv wirkende Negativprogramme unbedingt ausgeräumt werden. Nichtaktivierte Negativprogramme spielen glücklicherweise keine Rolle. Sie sind lediglich potentiell vorhanden, schlummern sozusagen im Hintergrund. Selbst wenn man hundertfünfzig Negativprogramme in seiner Psychokiste liegen hätte, wird es einem trotzdem blendend ergehen, solange sie nicht eingeschaltet sind. Ist man aber gestreßt, gefrustet, hungrig und müde, dann geht man wegen der kleinsten Kleinigkeit an die Decke. Wieso ist die Toleranzkraft hier so niedrig? Weil sich viele Negativprogramme und Mentaldateien gleichzeitig in Einschaltung befinden (hohe «Einschaltquote»).

Warum sind die meisten Menschen im Urlaub viel gemütlicher als bei der Arbeit? Weil sich im Urlaub weniger einschaltet als im Arbeitsstreß. Kein Auslöser weit und breit. Niedrige Einschaltquote. Und wann sind die Leute krank? Nicht im Urlaub!

Dieses Kapitel, betitelt «Dialog mit dem Körper», handelt davon, wie die geistige Erkenntnis leib-seelischer Interaktionen zur Gesundung des Körpers führt.

Horst (III) und Eva: Sieg über den Tod

Horst erzählte mir folgendes Erlebnis aus seiner russischen Gefangenschaft: Den Kriegsgefangenen wurde schwerste Zwangsarbeit abverlangt, doch zu essen gab es nur erbärmlich wenig. Die Kartoffelschalensuppe, die man ihnen hinstellte, war praktisch ohne Nährwert. Viele starben an Hunger, Krankheit, Kälte und Erschöpfung. Wer nicht mehr arbeiten konnte, meldete sich krank. Lag einer aber erst mal in der Krankenbaracke, so galt es als ausgemacht, daß er dort nicht mehr lebend herauskommen würde.

Auch Horst geriet an den Punkt, wo er glaubte, er könnte nicht mehr. Nur mehr ein Gestell aus Haut und Knochen, schwach und mit wehen Gedärmen, meldete er sich krank und legte sich in die

Krankenbaracke, zum Sterben bereit. Doch dann sagte er sich: «Das kann's noch nicht gewesen sein!», rappelte sich wieder hoch und meldete sich zurück zur Arbeit. Der russische Lagerkommandant war so beeindruckt von dieser einmaligen Demonstration von Charakterstärke, daß er wegen Horst eine Ansprache hielt.

Horsts Willenskraft wirkte stärkend und ermutigend auf sein Vitalwesen ein, mit dem Erfolg, daß dieses den Körper trotz unbeschreiblicher Strapazen durchbrachte.

Willenskraft, Überblick und Entschlußkraft eines Wesens hängen nicht vom körperlichen Alter einer Person ab, wie folgender Bericht von Eva Mozes Kor belegt, die als zehnjähriges Mädchen in Auschwitz eingeliefert, ihrer Mutter entrissen und samt ihrer Zwillingsschwester für Menschenversuche aussortiert wurde. «Nichts auf der Welt kann einen Menschen auf einen Ort wie Auschwitz vorbereiten. Als Zehnjährige wurde ich einer besonderen Gruppe von Kindern zugeteilt, die von Dr. Josef Mengele als menschliche Versuchskaninchen verwendet wurden. Ungefähr 1500 Zwillingspärchen wurden von Mengele für seine tödlichen Experimente eingesetzt. Es wird geschätzt, daß weniger als 200 Einzelpersonen überlebten. [...] Wäre ich gestorben, dann hätte Mengele Miriam [Evas Schwester] mit einer Injektion ins Herz getötet und hätte an unseren Körpern vergleichende Autopsien vorgenommen. Auf diese Art starben die meisten Zwillinge. [...] Da wurde mir klar, daß dieses Schicksal auch Miriam und mir drohte, wenn ich nichts dagegen unternahm, um es zu verhindern. Also faßte ich einen stummen Entschluß: Ich werde alles tun, was in meiner Macht liegt, um zu verhindern, daß Miriam und ich auf diesem dreckigen Latrinenboden enden.»

Eva wurden Krankheitskeime injiziert, die sie bis zur Bewußtlosigkeit schwächten. Sie bekam keine Medikamente, nur selten Essen, streckenweise kein Wasser. Ähnlich wie bei Horst gab es auch hier eine Krankenhausbaracke, aus der man normalerweise nie mehr herauskam. Doch schaffte es Eva, ein Jahr durchzuhalten, bis Auschwitz kurz vor ihrem elften Geburtstag von den Sowjets übernommen wurde. Nur der felsenfeste Entschluß, ihre Schwester zu retten, gab ihr die Kraft, diese Tortur zu überleben.

Die Größe von Frau Kor zeigt sich im Ausmaß ihrer Toleranzkraft, besonders darin, daß sie es als erwachsene Frau fertigbrachte, ihren Folterern zu vergeben: «Ich fühlte, wie eine Bürde des Schmerzes von meinen Schultern genommen wurde. [...] Ich war nicht länger eine Gefangene meiner tragischen Vergangenheit.»[38]

Matthias (II): Sterbende Gazelle verursacht Grippe

Matthias berichtet aus einer Sitzung als Solo-MindWalker: «Ausgehend von den Symptomen eines grippalen Infekts mit Halsweh, Husten und Schnupfen, ging ich in Sitzung, um festzustellen, welche Erlebnisse da wohl bei meinem Vitalwesen eingeschaltet sein könnten.

Ich stellte die Frage: Welches Lebewesen war einmal in einer Notlage und hat dabei etwas Ähnliches empfunden wie ich jetzt? Dies führte zunächst zu einer Verschlimmerung der Symptome. Danach traten die Einzelheiten des Ablaufs nach und nach bildlich zutage. Zunächst wurde das Gefühl sehr intensiv, ein Vierbeiner zu sein, etwa ein Pferd. Ich konnte genau die Körperstruktur spüren. Zunächst schien es wie ein Pferd, das sich ‹im falschen Element› befindet. Mit der unterstützenden Information durch die Mindwalker-Ausschläge kam schließlich heraus, daß eine Gazelle von einem Krokodil gepackt und in einen Fluß gezerrt worden war. Die deutlichsten Empfindungen in der Sitzung ergaben sich jedoch beim Kampf der Gazelle gegen das Ertrinken beim Zusammenstoß mit einem treibenden Baumstamm. Ich spürte den heftigen Stoß als Druck auf der Lunge, und auch das Wasser in der Nase und in der Lunge. Das Erlebnis löste sich schließlich nach mehreren Durchgängen mit einer spürbaren Erleichterung auf.

Am folgenden Tag waren die Grippesymptome teilweise immer noch vorhanden, und ich fühlte mich wie ein ‹sterbendes Vitalwesen›. Welcher Tod wurde hier dramatisiert? Wieder ging ich in Sitzung und erlebte das Körpergefühl eines Schweins. Begleitet von heftigen Hustenanfällen, dämmerte das Geschehnis herauf. Das Schwein kam durch giftige Gase ums Leben, die Lunge und

Schleimhäute angriffen und zu einem Verrotten des lebenden Organismus führten. Das Vitalwesen des Tieres verzweifelte daran, daß es diese Erscheinungen nicht reparieren und den Körper nicht am Leben erhalten konnte. Weitere Körperempfindungen kamen hinzu, die ich anfangs nicht verspürt hatte, wie zum Beispiel Übelkeit. Letztendlich erkannte ich, daß es sich um eine regelrechte Naturkatastrophe handelte, von der ein großes Gebiet mit allen dortigen Lebewesen betroffen war. Nach ein paar Wiederholungen dieses Dramas beendete ich die Sitzung mit einem befreiten Gefühl.

Gleich nach dieser Sitzung stellte sich bei mir eine rasche Verbesserung des Befindens ein. Die Grippesymptome gingen zurück. Nach meiner Erfahrung hätte ich mit so einer Erkältung circa eine Woche im Bett gelegen. Nun aber war nach drei weiteren Tagen fast nichts mehr davon zu merken.» Einige Tage später fügte Matthias per E-Mail hinzu: «Die Grippe war doch noch nicht ganz rum. Nur auf somatischer Ebene war Erleichterung geschaffen worden, der geistige Auslöser saß aber immer noch da. Er ist in Arbeit.»

Diese Bemerkung gibt uns einen wichtigen Hinweis auf das Verhältnis zwischen Selbst, Geist, Vitalwesen und Körper: Das Selbst ist der Chef. Solange ich selbst auf dem Weg über meinen Geist einen «ständigen Tagesbefehl» in Form eines negativen Gedankens in «meine Firma» hinunterschicke und mir dessen nicht einmal bewußt bin, kann sich alles Mögliche einschalten.

Letztlich ist es mein geistiger Zustand, der meinen Gesamtzustand hervorbringt. Für meinen geistigen Zustand aber bin ich selbst verantwortlich. Denn ich selbst habe irgendwann die Negativprogramme geprägt, unter denen heute Geist, Vitalwesen und Körper leiden. Zwar wurden sie geprägt in Situationen des äußeren Zwangs und der Unausweichlichkeit, aber dennoch von mir und niemandem sonst.

Luiz (III): Zum Schamanen statt zum Arzt

Beispiele dafür, wie sich das Vitalwesen durch Kommunikation und gezielte Absicht positiv beeinflussen läßt, bieten einige Anekdoten, die mir Luiz, der Brasilianer, aus seiner Heimat erzählte. Seiner Darstellung nach geht man dort eher zum Medizinmann als zum Arzt. Ein Medizinmann ist ein Heiler, der mit schamanischen Mitteln arbeitet, also kein Heilpraktiker in unserem Sinne. Ein Schamane wiederum ist jemand, der die psychoenergetischen Strömungen einer Person und ihres Körpers erspürt und beeinflußt. Er begibt sich in Trance und stimmt sich auf die Schwingung des anderen Wesens ein, bis er damit in Resonanz ist. Er vermag jemanden gesund wie auch krank zu machen. Der Unterschied liegt in der Absicht, die Mittel aber sind die gleichen. Formelhaft ausgedrückt, beschränkt sich der Schamane auf eine reine Vitalfeldkorrektur, ohne begleitend auch das Mentalfeld zu korrigieren.

Während der Pubertät entwickelten sich am Körper von Luiz überall Warzen. Er ging zum Heiler. Der Heiler sagte: «Zeig mir deine Warzen.» Luiz trug kurze Hosen und wies auf seine warzenübersäten Beine. Der Heiler befahl: «Zeig mir jede einzelne Warze!» Luiz zeigte auf jede einzelne Warze mit dem Finger; dazu sagte der Heiler jedesmal bestätigend «hm». Luiz ging nach Hause. Als er dort ankam, waren die Warzen verschwunden. Sie wuchsen zwar wieder nach, aber nie an den gleichen Stellen. Er besuchte den Heiler mehrfach; jedesmal lief der gleiche Vorgang ab mit dem gleichen Ergebnis. Irgendwann hatte er keine mehr.

Als Luiz eine Lymphdrüsenentzündung in den Leisten hatte, suchte er eine schamanische Heilerin auf. Sie zeigte ihm eine Schere und führte in der Luft Schneidebewegungen aus. «Was schneide ich?» fragte sie Luiz. Er antwortete: «Meine Lymphdrüsen.» Dieser Dialog wurde dreimal wiederholt. Auf dem Heimweg war die Schwellung bereits verschwunden.

Luiz erzählte mir auch von dem legendären Dr. Fritz, einem Arzt, der zu Anfang des 20. Jahrhunderts in Deutschland lebte und dort auch starb. In Brasilien war er zu seinen Lebzeiten nie gewesen. Seit seinem Tode aber, bis in die Gegenwart hinein, geistert er in jenem fernen Land herum und ist dort populärer als zu seinen Lebzeiten in Deutschland. Er benutzt Schamanen als «Sprachrohr» und identifiziert sich den Patienten gegenüber als «Dr. Fritz». Will man Dr. Fritz konsultieren, so sucht man einen Schamanen auf;

dieser (in Trance) tritt höflich an die Seite und gibt das Wort an Dr. Fritz weiter.

Ulrich (VIII): Dialog mit den Lymphdrüsen

Auch ich litt einmal unter geschwollenen Lymphdrüsen, und zwar in der rechten Leiste. Ich stimmte mich auf die betreffende Körperstelle ein, bekam aber keinerlei bildhafte Eindrücke. Mir wurde dabei klar, daß ich keine Ahnung davon hatte, was sich in den betreffenden Gewebebereichen normalerweise abspielt. Kein Realitätsbezug. Ich fragte meine Frau (sie ist Ärztin), was die normalen Abläufe in den Lymphdrüsen der Leistengegend seien, was da von wo nach wo fließe und an welcher Stelle wie verändert werde und zu welchem Zweck. Während sie mir die Abläufe innerhalb eines gut funktionierenden Lymphdrüsensystems erklärte, horchte ich gleichzeitig nach innen. Immer dann, wenn die Realsituation (der Ist-Zustand) nicht dem von ihr dargestellten Soll-Zustand entsprach, spürte ich eine Verspannung und sah den betreffenden Gewebebereich dreidimensional und in Farbe vor meinem geistigen Auge. Als sei die Kamera in den Zellen drin. Hinterher setzte ich mich an den Mindwalker und durchwanderte die gesamte Lymphregion mehrfach. Wiederum sah ich Bilder und spürte Verspannungen, diesmal mit elektronischer Rückmeldung. Nach mehrfachen Durchgängen flaute die Dynamik dieses Prozesses ab, und von der Schwellung war nichts mehr zu spüren.

Um den Eindruck zu vermeiden, es handle sich hier um eine spirituelle Sonderleistung meinerseits, möchte ich vorschlagen, daß Sie selbst, liebe Leserin, lieber Leser, einmal versuchen, Ihren Körper geistig zu durchwandern. Richten Sie Ihre Aufmerksamkeit auf Ihre Organe, Ihre Knochen, Ihre Zähne. Sie werden erstaunt sein, was sich Ihnen an Bildern und Empfindungen alles zeigt. Sollte es hier und dort zu kribbeln beginnen, so bedeutet das, daß Sie mit Hilfe Ihrer Aufmerksamkeit einen abgesperrten Bereich aktiviert haben. Machen Sie sich deswegen bitte keine Sorgen. Was hier stattfindet, ist einfach eine Entladung von Spannung, und das ist ja nichts Unerwünschtes. Die Erscheinung wird nach einer Weile ganz von selbst wieder ausklingen. Verweilen Sie mit freundlicher Aufmerksamkeit auf dem betreffenden Bereich, bis er sich beruhigt hat.

Manuel (III): Fernsitzung mit dem kranken Vater

Per E-Mail erhalte ich den Bericht zu einer Fernsitzung, ausgeführt von Manuel, dem Ihnen schon bekannten kolumbianischen Rechtsanwalt. Er schreibt: «Am 24.3. machte ich eine Sitzung, um meinem Vater zu helfen, der sehr krank war und in der Klinik lag, dem Sterben nahe. Ich ging geistig durch seinen Körper und entlud alle Spannungspunkte, die ich finden konnte. Dabei lokalisierte ich sein Vitalwesen und wies es nachdrücklich an, sich verstärkt um die Genesung zu kümmern. Danach ging ich mit seiner Leber in ein ‹Zwiegespräch›. Es dauerte ungefähr 30 Minuten. Innerhalb weniger Tage ging es meinem Vater überraschend gut, und heute ist er wieder ganz in Ordnung.»

Manuel ging also «in den Körper» seines Vaters hinein und durchwanderte ihn – damit ist gemeint, daß er seine Aufmerksamkeit auf seinen Vater richtete und dabei allmählich den Körper und die Organe seines Vaters aus der Position des Vitalwesens erspürte. Dabei orientierte er sich an den Rückmeldungen seines Mindwalkers.

Er blieb so lange in dieser Wahrnehmungsposition, bis sich alle Spannungen gelöst hatten, die er wahrzunehmen vermochte. Diese leitete er durch seinen eigenen Körper ab, so wie ein Blitzableiter den Blitz. Indem er gleichzeitig Kraft und Hoffnung in das Vitalwesen des Vaters pumpte, tat er etwas, zu dem der Vater aus eigenen Kräften wohl nicht mehr fähig schien. Das führte zu einer positiven Wende in der Krankheitsentwicklung.

(Es sei noch einmal an Kapitel 7 erinnert, wo Manuel betonte, für solcherlei Mentalakrobatik kein besonderes Talent mitgebracht zu haben. Er hat einfach im Lauf der Jahre durch seine Sitzungen viel gelernt. Außerdem ist er in der Lage, eine Herausforderung anzunehmen. Oft kann man etwas, einfach weil man daran glaubt, daß man es kann.)

Auch dieses Beispiel demonstriert, daß man ohne Einbeziehung des Geistes direkt auf das Vitalwesen einzuwirken vermag – obwohl es aber letztlich der Geist und das Selbst sind, die für den Gesamtzustand der «Firma Mensch» verantwortlich zeichnen. Nützt ein solches Vorgehen denn etwas, so könnte man fragen, solange der Geist querschießt? Ja, als erste Hilfe schon. Längerfristig aber müßte man das geistige Wesen selbst auf seine Verantwortung hin ansprechen.

Karin: Gespräch mit dem Ameisenkönig

Ein etwas skurriles Beispiel für den Umgang mit nichtmenschlichen Vitalwesen gab mir Karin. Nach der Absolvierung eines Reiki-Kurses öffnete sie sich zunehmend ihren bislang schlummernden spirituellen Fähigkeiten und machte dabei erstaunliche Entdeckungen.

Karins Küchentür öffnet sich direkt zum Garten hin. Jeden Sommer entdeckten die Ameisen Karins Küche erneut für sich und machten sich darin breit – verständlicherweise sehr zum Ärger der Hausfrau. Karin erwog, Gift zu benutzen, doch war ihr als hochsensibler Person diese Vorstellung nicht sympathisch. Statt dessen sprach sie den «Ameisenkönig» an, wie sie ihn nannte. Weniger poetisch ausgedrückt, peilte sie das Vitalwesen an, das diesen Ameisenstamm managte, und gab ihm ein Ultimatum: «Entweder ihr geht freiwillig, oder ich setze Giftfallen!» Dabei projizierte sie die Vorstellung massenweise verendender Ameisen sehr lebhaft zu ihrem Ansprechpartner hinüber. Innerhalb von drei Tagen, sagte Karin, war ihre Küche ameisenfrei.

Bernstein: Katzenjammer

Auch das folgende ist ein Beispiel dafür, wie sich das Vitalwesen von Tieren ansprechen läßt:

Letzte Woche ist unser neuer Kater zu uns gestoßen. Wir nennen ihn Bernstein, seiner Augen wegen. Er ist bereits zwei Jahre alt.

Sein Vorbesitzer wollte ihn loswerden, weil er nicht mit ihm umgehen konnte. Der Kater lasse sich nicht hochnehmen, hieß es, er beiße und kratze; zum Tierarzt könne man ihn nur unter Einsatz von Beruhigungsmitteln bringen. Der Vorbesitzer ist ein Züchter, in dessen Haus mehrere Rassekatzen leben. Bernstein benehme sich den anderen Katzen gegenüber normal, den Menschen gegenüber aber nicht.

Auch bei uns ist das Tier schwierig. Noch nach einer Woche sitzt Bernstein in den verstecktesten Ecken der Wohnung, traut sich kaum heraus, läuft nicht quer durch den Raum, sondern nur an den Wänden entlang in vollster Deckung, frißt nur im geheimen. Manchmal läßt er sich anfassen, sitzt aber da wie eine Steinfigur. Man hat den Eindruck, er sehe nicht, wer da gerade vor ihm steht; es wirkt, als blicke er durch einen durch auf jemand anderen.

Nach einer Woche komme ich zu der Auffassung, daß der Kater irgend etwas dramatisiert. Er braucht eine Sitzung. Die Gelegenheit ist günstig, als er kaum sichtbar in einem Regal in meinem Arbeitszimmer liegt, seinem Lieblingsversteck. Ich schalte den Mindwalker an und stelle mich auf Bernsteins Wahrnehmungsposition ein, bis ich ihn «von innen» spüre. Daß ich richtig liege, zeigt sich an Zeigerausschlägen des Mindwalkers, die auf so subtile Spannungsschwankungen verweisen, wie ich sie ohne Gerät nicht bemerken würde. Am Gesicht Bernsteins vermag ich nichts abzulesen, denn ich sehe ihn ja nicht einmal. Über die Rückmeldungen des Geräts taste ich mich langsam in das Innenleben seines Vitalwesens vor.

Meine erste Frage gilt Bernsteins Scheu vor Menschen. Als Antwort stellen sich Eindrücke von Scheiterhaufen und Vivisektionen* ein. Der Bilderstrom ordnet sich einer Zeitschiene entlang. Die frühesten Erlebnisse sind die mit dem Scheiterhaufen: Hunderte von Katzen werden auf einen Scheiterhaufen geworfen, offenbar eine mittelalterliche Szene, die im Zusammenhang mit der Pest zu stehen scheint. Erst Wochen später erfahre ich zufällig, daß so etwas zu Zeiten der Pest tatsächlich die Praxis war. Man verbrannte

* Vivisektionen sind experimentelle Sezierungen am lebenden Körper ohne Betäubung (von lat. *vivus*, lebendig, und *secare*, schneiden).

Hexen und Katzen, weil der Teufel in ihnen stecke und weil es «bekanntlich» der Teufel sei, der die Pest brachte.

Als nächstes folgen die Vivisektionseindrücke: Grelles Licht, Katzen auf einem Operationstisch festgebunden, Hände halten Instrumente, wühlen im Unterleib. Vorbei. Und noch mal von vorn. Dann wieder der Scheiterhaufen; diesmal kommt noch mehr: Endlos viele Katzen fliegen, von unsichtbaren Händen geworfen, in die Flammen. Wie viele Traumata haben sich hier eingeschaltet? «Dreitausend», kommt mir in den Sinn. Große Entladung und vorbei. Normalwerte am Gerät, grüner Bereich.

Ergebnis der Sitzung: Vorher lag Bernstein mißtrauisch und lauernd im Regal, jetzt ist er entspannt, putzt sich, läßt sich streicheln und schnurrt. Er läuft ohne Deckung quer durch die Räume und läßt sich beim Fressen zuschauen. (Sitzungsdauer: 41 Minuten.)

Exkurs: Der kollektive Vitalspeicher

Die oben erwähnte Zahl «dreitausend» bedeutet nicht, daß auf dem beschriebenen Scheiterhaufen dreitausend Katzen gleichzeitig verbrannt worden wären. Was die Zahl angibt, ist, daß sich bei meinem Kater dreitausend Traumata eingeschaltet haben.

Bei der Ziffer «dreitausend» handelt es sich um eine kollektive Erinnerung «aus der Katzenwelt», d.h. um die miteinander verschalteten Vitaldateien Tausender von Katzen. Es handelt sich nicht um die individuelle Erinnerung meines Katers in dem Sinne, daß er im Verlauf von dreitausend Inkarnationen jedesmal einen Feuertod erlitten hätte.

Wie schon gesagt, haben Vitalwesen keine individuellen «früheren Leben». Sie leben nur einmal. Nach dem Tode verbleiben sie für eine Weile im Körper und lösen sich dann allmählich auf. Im Moment der Zeugung konstituiert sich aus dem vitalenergetischen Gesamtfeld jeweils ein neues, einzelnes Vitalfeld.

In meiner Sicht der Dinge handelt es sich bei diesem Gesamtfeld um ein globales, erdumspannendes morphogenetisches Feld, sozusagen ein «Hypervitalwesen», eine «Kollektivseele», ein «planetarisches Vitalfeld». Alles, was irdischen Organismen jemals zustieß, ist dort aufgezeichnet. Die aus traumatischem Lernen entstandenen Erlebnisspuren von Vitalwesen egal welcher Art (ob tierisch, pflanzlich oder menschlich) verschmelzen spätestens nach dem Tod des Organismus mit dem kollektiven Vitalspeicher.

Persönlich halte ich es für möglich, daß das planetarische Vitalfeld in seiner Gesamtheit die gleiche Lernfähigkeit besitzt wie jedes der von ihm abgespaltenen Einzelvitalwesen auch. Es merkt sich Verlusterlebnisse, speichert Naturkatastrophen und von Menschen verursachte gewaltsame Eingriffe in das Gesamtüberleben als traumatische Lektionen, und es zieht insofern die Konsequenzen daraus, als es sein Verhaltensspektrum adaptiert oder einschränkt, genauso wie es jedes einzelne Vitalwesen täte.

Es handelt sich um ein kollektives Gedächtnis. Die Information ist im Jetzt; sie ist ständig verfügbar. Richtet man nur genügend Aufmerksamkeit darauf, so bekommt man sie in bildhafter Form präsentiert. Als geistige Wesen verfügen wir über diese Möglichkeit. Wir können im Erdenfeld abgelegte Dateien gezielt anpeilen und abrufen, auch wenn sie mit der Gattung Mensch inhaltlich nichts zu tun haben. Auch die Dateien anderer Gattungen stehen uns zur Einsicht zur Verfügung (MindWalking-Sitzungen hierzu liegen vor). Theoretisch ließe sich auf diese Weise viel Rätselhaftes beantworten, z. B., warum die Dinosaurier oder später die Mammuts so blitzartig ausstarben (mit noch unzerkauten Bissen im Maul!). Für die praktische Durchführung einer solchen Sitzung besteht allerdings die Einschränkung, daß man diesen Kontakt nicht einfach aus reiner Neugier herstellen kann. Man müßte dazu in seiner geistigen Entwicklung nicht nur entsprechend weit sein, sondern zudem einen guten Grund dafür haben, sich in diese Zusammenhänge hineinzudenken. «Nur mal so» klappt das nicht. Die ethischen Regeln der geistigen Welt verwehren es einem.

Die in manchen Religionen vertretene Annahme, man sei früher mal als Tier inkarniert gewesen und habe sich langsam die Evolutionsstufen emporgearbeitet, beruht meines Erachtens auf der Verwechslung der Aufzeichnungen von Vitalwesen mit denen von Geistwesen. Die Ereignisspuren von Geistwesen einerseits und Vitalwesen andererseits wurden falsch zugeordnet. Dadurch gewinnt man einen falschen Eindruck von sich selbst. Zwar hatte ich viele Sitzungspartner, die mir Erlebnisse von Fischen, Vögeln, Bäumen oder sogar Felsbrocken aus deren jeweiliger Wahrnehmungsposition heraus erzählten, doch war keiner dieser Sitzungspartner ernsthaft der Ansicht, je selbst ein Fisch, Vogel, Baum oder Felsbrocken gewesen zu sein. Menschen, die solche Erinnerungsbilder schon einmal erschaut haben, sollten sich daher fragen, ob die Zuordnung stimmt.

Das Vitalwesen belebt den Körper; das ist bei jedem lebenden Organismus der Fall. Die Besonderheit beim Menschen ist, daß hier außerdem noch der Geist hinzustößt. Vermag man zwischen den Ereignisspuren dieser beiden sauber zu unterscheiden, so kann nichts schiefgehen.[39]

Helen: Mit fünfhundert Jahre alter Erkältung infiziert

Das folgende Beispiel, eine kombinierte Verschaltung von Mental- und Vitaldateien, zeigt, wie schnell eine Krankheit auf geistigem Wege entstehen und auch wieder vergehen kann. Meine Sitzungspartnerin ist Helen, die schon im letzten Kapitel erwähnte australische Heilpraktikerin. Ich möchte hier eine «Blitzsitzung» mit ihr schildern, ihre allererste Sitzung überhaupt, die vermutlich nur deswegen so schnell ablaufen konnte, weil Helen eine Menge Vorerfahrung mit verschiedenen Meditationsformen hat und somit über einen raschen Zugriff auf ihre Datenbanken verfügt.

Helen ist am Morgen mit starken Erkältungssymptomen in Brust und Hals aufgewacht. Dies führt sie darauf zurück, daß sie gestern in ihrer Praxis mit drei erkälteten Kindern gearbeitet hat.

Klarer Fall, könnte man meinen, sie hat sich angesteckt. Nur ist das keine Erklärung. Denn warum hätte sie sich ausgerechnet jetzt angesteckt? Schließlich zieht man sich nicht immer und unweigerlich etwas zu, wenn man mal mit erkälteten Menschen zusammen war. Helen muß zu ihrer mißlichen Situation irgendwie selbst beigetragen haben. Ihre geistige Abwehr muß einen Augenblick lang nicht intakt gewesen sein.

Um dieser Erkältung die Spitze abzubrechen, bevor sie sich weiter ausbreiten kann, machen wir schnell eine Sitzung. Spontan fällt Helen ein, daß sie sich gestern, als sie eines der drei erkälteten Kinder im Arm hielt, an ihre eigene Tochter Cindy erinnert fühlte. Cindy war als Kleinkind einmal ganz schlimm mit Erkältung und Übelkeit erkrankt gewesen, damals in Indien, vor über 20 Jahren, in einer Meditationskommune.

Schön. Was aber hat Helens heutige Erkältung mit der so weit zurückliegenden Erkrankung ihrer Tochter zu tun? Daß ihr das einfiel, hat etwas zu bedeuten. Nichts, was von der Psychokiste freigegeben wird, ist rein zufällig.

Ich frage Helen, ob sie sich gestern im Zusammenhang mit ihren drei kleinen erkälteten Patientinnen über etwas erregt habe. Auf diese Frage hin bauen sich die ersten emotionalen Wallungen auf. Helen bricht in Tränen der Wut aus. «Der Vater dieser Kinder ist ein Dreckschwein! Ein ekelhafter Typ!»

Erinnert dieser Vater sie an jemanden von früher? Ja. Damals, in der Meditationskommune in Indien, war Helen mit jemandem liiert gewesen, der ihre Tochter massiv ablehnte. Als die kleine Cindy damals mit Husten und Atemnot erkrankt war und schrie und weinte, reagierte dieser Mann mit Drohungen: Er halte das nicht mehr aus, er wolle das Kind umbringen, usw. Es schien sein voller Ernst zu sein. Verständlicherweise war Helen entsetzt und schokkiert.

Während Helen mir dies erzählt, wird es ihr erstmals bewußt, daß ihr damaliger Partner nicht ganz bei sich war, sondern mächtig etwas ausdramatisiert haben mußte. Anders kann sie sich sein irrationales Verhalten nicht erklären.

Könnte in diesem Moment – der Mann wütend am Dramatisieren, Helen schockiert und somit in geschwächtem Zustand – etwas von ihm zu ihr übergesprungen sein? (Die idealen Voraussetzungen für die Übernahme einer fremden Mentaldatei!)

Ich spreche Helen ganz direkt auf diese Möglichkeit an. Hat sie möglicherweise eine Mentaldatei ihres zornigen Partners aufgeschnappt? Unvermittelt und spontan strömen die Erinnerungsbilder herein: «Er ist vor langer Zeit einmal gefoltert worden. Ein Verlies in England – 14. oder 15. Jahrhundert.» Ging es ihm damals ähnlich wie Helen mit ihrer Grippe heute? Waren seine Qualen vergleichbar mit den Symptomen, die Helen seit heute morgen dramatisiert? «Schlimmer!» sagt Helen und muß lachen.

Welche Körperteile des Gefolterten wurden damals besonders in Mitleidenschaft gezogen? «Rücken, Brust und Magen», ist Helens Antwort (ihre Symptome von heute morgen!). Welchen Körperteil spürt Helen jetzt, in diesem Moment, an ihrem eigenen Körper am deutlichsten? «Die Kehle!» Was war mit der Kehle des Mannes damals? «Ihm wurde die Kehle herausgerissen! 1437 war's gewesen!»

Weil Helen über ein großes Maß an Toleranzkraft verfügt, ist sie in der Lage, ein so brutales Bild unverzüglich zu verkraften. Blitzartig verfliegt eine Unmenge von Spannung. Entsprechend spürt sie eine sofortige Erleichterung. Ihre Krankheit ist wie weggepustet. Sie hatte damit gerechnet, eine Woche lang mit Grippe im Bett zu liegen. Jetzt aber fühlt sie sich fit und munter, und das bleibt auch so.

Schneller Rückblick auf die hier vorliegenden Verknüpfungen: Gestern arbeitete Helen in ihrer Praxis mit drei erkälteten Kindern; deren Vater erlebte sie als ekelhaft. Dies erinnerte sie an eine schwere Erkrankung ihrer eigenen Tochter Cindy als kleines Kind (ähnliche Situation). Ähnlich wie den Vater der drei Kinder verabscheute Helen ihren damaligen Partner (ähnliche Person). Bei einem Streit mit diesem sprang eine Mentaldatei von ihm zu ihr über: die Szene seiner Folterung.

Helens drei kleine Patienten und deren Vater fungierten hier offenbar als Auslöser für die Einschaltung eines Urerlebnisses, das sich Helen vor zwanzig Jahren als Mentaldatei anhängte. Gestern wurde es eingeschaltet, wirkte auf das Vitalwesen und in nächster Instanz auf den Körper; heute morgen war Helen krank.

Um sicherzustellen, daß das Vitalwesen, das Helens Körper verwaltet, die Veränderung mitbekommen hat, beschließen wir, es auf den neuesten Stand bringen. Dazu brauchen wir als erstes eine Kommunikationslinie zum Vitalwesen.

Helen richtet ihre Aufmerksamkeit auf ihren Solarplexus (drittes Chakra). Dort spürt sie das Zentrum ihres Vitalwesens, sozusagen seine Kommandozentrale. (Man glaube bitte nicht, daß das immer so sein muß! Jeder hat hier sein eigenes Gespür.)

Ich weise Helen an, ihr Vitalwesen anzusprechen und einen Kontakt aufzubauen. Dies gelingt; Helen fühlt sich intensiv mit ihrem Vitalfeld verbunden. Sie gibt meine Anweisungen an ihr Vitalwesen weiter. Wir machen ihm deutlich, daß das Geschehnis *damals* war, nämlich 1437, und nicht heute, und daß es *dort* war, nämlich in England, und nicht hier; daß das Erlebnis das *eines anderen* war, nicht dasjenige Helens, und daß die gefundene Information ab jetzt in Helens Körper *nicht mehr wirksam* zu sein habe. Bei jeder Anweisung lassen sich am Mindwalker Entspannungsphänomene beobachten. Als Ergebnis dieser Aktion ist die Datei nun nicht nur bei Helen als Geistwesen gelöscht, sondern auch die im Vitalwesen abgelegte Kopie.

Ich empfehle Helen, sich bei ihrem Vitalwesen dafür zu bedanken, daß es uns freundlicherweise durch ein Krankheitssymptom auf das Vorhandensein dieser ungesichteten Mentaldatei aufmerksam gemacht hat. Sie tut das, und alles löst sich in Wohlgefallen auf.

Man muß zu dem Vitalwesen immer höflich, freundlich, aber auch bestimmt sein. Es meint es ja nicht böse, ganz im Gegenteil. Seine Grundtendenz ist es schließlich, zu helfen; seine Ausdrucksweise sind Hunger, Durst, Unwohlsein, Krankheit, Appetit oder Ekel. So gesehen, macht es einen mit Hilfe körperlicher Symptome auf unaufgeräumte Schubladen in der Psychokiste aufmerksam.

Nun, bei Sitzungsende, sind bei Helen auch die allerletzten Reste von Unwohlsein verflogen. Ende der Sitzung. (Sitzungsdauer: 15 Minuten.)

Am Tag nach unserer Sitzung erfolgte noch ein amüsantes kleines Nachspiel: Cindy, Helens Tochter, rief aus der gegenüberliegenden Ecke Australiens an – ein ganzer Kontinent liegt dazwischen. Cindy sagte, sie habe seit gestern so einen unangenehmen Halsschmerz. Als sie den Zeitpunkt nannte, wurde uns klar, daß ihre Beschwerde ungefähr eine Stunde nach Abschluß von Helens Sitzung (von der Cindy natürlich nichts wußte) begonnen haben mußte. Helen erzählte Cindy haarklein vom Inhalt ihrer Sitzung. Cindy mußte lachen, und ihr Halsschmerz verschwand noch während des Gesprächs. Eine weitere Querverbindung wurde aufgelöst.

Ralf, Martha, Carmen (IV): Geist und Vitalwesen im Gespräch

Es folgen drei weitere Beispiele für den Direktkontakt zwischen Geist- und Vitalwesen. Solche Kontakte beschränken sich selbstverständlich nicht lediglich auf den Zeitraum einer Sitzung, sondern sind jederzeit möglich – wenn man bereits ein Gefühl dafür hat. Ist dem nicht so, bietet eine Sitzung die Möglichkeit, diese Form der Kontaktaufnahme überhaupt einmal kennenzulernen. Für manchen, der noch nie einen Draht zu seinem Vitalwesen hatte, ist das etwas ganz Neues und oft auch Bewegendes.

Erster Fall: Ralf erlebte seinen Körper immer als Gegenspieler. Im Verlauf der Sitzung entdecken wir, daß eine Lungenentzündung, unter der er als Kind litt, durch die Einschaltung einer angehängten Mentaldatei zustande gekommen war. Gerade haben wir das dazugehörige Erlebnis durchlaufen und neutralisiert, da spürt Ralf, wie in seinem Körper eine Veränderung vor sich geht: «ein Gefühl, wie wenn die Muskeln innerlich schwingen».

Beunruhigt ihn das, oder ist das ein gutes Zeichen? «Fühlt sich an wie eine Neueinstellung der Saiten beim Instrument. Es geht innerlich hin und her – als würde der richtige Punkt gesucht.»

Ich fordere Ralf auf, sein Vitalwesen anerkennend dafür zu bestätigen, daß es diese positive Arbeit leistet. Wohin würde er sprechen, um mit dem Vitalwesen Kontakt aufzunehmen? «In den Herzbereich», sagt er. Gut, Ralf, sag ein paar nette Worte! Das fällt ihm ungeheuer schwer; er kämpft mit sich, murmelt einen gestotterten Satz («du machst das schon richtig»), wird knallrot dabei. «Es ist gar nicht so einfach, die Kontrolle aufzugeben bzw. zu übergeben!»

Stimmt – schon gar nicht, wenn man den Körper zum Gegenspieler erklärt hat!

Ralf druckst noch eine Weile herum, um die richtigen Worte zu finden. Er benimmt sich wie ein Jüngling bei seiner ersten Liebeserklärung. Jetzt ist es geschafft. Kam was zurück? «Ja, so was wie: Okay, okay, du brauchst dich doch nicht zu schämen!»

Sehr gut. Jetzt läuft die «Firma Mensch» wieder rund. Wir beenden die Sitzung.

Zweiter Fall: Martha – wir kennen sie aus einer Fernsitzung in Kapitel 8 – fühlte sich als Lebensgrundnote sehr verletzlich und körperlich unterentwickelt (was man angesichts ihrer kräftigen Statur nie vermuten würde). Dies drückt sich aus in dem Negativprogramm: «Ich komm' alleine nicht zurecht.» Auf dieser Grundlage haben sich eine Überbetonung körperlicher und emotionaler Belange wie auch eine unbewußte Abhängigkeit vom Vitalwesen ergeben. Um es überspitzt auszudrücken: wir haben hier den Fall eines Geistwesens, das sich von seinem Vitalwesen führen läßt statt umgekehrt.

Nach dem Neutralisieren des Negativprogramms frage ich Martha, ob es ihr möglich sei, einen direkten Draht zu ihrem Vitalwesen aufzubauen. Ja, sagt sie, sie habe öfters mal ein Gefühl, als liefe da ein Dialog über den Bauch ab. Auf diesem ihr bereits bekannten Weg stellen wir auch dieses Mal eine Kommunikationslinie her. Ähnlich wie oben bei Helen lasse ich Martha dem Vitalwesen vermitteln, daß ihr Negativprogramm wie auch alle ihre damit verbundenen angehängten oder eigenen Mentaldateien nun, nach Abräumen dieses Negativprogramms, keine Geltung mehr haben und man somit auf neuer Grundlage ein partnerschaftliches Zusammensein einrichten könne.

Die Botschaft wird von Marthas Vitalwesen gut aufgenommen. Wir erhalten die Antwort: «Ich bin froh, nun nicht mehr dauernd etwas für dich machen zu müssen, sondern *mit* dir!» Danach setzt eine angenehme Entspannung ein, ein Harmoniegefühl.

Wir nutzen die Gelegenheit, um zu erfragen, was Martha in ihren Problembereichen Körpergesundheit und Sexualität besser machen könnte. Tatsächlich nennt ihr Vitalwesen einige Beschwerdepunkte. Ein Anzahl präziser Momente innerhalb der letzten Monate werden Martha genannt, als sie sich falsch verhalten habe. Martha bemerkt deutlich, daß diese Sichtweise nicht ihre eigene ist, sondern eindeutig von ihrem Vitalwesen stammt. Sie muß zugestehen, daß in den genannten Situationen ihre Führung versagte oder den Wünschen des Vitalwesens sogar gegenläufig war, und gelobt Besserung. Hiernach verspürt sie ein noch stärkeres Harmoniegefühl als vorher (auch am Mindwalker zu erkennen). Wir beenden die Sitzung.

Dritter Fall: Carmen hat ein Gewichtsproblem. Obwohl sie fast nichts ißt und 60 bis 80 Stunden pro Woche im Management ihrer Firma arbeitet, quillt sie nach allen Seiten über. In unserer Sitzung stellte sich heraus, daß Geistwesen und Vitalwesen aktiv gegeneinander arbeiten statt miteinander, bedingt durch das Negativprogramm «ich bin nichts wert». Dieses formulierte Carmen als Geistwesen während eines Abtreibungsversuchs (in Kapitel 5 wurde davon berichtet). Später wurde es dadurch verstärkt, daß Carmens Mutter sie als Kleinkind in der Badewanne zu ertränken versuchte. Da es sich bei beiden Gelegenheiten um Carmens gegenwärtigen Körper handelt, war ihr Vitalwesen selbstverständlich Zeuge. Auf diese Weise – weil sich beide darüber einig waren, nichts wert zu sein – kam es zu einer starken Verbindung zwischen beiden, allerdings im negativen Sinn. Gegen Ende der Sitzung erkennt Carmen, daß ihr Gewichtsproblem davon herrührt, daß sowohl sie wie auch ihr Vitalwesen, jeder auf seinem eigenen Sektor, versuchen, größer, stärker und überlebenstüchtiger zu werden. Bei Carmen äußert sich das in ihrer unablässigen Arbeitswut, bei ihrem Vitalwesen in der Manie, den Körper zu immer größeren Dimensionen aufzupumpen.

Durch die erwähnten Erlebnisse hat Carmen einen emotionalen Panzer aufgebaut. Er wirkt sich so aus, daß sie die Äußerungen ihres Vitalwesens regelrecht unterdrückt. Weder bei sich selbst noch bei anderen vermag sie Emotionen zu tolerieren. Erschwerend kommt hinzu, daß sie ihren Körper wegen dessen Weiblichkeit ablehnt, was daher kommt, daß sie in vergangenen Inkarnationen ausnahmslos ein Mann war.

Das Verhältnis zwischen Geist und Vitalwesen ist offensichtlich empfindlich gestört. Ich bitte Carmen, ihr Vitalwesen anzusprechen und es darauf hinzuweisen, daß nach dem Neutralisieren dieses Negativprogramms eine neue Zeit verbesserter Zusammenarbeit für beide beginnen werde. Doch Carmen sieht sich nicht in der Lage, eine Kommunikationslinie zu ihrem Vitalwesen aufzubauen. Sie bringt es nicht einmal fertig, es dafür zu würdigen, daß es vierzig Jahre lang den Körper anstandslos gemanagt hat: «Ich kann mit dem nicht reden. Da müßt' ich ja über Gefühle reden. Aber mein ganzes Leben lang hab' ich Gefühle und Schmerzen verdrängt!»

Nur sehr langsam und mit viel gutem Zureden meinerseits gelingt es Carmen allmählich, ihren emotionalen Panzer aufzubrechen und sich zu öffnen (was vor der Bewältigung von «ich bin nichts wert» völlig undenkbar gewesen wäre). Wir fragen das Vitalwesen, was es sich von ihr wünscht, und nachdem sein Mißtrauen sich gelegt hat (gute Behandlung war es nie gewohnt), erhalten wir einen ganzen Katalog von Wünschen: mehr Streicheleinheiten, weniger Rauchen, regelmäßig essen, lauter naheliegende Dinge.

Danach stellt sich in Carmens Solarplexus ein sehr angenehmes Gefühl ein, das sich immer mehr ausbreitet. Doch noch immer bringt Carmen es nicht fertig, warme Worte an ihr Vitalwesen zu richten. Übrigens empfindet sie es als ein Gewusel von kleinen Wesen, nicht als ein homogenes Feld. «Die lachen sich tot, daß ich den Mund nicht aufkrieg'! Ich möcht' am liebsten weglaufen.»

Weil bei jedem Menschen das Vitalwesen als Gesamtschwingungsfeld in Form von sieben Chakren organisiert ist, lasse ich Carmen jedes einzelne separat erfühlen und würdigen, angefangen mit dem obersten. Bei jeder Kontaktaufnahme bauen sich Spannungen ab. Schließlich, beim untersten Chakra angekommen, sagt Carmen: «Jetzt fließt's durch alle gleichmäßig durch, das ist schön so.» Endlich ist der Satz «ich bin nichts wert» aus der Welt, für das Geistwesen wie auch das Vitalwesen. Carmen strahlt.

Sechs Wochen später erhalte ich folgende E-Mail: «Lieber Ulrich, seit ich von dir abgereist bin, fühle ich mich (auch körperlich) leichter und attraktiver. Mit Fotos, die in letzter Zeit von mir gemacht wurden, kann ich (zu meinem großen Erstaunen) sehr gut leben.

Das war schon jahrelang nicht mehr so: Ich lief vor Kameras davon. Ich habe diese Woche Klamotten aus dem Schrank geholt, die ich jahrelang nicht mehr tragen konnte. Schwestern, Mutter und Freunde sprechen mich darauf an, wie sehr ich abgenommen habe. Ich esse und trinke ganz normal, worauf immer ich Lust habe – mit den ganzen Geburtstagsfeten der letzten Wochen eher mehr! Astrid meinte, daß ich aus ihrer Sicht 15 Kilo abgenommen hätte, zumindest optisch.»

Exkurs: Die «Firma Mensch»

Im Vergleich gesprochen, funktioniert der Mensch wie eine Firma, und zwar auf den vier administrativen Ebenen Selbst, Geist, Vitalwesen, Körper. Beginnen wir auf der obersten Ebene: Das Selbst als Quellwesen weiß um seine Lebensaufgabe im überzeitlichen, spirituellen Sinn *(dharma)*. Es weiß, was es zu erfüllen gilt, und gibt die Richtung dafür an. Es bestimmt die Ziele und Spiele im Leben eines Menschen. Bei diesem Unterfangen ist der Geist dem Quellwesen ein Hilfsmittel. Er hat die Form eines Mentalfeldes, das sich nicht aus allen möglichen, sondern nur den gegenwärtig energetisierten Mentaldateien zusammensetzt. Dieses Mentalfeld ist im doppelten Sinne Geist: einmal im Sinne einer aktivierten Datenbank, zum andern im Sinne von Geistkörper oder Astralkörper.

Der Geist ist die Brücke des Quellwesens in die Welt hinein. Als mentalenergetisches Phänomen existiert er in Raum und Zeit, das Wesen selbst jedoch nicht. Es hat keinen Ort. Es steht außerhalb von Raum, Zeit, Materie und Energie. Es ist reines Potential. Als Quellwesen gibt es uns immer, zeitlos, ewig. Das Quellwesen ist das Sein, nicht das Seiende.

Der Punkt, von dem aus sich ein Quellwesen in die Welt hinein verströmt, ist die schon so oft erwähnte Wahrnehmungsposition. Von dort aus läßt das Quellwesen sein Potential in die Welt hinein wirksam werden.[40]

Betrachten wir als Beispiel eine einzelne Mentaldatei und stellen uns vor, sie sei nicht aktuell aktiviert. In diesem ihrem potentiellen

Zustand repräsentiert sie Wissen in nicht energetisierter Form und steht damit, wie alles Wissen, jenseits von Raum und Zeit. Eine nichtaktivierte Mentaldatei, als Potential vorhanden, erscheint nicht aktuell auf dem geistigen Bildschirm. Denn dazu müßte sie aktiviert (energetisiert) sein. Hierzu dient unsere Aufmerksamkeit. Indem wir unsere Aufmerksamkeit auf unser in abstrakt-begrifflicher Form vorhandenes Wissen richten, energetisieren wir dieses und ziehen es von der abstrakten Ebene herunter auf die Ebene geistiger Bilder, die Ebene von Vorstellungen, Erinnerungen und Emotionen. Von dieser Vorstellungsebene her agieren wir auf der wiederum nächsttieferen Ebene, der der physikalischen Existenz.

Simpel ausgedrückt: Hätten wir als Quellwesen, auf oberster Ebene also, kein abstrakt-begriffliches Wissen davon, was ein Stuhl ist, so könnten wir uns auf der Ebene darunter, der mentalenergetischen, kein geistiges Vorstellungsbild von einem Stuhl machen. Hätten wir aber keine anschauliche Vorstellung von einem Stuhl, so wären wir auch nicht in der Lage, auf der nächsttieferen Ebene, der materiellen, einen zu bauen. Die Reihenfolge ist also: vom Selbst zum Geist, vom Geist zur Welt.

Ohne unsere routinemäßig energetisierten Mentaldateien hätten wir keine Brücke in die Welt hinein. Ohne sie gäbe es kein Schreiben, Rechnen, Autofahren oder Sprechen. Für unsere Umgebung wären wir überhaupt nicht existent. Ein Quellwesen ohne Körper, das kein Geistfeld aufrechterhält, wäre selbst mit außersinnlichen Mitteln nicht wahrnehmbar, mit Hilfe der fünf Sinne natürlich schon gar nicht. Ohne den Geist können wir auf keiner raumzeitlichen Ebene aktiv sein, auch nicht auf der subtilsten. Man existiert also in dem Maße, wie man kommuniziert.

Mit Quellwesen und Geist (im Sinne von Mentalfeld oder Mentalkörper) haben wir die zwei obersten administrativen Ebenen der Firma Mensch behandelt. Dabei gerieten wir von der Ebene des Potentials zur Ebene schwingender Energiefelder. Auch das Vitalwesen ist ein solches schwingendes Energiefeld, wie bereits erwähnt. Es «managt» den Körper, indem es mit der DNS interagiert. Dies drückt sich als zelluläre Aktivität aus und bringt das bioelektrische Feld des Körpers hervor.[41]

Vitalwesen und Geist haben beim Management des Körpers unterschiedliche Zielsetzungen. Das Vitalwesen verwaltet die «Standardprogramme» Wachstum, Fortpflanzung, Heilung und Sozialverhalten. Ihm ist allein der Körper, dessen Gesundheit und Heilung wichtig. Für das Geistwesen aber steht etwas ganz anderes im Vordergrund: seine Spiele und Ziele.

In der «Firma Mensch» entspräche das Selbst also der Firmenleitung, der Geist dem mittleren Management, das Vitalwesen der Belegschaft, der Körper dem Gebäude und der Produktionsmaschinerie. Mittleres Management und Belegschaft müssen reibungslos zusammenarbeiten, damit die Produktionsmaschine optimal laufen kann. Für das Zustandekommen dieser Zusammenarbeit sorgt die Firmenleitung. Funktioniert alles wie am Schnürchen, so spricht man von einer gesunden Firma. Oder einem gesunden Körper. Je nachdem.

Wie jedoch die Praxis zeigt, ist nicht jede Firmenleitung kompetent. Ebenso vermag nicht jedes Quellwesen sein Potential voll zur Geltung zu bringen. Woran liegt das? Am Mechanismus der Identifikation. Nicht jedes Selbst ist sich seiner selbst voll bewußt! Manche geistigen Wesen haben ein nur schwach ausgeprägtes Selbst-Bewußtsein. Die ganz materialistisch orientierten glauben zum Beispiel, sie seien Körper und mit dem Tod sei alles aus. Andere glauben, sie seien Körperenergie. Sie identifizieren sich mit dem Vitalwesen und dessen Standardprogrammen. Ihre Interessen kreisen um den sinnlichen Genuß und die Themen Essen, Sex und ewige Jugend. Wieder andere identifizieren sich mit ihren Emotionen und streben nach der «heilen Welt», wobei sie die Auseinandersetzung mit Widerständen scheuen und das Böse nicht sehen wollen («Esoterik als Weltflucht»). Weiterhin gibt es die Intellektuellen und Rationalen, die sich mit ihren Gedanken identifizieren und behaupten: «Ich denke, also bin ich.»

Persönlichkeitsentwicklung soll dazu führen, daß man erkennt: «Ich bin das Selbst; ich bin ewig; ich bin nicht von dieser Welt. Ich bin voll verantwortlich für meine Gedanken, Mentalenergien und Emotionen. Ich weiß, daß ich bin; ich weiß, daß ich weiß; ich weiß, daß ich kann.»

Ausblick

Wie erging es den Sitzungspartnern nach ihren Sitzungen? Der Leser mag sich fragen, warum so wenig über Sitzungserfolge berichtet wurde, über Effektivität und Effizienz sozusagen. Erstens, weil es nicht das Ziel des Buches war. Es ging vorrangig um die Darstellung psychischer Vorgänge, die wir alle gemeinsam haben, und die Bildung einer daraus ableitbaren psychologischen Theorie. Zweitens, weil Erfolge beim ganzheitlichen Wirkungscharakter einer Persönlichkeitsentwicklungsmethode, sei es nun MindWalking oder Zen-Meditation, schwer zu ermessen sind.

Die Entwicklungsanstöße, die man durch eine Sitzung erhält, sind nicht so eindimensional-linear wie etwa «mochte keinen Spinat – Sitzung – jetzt mag er Spinat». Oft stellt sich erst nach Monaten heraus, was sich getan hat; oft ereignen sich Veränderungen auf ganz unerwarteten Schauplätzen, die mit der Sitzung überhaupt nicht in Verbindung zu stehen scheinen. Ein Anlageberater zum Beispiel hatte seit Jahren Riesenprobleme mit dem Verkauf einer bestimmten Immobilie; es wollte sich einfach kein Käufer finden lassen. Dies wie auch gewisse Partnerschaftsprobleme erwähnte er im Eingangsinterview mehr nebenher; sein eigentliches Anliegen für die Sitzung war ein ganz anderes. Sechs Wochen nach der Sitzung rief er mich an und sagte, er habe nun nicht nur gleich zwei Kaufanwärter für seine Immobilie, sondern außerdem zum erstenmal eine angst- und streßfreie Beziehung zu einer Frau aufgebaut – obwohl beide Themen in der Sitzung überhaupt nicht berührt wurden!

Hat sich jemand nach Ausräumen zentraler Altlasten auf ein neues spirituelles und emotionelles Niveau erhoben, so durchzieht dies sein Leben in gesamter Breite. Die angestiegene Toleranzkraft ist nicht nur in den Grenzen des behandelten Themenbereichs spürbar, sondern wirkt sich in vielen verschiedenen Bereichen aus.

Oft geht es auch ohne das Ausräumen zentraler Altlasten; oft reichen die gezielte Bestätigung vorhandener Fähigkeiten und ein wenig Kommunikationstraining, und schon wandelt sich die Sicht auf das Leben zum Positiven. Ich denke dabei an Brigitte, Einzelhandelskauffrau und immer wieder mal Angestellte in einem Supermarkt, die sich an keiner Arbeitsstelle lange hält, weil sie sich von geistigen Erscheinungen so abgelenkt fühlt, daß sie sich auf nichts konzentrieren kann. Sie weiß als natürliche Erinnerung, daß sie im vergangenen Leben mit sieben Jahren im Nachbarort verstarb; sie hat die (mittlerweile gealterten) Personen von damals wiedererkannt. Ihre hochgradige Sensibilität ermöglicht ihr sowohl telepathische Dialoge mit verkörperten Menschen wie auch mit unverkörperten Geistwesen. Trotz alledem ist sie deprimiert! Denn sie braucht dringend Arbeit, findet aber keine, weil sie mit mehr Aufmerksamkeit in der «anderen Welt» steckt als in der hiesigen.

Eine ihr von der Krankenkasse empfohlene Psychoanalytikerin und Spezialistin für Traumabehandlung erkennt nach drei Sitzungen messerscharf, daß die offenkundig starken Tendenzen der Klientin zur Dissoziation auf traumatisierende sexuelle Mißhandlungen im Alter von sieben Jahren zurückzuführen seien. Eine Schizophrenie sei zu vermuten. Die Klientin möge sich schnellstens für eine gründliche, mehrtägige Untersuchung in einer psychiatrischen Klinik melden; im Grunde sei eine sofortige Einweisung zu empfehlen. Dies alles bekommt Brigitte ins Gesicht gesagt – woraufhin sie ihren Kontakt mit der Psychotherapeutin abbricht («Die Frau macht mir ja Angst!») und mit mir Kontakt aufnimmt.

Während des Interviews entdecke ich, daß weder ihr vergangener Tod noch ihre Verbindung zur Geisterwelt eine Belastung darstellen, denn das sind für Brigitte Selbstverständlichkeiten (auch zu erkennen daran, daß der Mindwalker keinerlei Spannungen anzeigt). Sie weiß bzw. spürt das eben alles, Punkt. Was Brigitte aber tatsächlich belastet, ist zum einen der Umstand, daß sie ihre Wahrnehmungen mit niemandem teilen kann, zum anderen die Unfähigkeit, ihre Aufmerksamkeit unter Kontrolle zu halten. Der Kontakt zur realen Welt entgleitet ihr, weil sie von den feinstofflichen Dingen so eingenommen ist. Ich würdige ihre vorhandene telepathische Sensibilität und mache mit ihr eine Reihe einfacher Übungen zu Kontrolle und Kommunikation, wie ich sie im ersten MindWalking-Basiskurs lehre. Innerhalb weniger Stunden blüht Brigitte auf, hat relevante Erkenntnisse zu ihren Beziehungsproblemen mit Kollegen hier und Geistern dort, sieht auf einmal Lösungen, wo es vorher nur ein Dickicht von Problemen gab, und zieht nach zwei intensiven Tagen von gezieltem «Lebenscoaching» selbstsicher und stolz von dannen. Das Bewerbungsinterview für den nächsten Job macht ihr nun keine Angst mehr.

Weit größere Bedeutung als dem Erkunden der wundersamen Innenwelt kommt der Komponente Lebensethik zu. Überblickt der Sitzungspartner die ethischen Konsequenzen seiner Erkenntnisse? Ist er bereit zu erhöhter Wachsamkeit? Zur Selbstdisziplin? Zum Herausbilden neuer, positiver Gewohnheiten durch aktives Lernen? Oder blickt er auf die Sitzung zurück als lediglich einen interessanten, abenteuerlichen Ausflug, und fertig? Hieran entscheidet sich, ob jemand Persönlichkeitsentwicklung im bewußten Sinn betreibt oder nicht. Eine Sitzung kann nur Anstöße geben; die eigentliche, langfristige Arbeit findet in eigener Regie statt.

Was im vorliegenden Buch beschrieben wurde, sind Einzelsitzungen, sind Ausschnitte aus der Gesamtentwicklung einer Person. Was *nicht* erwähnt wurde, ist, was die Personen sonst noch an umrahmenden, stützenden Aktionen tun: die vielen anderen, hier nicht beschriebenen Sitzungen, die Teilnahme an Kommunikations- und Führungsseminaren, die Solositzungen, die persönlichen Meditationen, usw. Der Freiheitsdrang eines Wesens ist es, der die Intensität seiner Auseinandersetzung mit Leben und Psyche bestimmt. Es gibt kein automatisches Ticket zur Glückseligkeit; auch MindWalking kann keines anbieten. Es braucht ein Leben, um ein Leben zu ändern, und es braucht Wachsamkeit und eine ethische Gesinnung, um das Gewonnene langfristig zu erhalten.

Jeder von uns ist Erbe seines eigenen, von ihm selbst geschaffenen karmischen Vermächtnisses. Wer daher ein «neues» Leben beginnen will, hat die Verpflichtung, die unerfüllten Visionen aus seinem «alten» Leben zur Erfüllung zu bringen oder sie ohne Traurigkeit und weitere Anhaftung zu streichen. Die Zukunft, die wir vor ewigen Zeiten einmal für uns erschaut haben, will verwirklicht werden. Erst danach, erst nach Abschließen oder Loslassen aller alten Spiele und im Zustand heiterer innerer Ruhe, nach erfolgter Vergangenheitsbewältigung also, lassen sich neue Horizonte der eigentlichen Lebensaufgabe ansteuern. Wer eine Vision hat und an sich glaubt, dem gehört die Zukunft.

Vorschau auf Band II

Mit dem Bisherigen wurden die Komponenten der «Firma Mensch» und ihr Zusammenspiel beschrieben. Sie haben gelesen von Menschen, die vergangene Leben entdecken, ihren Körper von außen beschauen, sich mit fremden Mentaldateien oder Energiewesen vernetzt fühlen, mit ihrem Vitalwesen in Kommunikation treten. So neu das manchem Leser vielleicht erschienen sein mag, ist damit beileibe noch nicht alles über die geistige Welt gesagt. Es gibt noch weit mehr zu berichten. Beispielsweise entdecken Sitzungspartner unvermutet ihre nichtirdische Herkunft, ihre Vernetzung mit astralen Kräften, ihre lang vergangenen Kämpfe mit dunklen Gewalten, stoßen auf Erinnerungen an die Urgründe der Existenz, an den Quell ihres Seins – an den Stoff also, aus dem die Mythen der Menschheit gewoben sind.

So abgehoben und «jenseitig» solche Geschichten auch sein mögen – ich will sie dem Leser nicht vorenthalten. Wenn es im Wesen des Menschen angelegt ist, die tiefste Dimension seiner Psyche zu erfassen, dann sollte man auch darüber schreiben dürfen. In Band II geht es weiter.

ANHANG

MindWalking und Psychologie – ein Vergleich

Das theoretische Modell bei MindWalking

Die Vorstudien zu MindWalking umfaßten dreißig Jahre persönlicher Forschung des Autors, die letzten achtzehn davon als niedergelassener Psychologe mit privater Praxis. Erst seit 1997 wurde die Methode unter der Bezeichnung «MindWalking» publik gemacht. Frei übersetzt, bedeutet «MindWalking»: die Psyche durchwandern und erkunden. Es handelt sich um ein Verfahren zur Öffnung geistiger «Erinnerungsspeicher» (die Analogie zum Computer bietet sich an). Insbesondere werden dabei Erinnerungen mit traumatischem Inhalt betrachtet, denn sie sind es, die den Klienten an seiner Lebensbewältigung hindern.

Ausgangspunkt einer MindWalking-Sitzung ist die aktuelle Problemlage des Klienten, seine Sperren und Begrenzungen. Im Verlauf eines Rückerinnerungsverfahrens arbeitet der Klient (der «Sitzungspartner») unter Anleitung des «Sitzungsleiters» allmählich heraus, auf welche existentielle Weichenstellung seine Problematik zurückgeht. In praktisch allen Fällen zeigen sich «Urgeschehnisse» als Quelle der dem Klienten unerwünschten Verhaltensmuster (vergleichbar mit der Freudschen «Urszene»).

Urgeschehnisse sind unweigerlich traumatischer Natur, d. h., sie enthalten die Komponenten von extremem Verlust, Versagen, Frustration, Überwältigung und Schmerz. Anders ausgedrückt, sind unerwünschte Verhaltensmuster als unbewußte Dramatisierung von Urgeschehnissen zu werten.

Während ihrer MindWalking-Sitzungen unterscheiden Klienten spontan, d. h. ohne vorherige Instruktion, zwischen Selbst, Geist, Seele und Körper. Diese Aufgliederung, wiewohl rein subjektiv erlebt und zudem «altmodisch», erweist sich nach den in vielen tausend Sitzungsstunden gemachten Beobachtungen des Autors dennoch als verläßlich und tragfähig. Egal wie man dazu stehen mag – das hieraus abgeleitete psychophysische Funktionsmodell ermöglicht die Lösung individueller Beschwerden, ist also nach rein pragmatischen Gesichtspunkten durchaus tauglich.

Das Funktionsmodell knapp umrissen: Jeder richtet seine Aufmerksamkeit auf Aspekte seiner Umgebung, macht seine Erfahrungen und kommt zu seinen Schlußfolgerungen. Diese stellen sich als Meinungen, Ansichten und Einstellungen dar, als gelernte Lektionen also. Leben ist Lernen. Man *selbst* tut dies; es wird nicht «für einen» getan. Also ist der Mensch – hier verstanden als «die Person selbst», «das Selbst», das «wahre Wesen» – sowohl verantwortlicher Verursacher der Richtung und Intensität seiner Aufmerksamkeit wie auch Urheber seiner Ansichten. Er ist verantwortlich Handelnder, nicht passiver Ausführender von Mustern, die vom «System» geprägt wurden.

Selbst wenn einer aus der Betrachtung seiner Umgebung die falschen Schlüsse zieht (d. h. nicht realitätsrelevante oder -adäquate), bestimmen sie nichtsdestoweniger die Verhaltensweisen der betreffenden Person, im Sinne eines selbstgeschriebenen Programms. Beispiel: Ein Briefträger wird von einem Hund angefallen, rennt zum Gartentor, fällt hin, merkt, er schafft es nicht zum Tor, und wird ins Bein gebissen. Für dieses Zeitspanne war seine gesamte Aufmerksamkeit auf Hund und Gartentor gerichtet. Ohne daß er sich dessen bewußt gewesen wäre, schoß ihm der Satz «Ich schaff' es nicht mehr!» durch den Kopf. So schrieb er sich unbewußt (!) sein eigenes Verhaltensprogramm. Ab jetzt ist er ein Mensch, der es nicht schafft. Die eigentlich auf einen bestimmten Vorfall bezogene Lektion wird auf das Leben im allgemeinen generalisiert. Es handelt sich um einen Lernvorgang, wenn auch einen unbewußten.

Unser Postbote entwickelt nun ein «Ich-schaff-es-nicht-mehr»-Syndrom in verschiedenen Lebensbereichen. Im schlimmsten Falle mag es sogar zur psychosomatischen Symptombildung kommen: eine nicht verheilende Bißwunde, eine Hautkrankheit an der betreffenden Stelle trotz erfolgreicher Heilung der eigentlichen Wunde, allergische Reaktionen auf Hunde. Das auf traumatischem

Wege Erlernte ist der Realitätsbewältigung offensichtlich wenig dienlich.

Überwältigende (traumatisierende) Geschehnisse bleiben deswegen unverarbeitet, weil man die Erinnerung daran möglichst weit von sich wegschiebt (d.h. sie verdrängt). Gerade *weil* der Betreffende das Geschehnis nicht mehr wiedererleben will, bleibt seine Aufmerksamkeit daran kleben. Diese Fixierung von Aufmerksamkeit äußert sich im täglichen Leben als zwanghaftes Appetenz- bzw. Vermeidungverhalten.

Während der MindWalking-Sitzung läßt sich die Umkehrung dieses Vorgangs einleiten. Indem der Klient traumatische Geschehnisse wiedererlebt und sie emotional bewältigt, löst er seine fixierte Aufmerksamkeit von ihnen ab. Er revidiert und integriert die damaligen Schlußfolgerungen, schreibt also sein Programm um. Der Satz «Ich schaff' es nicht mehr!» ist von Stund an kein zwanghaftes Verhaltensdiktat mehr.

Von der Seelenlehre zur Verhaltenslehre

Die moderne Psychologie nahm im Jahre 1879 mit dem psychologischen Labor Wilhelm Wundts in Leipzig ihren Anfang. Zuvor philosophisch-spekulativ über den Charakter des Menschen sinnierend, gab sich die Psychologie nun naturwissenschaftlich. Nur was sich unter den strengen Rahmenbedingungen des psychologischen Experiments beobachten ließ, das ließ man gelten – weswegen Begriffe wie Psyche, Seele oder Bewußtsein, verpönt als bloße Spekulation, zunehmend ins Abseits gerieten.

Man machte Wahrnehmungsexperimente, ließ Ratten durch Irrgärten laufen, um von ihrem Verhalten auf das menschliche zu schließen, und veranstaltete gruppendynamische Streßsituationen. Die Statistik wuchs sich zum Hauptinstrument psychologischen Forschens aus. Fragebogen zur Messung der Persönlichkeit und zur Feststellung des IQ wurden entwickelt. Innerhalb weniger Jahrzehnte fand die Psychologie ihr eigenes Standbein neben der gleichfalls noch jungen Psychoanalyse – auch sie wurde erst gegen

Ende des 19. Jahrhunderts entwickelt (Freud und Wundt waren Zeitgenossen) – und der langen Tradition der Psychiatrie.

Unversehens hatte sich die Psychologie von einer Seelenlehre (was der Begriff ja ursprünglich bedeutete) zu einer Verhaltenslehre gewandelt. Der moderne Psychologe des frühen 20. Jahrhunderts kam ohne Geist, Seele und Unbewußtes aus. Vokabeln wie «Selbst», «Persönlichkeit», «Charakter» sparte man lieber aus, denn – wie der Blick in ein beliebiges psychologisches Wörterbuch der Gegenwart zeigt – über deren Definitionen kann man endlos streiten.

Diese Entwicklung fand nicht jedermanns Zustimmung. So beklagte etwa Professor Albert Wellek aus Mainz (ein Lehrer des Autors) zu Anfang der siebziger Jahre in seinen Vorlesungen, daß die Gottesebenbildlichkeit des Menschen nunmehr von einer «Rattenebenbildlichkeit» abgelöst worden sei.

In ihren ersten Jahrzehnten beschränkte sich die Psychologie auf die Erforschung von Verhalten und von wahrnehmungsphysiologischen Vorgängen. Erst seit den Nachkriegsjahren dehnte sie sich auf den Bereich der Therapie aus. Man bedenke, daß eine flächendeckende psychotherapeutische Betreuung, wie wir sie heute kennen, ein Phänomen erst der siebziger und achtziger Jahre ist. Wer in den Vierzigern und Fünfzigern geistige, seelische oder psychosomatische Beschwerden hatte, der ging zum Arzt, Pfarrer, Psychiater oder Psychoanalytiker. Darüber hinaus hatte er keinen Ansprechpartner.

Überblick: Die gängigen Verfahren

Die deutlichste Ausprägung der naturwissenschaftlichen Tendenz zur neutralen Beobachtung unter Ausklammerung jeglicher Spekulation über seelische Vorgänge findet sich in der Verhaltenstherapie, die auf der Konditionierungslehre Pawlows und Watsons beruht. Sie faßt menschliches Verhalten als das Ergebnis sozialen Lernens auf – was zu dem therapeutischen Ansatz führte, Verhaltensänderung rein über Belohnung und Bestrafung einzuleiten, später auch über kognitiv erzeugte Einsicht.

Auch bei Psychodrama, Gestalttherapie, Transaktionsanalyse und NLP wird dem sozialen Lernprozeß die entscheidende Rolle in der Verhaltensprägung zugeschrieben. Gleiches gilt für den systemischen Ansatz der Familientherapie. Die «Persönlichkeit» bzw. «das Selbst» im tieferen Sinne spielt – wiewohl implizit stillschweigend akzeptiert – nur eine schwach definierte Hintergrundrolle. Einen unbewußten und verdrängten Erinnerungsschatz akzeptiert man zwar notgedrungen, geht aber (mangels wissenschaftlicher Beweisbarkeit) nicht weiter auf ihn ein oder betrachtet ihn bequemerweise als neuronale Emergenz. Von in anderen Kulturen üblichen Konzepten wie Geistheilung oder Reinkarnation ist selbstverständlich keine Rede – Gott behüte! Man geht auf Nummer Sicher und befaßt sich theoretisch wie auch therapeutisch lieber mit der offensichtlichsten Manifestation der nur noch hypothetischen Psyche (nämlich dem menschlichen Verhalten und den synchronen Hirnphänomenen), anstatt mit der Psyche selbst.

Zugegeben, es gibt die gelegentlichen Ausflüge ins Mystische wie etwa bei der Urschreitherapie, dem Rebirthing und der holotropen Atmung nach Grof, doch gewöhnlich beschränkt man sich darauf, das offensichtlich Beobachtbare in Kategorien einzuordnen und mit Fachbegriffen zu etikettieren. Die Vieldimensionalität der Persönlichkeit wird reduziert auf knappe (und nach Ansicht des Autors unzureichende) Modelle, die in der therapeutischen Anwendung zu entsprechend flachen Verfahren führen. So läßt man z. B. emotionale Staus durch Rollenspiele verpuffen, ohne aber ihre Ursache zu finden; leitet erwünschtes Verhalten durch Lernprozesse auf gruppendynamischer oder individueller Ebene ein, ohne die Quelle des unerwünschten Verhaltens zu erforschen; ersetzt die Aufarbeitung des Negativen durch positive Affirmation; erzeugt auf intellektuellem Wege Erkenntnisse, ohne die Verantwortung des Klienten für seinen Zustand gesteigert zu haben; mancherorts (z. B. in Rußland) belohnt und bestraft man sogar mit chemischen und elektrischen Schocks. Auf tiefere und tiefste Hintergründe, auf die Person selbst, auf ihr Werden und Streben – auf das also, was die frühen Psychoanalytiker ahnten und suchten – geht man nicht ein. Man sieht die Rolle, nicht das Wesen.

Der Mensch: ein von den Kräften seiner soziokulturellen Umgebung umhergeworfener Spielball mit neuronal verdrahtetem und biochemisch gesteuertem Bewußtsein; von Anfang bis Ende determiniert. So etwa sieht ihn die moderne Psychologie. Ihre Beurteilungskategorien (neurotisch, psychotisch, schizophren, paranoid usw.) bezieht sie von der antiquierten Psychiatrie des 19. Jahrhunderts, ihre Vorstellung vom Ablauf menschlicher Denkvorgänge aus der Gegenwartspsychiatrie (für welche bis zum heutigen Tag neuronale und endokrine, nicht aber mentale Vorgänge die bestimmenden Faktoren sind).

Wieso es ein Mensch überhaupt schaffen kann, sich trotz ungünstigster Startbedingungen zu einer erfolgreichen Position hochzuarbeiten («Wunderkind»), vermag keiner der genannten Denkansätze schlüssig zu erklären. Die Phänomene der schamanischen Heilung, der mystischen Versenkung (Yoga usw.), selbst des traditionellen katholischen Exorzismus, bleiben ihnen fremd.

Freud und seine Nachfolger

Einen besonderen Strang innerhalb der medizinisch-psychiatrischen Entwicklungsgeschichte stellt die Hypnose dar. Seit Mesmers sensationellen Auftritten Mitte des 18. Jahrhunderts bis in die Gegenwart hinein verlor sie nie ihre Faszination, denn mit keinem anderen Mittel (es sei denn der Verabreichung von Psychodrogen) läßt sich ein Mensch so schnell in die tieferen Regionen seines Unbewußten hinunterbefördern oder sich «der Geist vom Leib trennen». (Zu letzterem Punkt halte man sich vor Augen, daß in den Tagen vor unserer heutigen Anästhesie schwerste chirurgische Eingriffe unter Hypnose vorgenommen wurden, und zwar schmerzfrei, was die Mortalitätsrate drastisch reduzierte!)

Auch Sigmund Freud war zunächst von der Hypnose fasziniert. Später ließ er sie zugunsten der Traumdeutung und der freien Assoziation fallen und entwickelte sein bekanntes psychoanalytisches Modell: Das Ich schwebt permanent in Spannungszuständen, weil es sich ohne Unterlaß mit den sexuellen Ansprüchen des Es und den moralischen Forderungen des Über-Ich auseinanderzusetzen hat. Solche fundamentalen Konflikte laufen unterhalb der Ebene des Tagesbewußtseins ab, konnten aber zunächst durch Hypnose und später durch die assoziative Methode ans Tageslicht befördert werden. Somit lag die Annahme eines «Unbewußten» nahe.

Mit der Beobachtung, daß dieses Unbewußte das Bewußtsein quasi hinterrücks überfällt und überrumpelt, stieß Freud den von der Aufklärung so gepriesenen *Homo sapiens*, den «vernunftbegabten Menschen», unversehens und wohl ungewollt vom Sockel. Der Mensch nicht Herr seines Geistes? Diese Vorstellung schockierte Freuds Zeitgenossen auf ähnliche Weise wie Jahrhunderte zuvor Galileis Entdeckung die damalige Welt. Der eine entmachtete das geozentrische Weltbild, der andere das «ratiozentrische».

Freud sah menschliches Verhalten motiviert durch sexuelle Impulse aus dem Triebreservoir des Es. Diese prinzipiell nicht falsche, aber enge und eingeschränkte Sichtweise sollte sich glücklicherweise bald ändern: Mit seiner Annahme eines von «Archetypen» durchsetzten «kollektiven Unbewußten» öffneten sich durch die Arbeit von C. G. Jung neue Ausblicke weit über Freuds Modell hinaus.

Das individuelle Unbewußte, erkannte Jung, stehe im Wechselspiel mit dem kollektiven Unbewußten, und hier sei das psychodynamische Spannungsfeld lokalisiert. Beide Bereiche des Unbewußten, so Jung, gehörten miteinander integriert, und hier sieht die Jungsche Individualtherapie ihren Aufgabenbereich.

Wiederum neue Akzente setzte Alfred Adler. Nach Adler ist Verhalten durch vom Menschen selbst gesteckte Ziele zu begreifen. Deren Nichterreichen führt zu Frustration, zu «Komplexen» und deren «Kompensation» – Begriffe, die in die Alltagssprache übernommen wurden.

Indem Adler Ideale und Werte in den Vordergrund rückte, ging er weit über das Unbewußt-Triebhafte als Motor menschlichen Verhaltens hinaus, das Freuds Denken kennzeichnet. Zusammen mit Abraham Maslow und Carl Rogers gehört Adler zu den Begründern der «humanitären Psychologie». Vertretern dieser Richtung war die Betonung positiver Dimensionen wie «Ideale», «Ästhetik», «Wissen» und «Gewißheit» wichtig. Sie achteten und würdigten den im Menschen schlummernden Wunsch nach persönlicher Entwicklung. Ihre Sichtweise stellte eine echte Alternative zu der Neurosen- und Psychosenlehre der Psychiatrie dar, zu den Ödipalkonflikten der Psychoanalyse und der seelenlosen Verhaltenslehre des Behaviorismus.

Im Bereich der Methodik machte Carl Rogers den radikalsten Schnitt mit der Vergangenheit: In seiner «Gesprächstherapie» verzichtete er darauf, zu deuten, zu werten oder seine Klienten in Trance zu versetzen; ebensowenig versuchte er, sie in ein bestimmtes Vorstellungsmodell hineinzuzwängen. Er ging davon aus, daß der Mensch die Lösung für seine Schwierigkeiten schon selbst finden werde, vorausgesetzt, man schenkt ihm Gehör.

Ungeachtet aller internen Gegensätze zwischen Freud und seinen Schülern sind zentrale Begriffe wie «Bewußtsein» und «das Unbewußte» bei ihnen noch definiert als rein geistige Phänomene. Die moderne Sichtweise, die den Geist im Hirn anzusiedeln sucht, macht offenkundig, wie weit der Materialismus innerhalb der Psychologie seitdem gediehen ist.

Gestaltpsychologie belegt Karma experimentell

Ebenfalls nichtmaterialistisch und betont menschenbezogen gab sich die Gestaltpsychologie, eine zwar schon fast vergessene Richtung aus den ersten Jahrzehnten des 20. Jahrhunderts, aber immerhin eine, die es fertigbrachte, ein ganzheitliches Lebensmodell zu ersinnen.

Kurt Lewin zum Beispiel prägte den Begriff «Lebensraum», der dem Menschen entweder als «gute Gestalt» erscheint (falls harmonisch) oder als «schlechte Gestalt» (falls ungeordnet). Ungeordnetheit zeigt sich in Form unabgeschlossener (weil gewaltsam unterbrochener) Handlungsabläufe. Hierzu konnte Bluma Zeigarnik aufzeigen, daß unabgeschlossene Abläufe wegen der nicht eingetretenen Wunscherfüllung stärker im Gedächtnis haftenbleiben als abgeschlossene. Dies kommt einem experimentellen Beleg des hinduistisch-vedischen Fachbegriffs «Karma» gleich, denn Karma entsteht im Moment des Abirrens vom rechten Pfad (und entspricht somit dem psychologischen Begriff «mentale Aberration»). Aus Zeigarniks Befunden läßt sich schlußfolgern, daß der Zugriff zum Tiefengedächtnis trotz aller Verdrängungsmechanismen doch nie ganz unmöglich ist.

Frischer Wind

In jüngerer Zeit (seit den sechziger Jahren) erlebte Jungs Vorstellung vom kollektiven Unbewußten mit den Arbeiten von Stanislav Grof und Charles Tart eine Neuauflage. Deren «transpersonale Psychologie» beruht auf der Erkenntnis, daß Menschen nicht lediglich durch soziale Konditionierung gesteuert, sondern darüber hinaus noch miteinander telepathisch vernetzt sind, sich also weit mehr und weit subtiler gegenseitig beeinflussen, als die Vertreter der systemischen Schulen und ihrer Wechselwirkungslehre je zu glauben gewagt hätten.

Flankiert wird diese Sichtweise durch die Forschungsergebnisse des englischen Biologen Rupert Sheldrake aus den achtziger Jahren. Sheldrake erkannte, daß die Form eines Organismus zwar grundsätzlich von seinem Chromosomensatz vorgegeben ist, seine individuelle Ausprägung aber von einem morphogenetischen («gestaltbildenden») Feld bewirkt wird.

Mit diesem Gedanken bekommt die alte, von Hippokrates und Paracelsus vertretene Vorstellung einer intelligent agierenden, die biologischen Funktionen steuernden «Vitalenergie» wieder Aufwind. Es ist den Entdeckungen Robert O. Beckers auf dem Gebiet der Energiemedizin (ebenfalls aus den achtziger Jahren) zu verdanken, daß der Begriff «Vitalenergie» seines mystischen Beigeschmacks entledigt wurde und seitdem in die naturwissenschaftlich-nüchterne Diskussion einbezogen werden kann.

Unversehens eröffnet sich dem praktizierenden Psychologen der Gegenwart ein gedanklicher Rahmen, in dem auch fremde und bislang bespöttelte Erlebniswelten ihren Platz finden können – so der Schamanismus, der Mystizismus und die «New-Age-Esoterik».

MindWalking, eine neue Tiefenpsychologie

Kommen wir nun zurück zu MindWalking und vergleichen es mit dem Freudschen Modell und anderen oben erwähnten Verfahren.

Das Es z. B. wird interpretiert als Vitalfeld im Sinne von Hippokrates und Paracelsus bzw. als morphogenetisches Feld (nach Sheldrake). Wie auch bei Freud steht es für den Hort der Triebe und Instinkte, aber eben nicht beschränkt auf den Sexualtrieb. Denn auch um Wachstum und «Wartung» kümmert sich dieses erweiterte Es. Die Fortpflanzung ist nur eine seiner vielen Funktionen.

In MindWalking-Sitzungen zeigt sich, daß man die Datenspeicher des persönlichen morphogenetischen Feldes öffnen und ihren Inhalt auf seinem «geistigen Bildschirm» in Form bildhafter Eindrücke ablesen kann. So ergeben sich wertvolle Hinweise zum Begreifen der leiblich-seelisch-geistigen Schnittstelle, besonders weil sich mit diesem Vorgehen psychosomatische Beschwerden beheben lassen. Wie in der Transpersonalen Psychologie angedeutet und vom hawaiischen Schamanismus (Huna) als selbstverständlich angenommen, ist das persönliche morphogenetische Feld vernetzt mit den Feldern anderer Personen, sogar mit denen von Tieren und Pflanzen. Beim MindWalking zeigen sich ähnliche Befunde. Das individuelle Es steht demnach nicht allein. Als Vitalfeld des Körpers steht es zudem mit der mentalen Erlebnisebene des Selbst («Ich») in engster Verbindung. Hieraus ergeben sich Wechselwirkungen von schier unglaublicher Komplexität.

Zum Ich-Begriff: Nicht anders als bei Freud wird auch im MindWalking unter «Ich» die Person auf der Ebene ihres sozialen Selbstverständnisses begriffen, allerdings mit der Erweiterung, daß dieses Ich zeitunabhängig existiert und geistiger, d. h. nichtmaterieller Natur ist. Das Ich ist nicht identisch mit dem Körper; es benutzt ihn lediglich als Instrument, etwa wie der Fahrer sein Auto. Und so wie der Fahrer sich nach einem neuen Auto umsieht, wenn sein altes auf dem Schrottplatz gelandet ist, so sucht sich das Ich nach Ableben des Körpers einen neuen.

So sehr sich mancher auch dagegen wehren mag: Die Reinkarnationshypothese findet beim MindWalking hundertprozentige

Bestätigung. Tatsächlich findet sich kaum eine gravierende Lebensproblematik, die nicht von traumatischen Geschehnissen aus vergangenen Inkarnationen herrührte. Alle Konflikte, die hierbei zur Sprache kommen, haben das Nichterreichen von Zielen und den zwangsläufig daraus resultierenden Lebenskompromiß als gemeinsamen Nenner; in Adlerscher Ausdrucksweise geht es also um Frustration und Kompensation. (Es sei betont, daß Klienten in ihren Sitzungen von selbst und ohne vorherige «Einweihung» auf diese Zusammenhänge stoßen, oft sogar gegen ihre eigene rationale Überzeugung, mit beträchtlicher Skepsis also und unter erheblichem Sträuben.)

Interessanterweise findet die Lerntheorie gerade über die Reinkarnationshypothese ihre Bestätigung, denn auch hier wird das Ich als Ergebnis sozialen Lernens betrachtet, nur daß sich der Lernvorgang eben über einen weit längeren Zeitraum erstreckt als lediglich ab der Geburt.

Auf der Erlebnisebene des Ich lassen sich – ähnlich wie beim Es – ebenfalls Vernetzungen sowie Kreuz-und-quer-Identifikationen komplexester Art finden. So geht man z. B. in Momenten von extremem Streß und reduzierter Bewußtheit mentalenergetische Verbindungen mit anderen Personen und Wesen ein (etwa in Katastrophensituationen, bei Schützengrabenerlebnissen, im Verlauf von Massenunfällen, usw.). Solange solche Verbindungen unentdeckt bleiben, besteht die Gefahr, daß man von ihnen psychisch determiniert wird. Man trägt sozusagen das Bündel der anderen mit, ohne dies zu bemerken. (C. G. Jung hatte also recht mit seinem kollektiven Unbewußten.)

Erkennt ein Klient erst einmal, daß seine persönliche Problematik auf dramatische Situationen eines früheren Lebens oder auf eine Vernetzung mit Traumata anderer Wesen zurückgeht, so pflegt dies mit Erleichterung und dem Verschwinden der betreffenden Problematik einherzugehen. Wehrt er sich aber gegen solche Erkenntnisse, so steigt die Spannung, und die Schwierigkeiten bleiben. (Daß dies kein wissenschaftlicher Beweis für Reinkarnation ist, sondern zunächst einmal lediglich eine Erfahrungstatsache, versteht sich von selbst.)

Das Über-Ich: Nach aus MindWalking-Sitzungen gewonnener Erkenntnis handelt es sich hier um weit mehr als nur den Reflektor internalisierter psychosozialer Normen, nämlich um eine Instanz intuitiven Wissens und ethischer Wahrhaftigkeit. Das Über-Ich weiß, daß es denkt, fühlt und handelt. Es weiß, daß es weiß – womit es im Grunde nichts anderes ist als das Wesen selbst im reinsten, eigentlichen Sinne (andernorts «höheres Selbst», «Atman» oder «reine Buddhanatur» genannt).

Einfach ausgedrückt, bezieht man sich, wenn man «ich» sagt, auf denjenigen, der sich seiner selbst bewußt ist – und dieser Wissende und Bewußte ist es, den der Sitzungsleiter in einer MindWalking-Sitzung anspricht.

Methodische und wissenschaftstheoretische Anmerkungen

Ein paar Worte zur Methodik: Eine MindWalking-Sitzung ist aufs engste der Forderung von Carl Rogers verpflichtet, man solle den Klienten seine eigenen Wahrheiten finden lassen – eine wahrhaft goldene Regel. Im Unterschied zur eher lockeren Gesprächstherapie und zur Psychoanalyse mit ihrer «freien Assoziation» wird die MindWalking-Sitzung durch themengebundene, gezielte Assoziation straff geführt. Dies ist der Grund, warum man in nur wenigen Stunden in tiefste Erinnerungsschichten vorzustoßen vermag. Im Gegensatz zur Hypnotherapie wird mit vollem Wachbewußtsein gearbeitet. Nach Sitzungsende vermag sich der Klient an alle Details zu erinnern.

Wissenschaftstheoretisch gesprochen, geht MindWalking von einem Satz pragmatischer und deduktiv eruierter Theoreme (Grundsätze) aus, welche ihre Ausgestaltung in einem psychophysischen Funktionsmodell finden. Sowohl die Theoreme wie auch das Funktionsmodell haben den Anspruch, immer und überall zu gelten, Voraussagen zu ermöglichen und experimentell überprüfbar zu sein. Damit erfüllt MindWalking alle Kriterien, die für eine ordentliche naturwissenschaftliche Vorgehensweise üblicherweise geltend gemacht werden.

Der Schauplatz des Experiments ist die MindWalking-Sitzung selbst, wo das theoretische Funktionsmodell als feste Größe validiert wird anhand der Variablen, die von der psychischen Situation des Klienten herrühren.

Der Wert eines Modells (im Sinne von «Occam's Razor») erweist sich bekanntlich daran, ob es gelingt, mit einem Minimum an theoretischem Aufwand ein Maximum von Phänomenen zu erklären und exakte Voraussagen im Hinblick auf die zu erzielenden Ergebnisse zu treffen. Nun, im Rahmen des hier diskutierten, bei MindWalking verwendeten Modells trifft dies zumindest im Hinblick auf die im Verlauf der letzten 15 Jahre behandelten Fälle zu.

Zum Thema Ergebnisse: Wie oben ausgeführt, setzt MindWalking Kräfte zur Bewältigung der Gegenwart frei. Es löst die Fixiertheit auf Traumata der Vergangenheit und neutralisiert ihre programmatischen Leitsätze. Damit entfällt gleichzeitig der Zwang, alte Verhaltensmuster zu wiederholen. Darüber hinaus erkennt der Klient graduell seine zeitübergreifende existentielle Grundabsicht (Berufung), begleitet von der Gewißheit, dieser gerecht werden zu können. Weiterhin entsteht als begleitender Lernprozeß ein Kennenlernen der subtilen Kommunikationsquellen und -kanäle, mit denen man psychisch in kontinuierlicher Verbindung steht, und eine Gewißheit, diese unter Kontrolle halten zu können. Aus dieser Kombination von Wachheit mit Zielbewußtheit erwächst positives Zukunftsstreben. Der Klient beginnt, mit Freude und Selbstvertrauen seine Zukunft zu formulieren.

Anmerkungen und Literaturverweise

1) Die Verwendung von Drogen zur Förderung der psychischen Dynamik ist im westlichen Kulturkreis eher selten. Eine Ausnahme stellt der Arzt und Psychoanalytiker Dr. Stanislav Grof dar, der in den sechziger und siebziger Jahren des 20. Jahrhunderts bei der Durchführung seiner psychotherapeutischen Sitzungen gezielt LSD verwendete, dies in hochoffizieller universitärer Umgebung. Seine rahmensprengenden Erkenntnisse trugen zur Begründung der Transpersonalen Psychologie bei, die im Unterschied zur herkömmlichen Schulpsychologie überpersönlichen psychischen Phänomenen Rechnung trägt.

   Im nichtwestlichen Kulturkreis werden transpersonale Phänomene seit alters her von Schamanen und Medizinmännern gezielt herbeigeführt, auch hier meist unter Zuhilfenahme von Drogen und hypnotischer Trance. (Stanislav Grof: *Geburt, Tod und Transzendenz,* Rowohlt Taschenbuch-Verlag 1993)

2) Hier eine technisch detailliertere Darstellung des Mindwalkers: Verspannung wie auch Entspannung des Sitzungspartners verursachen Schwankungen des galvanischen Hautwiderstandes. Beim Mindwalker werden solche Schwankungen über zwei Handelektroden aus Metall erfaßt. Es handelt sich dabei um schmale Röhren aus Kunststoff oder Aluminium mit einer Auflage aus Zink, Kupfer, Silber oder Gold. Die gemessenen Widerstände liegen zwischen 600 und 280 000 Ohm. Der Scheidepunkt zwischen dem, was ich als «grünen» und «roten» Bereich bezeichne, liegt bei 15 000 Ohm. Hergestellt wird der Mindwalker® von der Firma Inquisitive Instruments Ltd. in London (Internet: *www.mindwalker.co.uk*).

   Ähnliche elektronische Geräte wie der Mindwalker werden z. B. bei der Bioresonanztherapie oder dem LISTEN-System verwendet. Der Unterschied liegt darin, daß der Mindwalker nur abtastet, wohingegen bei der Bioresonanztherapie (MoRa-Therapie) oder dem LISTEN-System das Abgetastete modifiziert zurückgespielt wird.

   Auch der Muskeltest der Kinesiologen funktioniert nach einem Ja/Nein-System. Grundlage kinesiologischer Arbeitsweise ist die Erkenntnis, daß streßbehaftete Assoziationen den sogenannten «Indikator-Muskel» nachgiebig machen. Mit Hilfe des Muskeltests fragt sich der Kinesiologe bis zur Quelle des Übels durch. (Gordon Stokes: *One Brain,* Verlag für angewandte Kinesiologie, Freiburg 1990)

3) MindWalking-Sitzungen laufen nach Möglichkeit in enger zeitlicher Folge ab. Der Schnitt liegt bei einer Gesamtleistung von fünf bis sechs Stunden pro Tag, wobei sich etwa alle 90 Minuten eine Pause machen läßt, nach dem Motto: Man muß das Eisen schmieden, solange es heiß ist. Läßt man das Eisen zwischendurch immer wieder auskühlen, so dauert die Arbeit länger. Dies ist übrigens kein unzumutbarer Streß für den Sitzungspartner. Im Gegenteil, sein Interesse ist so stark, daß er oft gerne noch länger machen würde – nur ist es eben irgendwann einmal mit der Konzentration vorbei.

4) Traumatische Urerlebnisse lassen sich als durch Gewalteinwirkung unterbrochene Handlungsabläufe auffassen. Tatsächlich entsteht die Traumatisierung durch Verlust oder Verlustangst, nicht so sehr durch körperliche Verletzungen. Diese Zusammenhänge wurden bereits in den zwanziger Jahren im Rahmen der Gestaltpsychologie untersucht. Bluma Zeigarnik fand heraus, daß unerfüllte Aufgaben stärker im Gedächtnis haftenbleiben als erfüllte. Dabei bleibt es völlig dem Individuum überlassen, was unter «Erfülltheit» zu verstehen ist. Nicht um das formelle Abschließen einer Aufgabe geht es also, sondern um das Erfüllen einer persönlich definierten Wunschvorstellung («Zeigarnik-Effekt», 1927).

5) Philosophisch gesehen ist MindWalking mit der klientenzentrierten Gesprächstherapie nach Carl Rogers verwandt. Carl Rogers vertrat die Auffassung, daß der Klient seine Wahrheiten schon selbst finden werde, vorausgesetzt, man hört ihm nur gründlich zu und stört ihn bei seiner Entdeckungsreise nicht. Dementsprechend «nicht-direktiv» muß sich der Gesprächstherapeut verhalten. (Carl Rogers: *Client-centered Therapy*, 1951)

   Methodisch besteht ein Unterschied zu MindWalking darin, daß hier der Sitzungsleiter seinen Sitzungspartner zwar seine Wege gehen läßt, ihn aber trotz aller Abschweifungen immer wieder zum Thema zurückführt, bis Klärung und Erleichterung erreicht wurden (siehe auch Stephen Bisbey und Lori Beth Bisbey: *Brief Therapy for Post-Traumatic Stress Disorder*, John Wiley & Sons, London 1996).

6) Der hier verwendete «Freie Rückruf» bietet dem Sitzungspartner die Möglichkeit, sich in zwar freier, aber dennoch themengebundener Assoziation an seine Erlebnisse zu erinnern, wobei das Thema ein Reizwort ist, an dem sich per Assoziation die Erinnerungen knüpfen. Das Thema wird so lange behandelt, bis es ausgereizt ist.

7) Der Sitzungsleiter folgt dem «Prinzip der Verfügbarkeit». Er greift nur solche Erinnerungen auf, die verfügbar sind, d.h. die sich spontan melden. Sie drängen sich aus eigener Kraft unausweichlich auf. So wird vermieden, daß sich der Sitzungspartner etwas zusammenkonstruiert oder sich in Phantasievorstellungen verrennt. Ebenso wird vermieden, daß man auf Dingen herumreitet, die schon längst erledigt sind.

8) Mit diesem Verfahren, der «Wiederholungstechnik», werden negative programmatische Sätze wie etwa «jetzt ist alles vorbei» aufgeheizt, mit dem Ziel, das dahintersteckende Urerlebnis zu Tage treten zu lassen. Dabei handelt es sich keineswegs um eine «Affirmation des Negativen», denn das Negative wird ja nicht bestätigt, sondern entschärft. («Affirmation» bedeutet «Bekräftigung».) Übrigens ist die Macht der heraufsteigenden Bilder so gewaltig, daß jeder Versuch der emotionalen Dissoziation scheitert.
9) Das Vorhandensein von Urerlebnissen wurde schon von Sigmund Freud mit den Begriffen «Urszene» oder «Urtrauma» vorweggenommen und später, in den siebziger Jahren des 20. Jahrhunderts, von Arthur Janov in Form der «Urschreitherapie» aufgegriffen. In psychoanalytischer Sichtweise versteht man unter einem Urtrauma ein schmerzhaftes Kindheitserlebnis (Liebesentzug, Entdeckung der elterlichen Sexualität, Geburtstrauma); das in MindWalking beschriebene Urerlebnis hingegen umfaßt bedeutend mehr.
10) Tristan Jones: *Die unglaubliche Seereise*, Pietsch 2000, S. 81.
11) Die in der Psychoanalyse für so wichtig erachteten Faktoren «Aufbau der Ich-Stärke» und «Stärkung der Abwehr» bergen meines Erachtens die Gefahr von Frontenbildung und Verhärtung, es sei denn, diese Ich-Stärke würde über die Steigerung echter Toleranzkraft erreicht. Das synergetische Aufnehmen ist die Lösung, nicht das Dagegenhalten.
12) Ein wirkliches Endergebnis ist erst dann erreicht, wenn der Sitzungspartner ein vormals emotional belastetes Erlebnis mit entspannter Heiterkeit erzählen kann. Der Mindwalker registriert hier den Alpha-Zustand. (Kinesiologisch gesprochen, müßte in diesem Fall «der Indikator in allen Positionen standhalten».)
13) Das Wesen selbst als Quellpunkt der eigenen manifesten Existenz ist immateriell; es kann nicht ergriffen, manipuliert und zerstückelt werden wie ein Astralleib, denn es ist ja der Erschaffer dieses Mentalfeldes namens Astralleib. Mehr dazu später und in Band II.
14) Lerntheoretisch gesprochen bedeutet das, daß ein vormals wirksamer Reiz – das Negativprogramm, das Lisa als Sitzungspartnerin anfangs selbst lieferte – nun auch bei maximalem Streßfaktor keine Wirkung mehr zeigt. Sie kann es nun problemlos dreißigmal wiederholen, ohne daß sich weitere Emotionen oder somatische Erscheinungen zeigen.

    Das angestrebte Endergebnis bei der Wiederholungstechnik ist, daß man über einen negativen programmatischen Satz lachen kann, der einem nur wenige Stunden zuvor noch die Tränen in die Augen trieb.
15) Für den bibelgläubigen Christen ist eine Diskussion zum Thema Reinkarnation völlig überflüssig, wie mir ein ansonsten sehr freigeistig denkender französischer Theologe im spanischen Wallfahrtsort San Sebastian de Garabandal versicherte, denn Paulus habe dazu bereits alles gesagt, was

es zu sagen gebe. Jesus Christus sei auferstanden, jawohl, aber sonst keiner, denn so steht's im Korintherbrief, und deswegen sei das ganz falsch, was Leute wie der Dalai Lama denken, das sei ganz einfach nicht der richtige Glaube.

Tatsächlich lassen sich die fraglichen Stellen in 1. Korinther 15 bei genauem Lesen aber in die verschiedensten Richtungen interpretieren. Akzeptiert man die Möglichkeit der Reinkarnation, so kann man sie zwischen den Zeilen finden. Lehnt man sie ab, so kann man entsprechend das Gegenteil finden.

16) Der im Hinduismus gebräuchliche Sanskrit-Ausdruck für die Relativität von Wirklichkeit ist «Maya». Mit zunehmender Erkenntnis und geistiger Klärung fallen die Schleier, die man durch seine Vorurteile und Projektionen über die Welt gelegt hat, und entsprechend ändert sich ihre Erscheinungsform. Die Einschätzung von Wirklichkeit und Wahrheit ist abhängig vom Beschauer bzw. Erkennenden, ist also relativ (siehe auch Patanjali, Sutra IV, Vers 15–16, in David Shearer: *Effortless Being – The Yoga Sutras of Patanjali,* Wildwood House, London 1980).

17) Besonders herausragend in der Reinkarnationsforschung ist die Arbeit des amerikanischen Psychiaters Dr. Ian Stevenson. Er untersuchte zahlreiche Fälle von Kindern, die sich spontan an ihre früheren Leben zu erinnern vermochten und dies mit vielen Detailangaben illustrierten. Er interviewte die Betreffenden eingehend, ging zusammen mit ihnen zu den erinnerten Orten, befragte die dortigen Bewohner und ehemaligen Familienangehörigen, wodurch die Angaben der Kinder in praktisch allen Fällen bestätigt wurden (Ian Stevenson: *Children Who Remember Previous Lives – A Question of Reincarnation;* University Press of Virginia, Charlottesville 1987).

18) Beck Weathers in einem Interview mit dem Magazin *Focus* in der Ausgabe Nr. 42, 2000, anläßlich der Erscheinens seines Buches *Für tot erklärt,* in dem es um die gleiche Everest-Expedition wie bei Krakauer geht.

19) Zitiert aus dem packenden Buch von Jon Krakauer, in dem er schildert, wie im Jahr 1996 neunzehn Bergsteiger tödlich verunglückten, mit denen er sich auf einer Everest-Expedition befand. (Jon Krakauer: *In eisigen Höhen – Das Drama am Mount Everest,* Piper 1998)

20) Reinhold Messner: *Der nackte Berg,* Malik 2002, S. 219.

21) Daß Klienten, die sich während laufender Operation unter Narkose befinden, Schmerzen und Geräusche wahrnehmen können, wird unter anderem auch von Psychoanalytikern untersucht, wie z. B. aus einem Artikel in der *Zeit* unter der Überschrift «Patient hört mit» hervorgeht (im Beilage-Magazin *Leben,* Ausgabe 23, 1999).

22) In Sachen Geist und Gehirn ist man in der naturwissenschaftlichen Medizin anderer Auffassung. Ich zitiere die einleitenden Sätze aus einem Artikel von Herrn Professor Dr. rer. nat. Dr. phil. Gerhard Roth, Institut für

Hirnforschung, Universität Bremen: «Bewußtsein besteht aus verschiedenen Erlebniszuständen, von allgemeiner Wachheit bis zum Selbstbewußtsein. Diese entstehen durch spezifische Interaktion unterschiedlicher Gehirnzentren.» (Aus: «Entstehen und Funktion von Bewußtsein», in *Deutsches Ärzteblatt*, Heft 30, 1999)

Ähnliches hört man von dem namhaften Psychoanalytiker Wolfgang H. Hollweg. Um nur eine Stelle zu zitieren: «Zu den biologischen Programmen gehören von allem Anfang auch die seelischen und geistigen Bedürfnisse und Fähigkeiten [...].» (Wolfgang H. Hollweg: *Von der Wahrheit, die frei macht*, Mattes-Verlag 1995, S. 27)

Schon Sigmund Freud, der Vater der Psychoanalyse, betrachtete das Seelenleben als eine Funktion des Gehirns. Das Es sei ererbt und konstitutionell bedingt, das Ich sei eine spätere Entwicklung durch Ausreifung der Hirnrinde. (Sigmund Freud: *Abriß der Psychoanalyse*, Fischer-Bücherei 1970)

23) Persönlichkeitsqualität: Jedes geistige Wesen stellt eine einzigartige Mischung von Gedanken, Erfahrungen und emotionalen Schwingungen dar, von Information und Energie also. Diese Mischung bewirkt die Eigenart einer Persönlichkeit, ihren Charakter, und macht ein Individuum wiedererkennbar, auch wenn es den Körper gewechselt haben sollte oder momentan ohne Körper existiert. Wäre dem nicht so, dann würde man jemanden nicht wiedererkennen, wenn man ihn in einem späteren Leben trifft.

24) Erinnerungsbilder sind Platzhalter für verborgenes Wissen. Hat sich die fixierte (gefrorene) Aufmerksamkeit, aus der das Bild ja letztlich besteht, durch beharrliches Anschauen und Akzeptieren gelöst, so ist damit die Phase des Schauens beendet. In diesem Moment tun sich verblüffende Dimensionen nichtbildhaften Wissens wie von selbst auf.

25) Wenn hier und im weiteren Verlauf des Buches von «früheren Rückführungssitzungen» die Rede ist, so sind damit nicht frühere MindWalking-Sitzungen bei mir oder anderen MindWalking-Trainern gemeint (die es vor dem Jahr 2000 übrigens noch gar nicht gab), sondern andere Methoden und andere Therapeuten und Sitzungsleiter. Dabei mag es sich um Hypnotherapie handeln, Psychoanalyse, NLP, katathymes Bild-Erleben, Scientology, Schamanismus oder andere, nicht weiter ausgewiesene Methoden aus der Esoterikszene. Zur Wahrung der Anonymität meiner Sitzungspartner wird nicht angegeben, um welche es sich im Einzelfall handelt. Gleiches gilt für Meditierende und deren Methoden.

26) Ein Hinweis zur Sitzungsdynamik: Solange sich auf einen gegebenen Reiz (die Sitzungsfrage oder -anweisung) hin etwas tut, bleiben wir dran. Die Reaktionen auf diesen Reiz (z. B. Husten, körperliche Schmerzen, unerklärliche Tränenausbrüche) mögen für den Laien erschreckend wirken, für

den Sitzungsleiter aber sind das gute Anzeichen, denn es wird etwas dynamisiert, was sich lange im verdrängten Zustand (quasi «eingefroren») befunden hat. Erst wenn ein gegebener Reiz keine Dynamik mehr auslöst, kann ein Thema als abgeschlossen betrachtet werden.

27) Durch seine hochgradig gesteigerte Konzentration pumpt der Sitzungspartner während der Sitzung Energie in solcher Menge in eine Mentaldatei hinein, daß sich ein Bild mit allen dazugehörigen Eindrücken aufbauen kann. Es kommen einem nie alle Eindrücke gleichzeitig in den Sinn.

Würde man ein totales Wiedererleben mit Hilfe von Drogen oder Hypnose forcieren (und diese Möglichkeit besteht tatsächlich), so liefe man Gefahr, den Sitzungspartner zu überfordern und durch die Sitzung selbst ein neues Trauma zu schaffen.

28) Den hawaiischen Schamanen, den sogenannten Kahunas, ist diese Vernetzung von Wesen durch von ihnen ausgeschickte Aufmerksamkeitsfäden wohlvertraut; sie wird dort «Mana» genannt (siehe Max Freedom Long: *Geheimes Wissen hinter Wundern*, Bauer-Verlag 1986).

29) Im Solo-Stadium ähnelt MindWalking in mancher Hinsicht dem bekannten Alpha-Training, bei dem man über Kopfhörer einen Summton zurückgemeldet bekommt, sobald man einen Zustand innerer Ruhe erreicht hat. Da dieser mit dem Auftreten neuronaler Alpha-Schwingungen einhergeht, nennt man ihn auch «Alphazustand». (Alpha-Wellen, 8–12 Hz, treten auf bei Entspannung; Beta-Wellen, 13–35 Hz, bei alltäglicher Kommunikation; Theta-Wellen, 4–7 Hz, bei innerer Konzentration und entspanntem Erinnern; Delta-Wellen, 0,5–3 Hz, beim Tiefschlaf.)

Rein methodisch ereignet sich hier im Prinzip das gleiche wie bei Meditationsformen, bei denen eine positive Rückmeldeschleife dadurch aufgebaut wird, daß man sich auf einen stabilen Orientierungspunkt konzentriert und diesen zu halten versucht (Mantra, Atmung, Pranafluß). Dies gelingt natürlich erst, nachdem man verwirrende Gedankenfelder abgebaut hat. Solositzungen, so könnte man sagen, sind eine «themenzentrierte Meditation mit elektronischer Rückmeldung zum Zwecke der Entladung subjektiv spürbarer emotionaler Spannungsfelder». Dabei meldet der Zeiger des Mindwalkers sowohl die Spannungszustände wie auch den abschließenden Entspannungszustand.

30) Von in Westafrika hautnah erlebten Voodoo-Praktiken berichtet Annette Bokpe: *Der Kuss des Voodoo – Mein Leben als afrikanische Prinzessin*, List 2002.

31) Ich nehme an, daß C. G. Jung solche Energiewesen meinte, als er von «Partialseelen» sprach (siehe C. G. Jung: *Über die Psychologie des Unbewußten*, Fischer Taschenbuch-Verlag 1975, S. 68).

Zur Verwendung von Energiewesen in der Magie und zur zerstörerischen Wirkung einer gezielten schwarzmagischen Attacke siehe Franz Bardon: *Frabato*, Rüggeberg-Verlag 1979.

32) Den mit wissenschaftlicher Literatur vertrauten Leser mag es verwundern, daß ich persönliche Erlebnisse anführe. Das hat mehrere Gründe. Einmal bin ich der Ansicht, daß Psychologie eine Wissenschaft vom subjektiven Erleben und dessen Verzahnung mit der objektiven Welt ist. Demzufolge ist das Erkennen und Erleben der eigenen Psyche eine notwendige Voraussetzung für das Verständnis der Erlebnisse anderer (eine Auffassung, die in der religiösen Psychologie des fernen Ostens gang und gäbe ist, nicht aber in der westlichen). Wer nichts erlebt hat, kann nicht mitreden – so einfach ist das.

Die Vorstellung der naturwissenschaftlich orientierten Psychologie, daß nämlich der Psychologe ein neutraler Beobachter und Experimentator zu sein habe, ist nicht älter als gerade mal 130 Jahre. Sie begann mit Forschern wie Wilhelm Wundt und James Watson und ihren Konditionierungsversuchen mit Tieren. Diese Vorstellung hat zu einer «Psychologie ohne Seele» geführt. Die Logik dabei war diese: Wenn wir Psychologen, die wir bislang Charakterstudien und Seelendeutung betrieben haben, den Anschluß an die naturwissenschaftliche Objektivität nicht verpassen wollen, müssen wir experimentieren und messen. Charakter und Seele aber sind nicht meßbar, also reden wir ab jetzt besser vom «Verhalten», schauen den Ratten im Käfig zu und schließen daraus auf den Menschen.

Wie unrealistisch das ist, weiß jeder, der schon mal ein Gespräch geführt hat, das von ihm tiefes emotionales Verständnis forderte. Versuchte man da, ein neutraler Beobachter zu bleiben oder die anstehende Problematik in Bezug zum Verhalten irrgartendurchquerender Ratten zu setzen, so wäre man nicht Teil der Situation. Man bliebe außen vor wie der Beobachter hinter seinem Einwegspiegel, und der Gesprächspartner fühlte sich zu Recht gekränkt.

Selbst die «hochheilige» Physik gibt hier Schützenhilfe, denn spätestens seit der Quantentheorie und den Experimenten mit Photonen weiß man, daß der Experimentator Teil des Experiments ist, daß er durch den Meßvorgang selbst und möglicherweise auch schon durch sein Dasein, Denken und Wollen das Experiment beeinflußt.

Bei menschlichen Begegnungen ist der Seelsorger (ob Psychologe, Arzt oder Pfarrer) notwendigerweise Teil der Situation; da gibt es keine «Neutralität». Von daher halte ich es sowohl für notwendig, selbst die Psyche durchforscht und seine Erfahrungen gemacht zu haben, wie auch für legitim, eigene Erlebnisse genauso zu porträtieren wie die anderer.

Zur Entwicklungsgeschichte des naturwissenschaftlichen Weltbildes siehe Fritjof Capra: *Wendezeit*, Scherz 1983; ebenso Rupert Sheldrake: *The Presence of the Past*, Fontana 1988.

33) Der renommierte Physiker Hal Puthoff, der 1974 im Auftrag der US-Regierung das Projekt «Remote Viewing» ins Leben rief, um im Rahmen des

Kalten Krieges die Möglichkeit telepathischer Spionage zu erforschen – später, im Jahre 1995, wurde Remote Viewing dann der Öffentlichkeit in Form von Seminaren zugänglich gemacht –, sagte in einem Interview mit Mark Pilkington von der *Fortean Times* auf die Frage, ob solche telepathischen Fähigkeiten in jedermann entwickelt werden könnten oder ob sie ein Naturtalent seien: «Insgesamt gesehen haben unsere Befunde gezeigt, daß solche Fähigkeiten breit gestreut sind, etwa wie das musikalische Talent. [...] Unsere moderne westliche Gesellschaft tut nun mal nichts, um die Leute zu ermutigen, dieses besondere Talent zu entwickeln.» Quelle: *www.forteantimes.com/artic/puthoff/puthoff.html*, am 2.4.2001.

34) In Sachen Vitalenergie konkurrieren drei Auffassungen miteinander: 1) Es gibt überhaupt kein vitalenergetisches Feld. 2) Es gibt eines, aber nur deswegen, weil die Zellen die dafür notwendige Elektrizität bereitstellen; ist der Körper erst mal tot, so ist es auch vorbei mit dem Energiefeld. 3) Es gibt ein vitalenergetisches Feld, und es sind nicht die Zellen, welche die Elektrizität produzieren, sondern das Feld selbst, und wenn der Körper gestorben ist, existiert das Feld in eigener Dynamik weiter. Letztere Auffassung bezeichnet man als «Vitalismus». Die Auffassung, daß das Vitalfeld ein Wesen eigener Art sei, weist mich demnach als «Vitalisten» aus.

Zur Diskussion des Vitalismus wie auch einer hervorragenden Beschreibung der körpereigenen Elektrizitätsleitbahnen und deren Beeinflussung im Sinne der Energiemedizin wie auch der Akupunktur empfiehlt sich das Werk eines Pioniers auf diesem Gebiet: Robert O. Becker: *Der Funke des Lebens*, Scherz 1991.

35) Auch andere Quellen teilen die Beobachtung, daß sich der Vitalkörper, der sogenannte Ätherkörper, nach dem Tod auflöst. Gemäß vedischer Metaphysik ist «Äther» das Bindeglied zwischen grobstofflicher und feinstofflicher Energie. Erde, Wasser, Feuer, Luft und Äther sind die fünf energetischen Verdichtungszustände der grobstofflichen Materie. Das Mentale *(manas)*, das Analysierende *(buddhi)* sowie das «Ego» *(ahankara)* machen den feinstofflichen Körper aus. Transzendent zu diesen raum-zeitlichen Dimensionen ist das unsterbliche Selbst *(atman)*. Beim Tod trennen sich feinstofflicher und grobstofflicher Körper. Die genannten fünf «Schichten» des grobstofflichen Körpers lösen sich in ihre Bestandteile auf, auch der Ätherkörper. (Siehe *Bhagavad-gita*, Vers 7.4.)

Interessant ist, wie der «Ätherkörper» auf Sanskrit genannt wird, nämlich *kha*. Dies entspricht dem im ägyptischen Totenbuch erwähnten KA. Hieraus wird verständlich, warum die ägyptische Priesterschaft nach erfolgter Mumifizierung eines Leichnams, weit über den Tod der Person hinaus also, alltäglich Rituale und Opferungen zelebrierte: Man wünschte die Vitalfunktionen symbolisch zu erhalten und bot KA Nahrungsmittel an, damit es sich stärken möge.

Im Sanskrit gibt es noch einen weiteren bekannten Begriff für «Äther», nämlich *akasha.* Aus den verschiedenen Textstellen ergibt sich der Eindruck, daß *kha* das individuelle Vitalfeld bezeichnet und *akasha* das kollektive, was später in diesem Buch als «planetarisches Vitalfeld» bezeichnet wird.

36) Was Pflanzen alles wahrnehmen können und wie stark sie auf die Intentionen und Emotionen ihrer Besitzer reagieren, ist sehr anschaulich beschrieben in Peter Tompkins & Christopher Bird: *The Secret Life of Plants,* Harper & Row 1973; deutsche Ausgabe: *Das geheime Leben der Pflanzen,* Scherz 1974, wie auch der Folgeband vom gleichen Autorenteam: *Die Geheimnisse der guten Erde,* Omega 1998.

Weitere Hinweise zum Thema «Verhalten» finden sich bei Reinhard Eichelbeck: *Das Darwin-Komplott,* Riemann 1999, worin der Autor darlegt, daß intelligente Kooperation und nicht «das Überleben des Stärksten» die Natur bestimmt.

37) Siehe die Fähigkeit der hawaiischen Kahunas, Knochenbrüche buchstäblich in Sekundenschnelle zu heilen (siehe Max F. Long, Anm. 28). Ein eindrückliches Beispiel aus unseren Breiten, gar aus Deutschland, ist der 1959 verstorbene Geistheiler Bruno Gröning, der ebenfalls zahlreiche Spontanheilungen bewirkte: an den Rollstuhl Gebundene konnten von einem Moment zum anderen wieder aufstehen, Blinde konnten sehen, usw. (Dr. med. Matthias Kamp: *Revolution in der Medizin – Rehabilitation eines Verkannten,* Mönchengladbach 1949).

38) Aus *Die Zeit,* Nr. 25, 2001, unter der Überschrift «Wahrheit heilt».

39) Auch in der Transpersonalen Psychologie mußte man sich an Befremdliches gewöhnen lernen. Dazu ein Zitat von Stanislav Grof: «In transpersonalen Erlebnissen kann man sich mit anderen Menschen oder mit Mitgliedern anderer Spezies identifizieren, man kann Zugang zu astronomischen und mikroskopischen Bereichen gewinnen, die sonst ohne technische Hilfsmittel nicht wahrgenommen werden könnten, und man kann in historische und prähistorische Zeiten, in die Zukunft, an weit abgelegene Orte oder in andere Dimensionen der Existenz versetzt werden.» Wohl gesprochen! Allerdings, so möchte ich meinen, geht es auch ohne Hypnose und LSD. (Stanislav Grof: *Geburt, Tod und Transzendenz,* S. 125.)

Zu seinen eigenen Befunden sagt Grof: «Über die Jahre fiel es mir selber schwer, die Ergebnisse zu akzeptieren, die ich jetzt in diesem Buch beschreibe» (S. 7). Und weiter: «Die transpersonalen Phänomene selber dekken Verbindungen zwischen Individuum und Kosmos auf, die wir gegenwärtig mit unserem Verstand nicht fassen können.» (S. 125)

Daß Grof und seine Mitstreiter diese Phänomene seit Ende der sechziger Jahre «hoffähig» gemacht und in die ernsthafte Diskussion hineingezogen haben, ist ihnen als hohes Verdienst anzurechnen. Bis dahin (und leider auch noch heute) pflegte man transpersonale Erlebnisse wegen ihrer Unerklärbarkeit pauschal als Psychosen abzustempeln (was lediglich eine Benennung ist, keineswegs aber eine Erklärung).

40) Man betrachte im Vergleich dazu die theosophische Unterteilung der Psyche in eine Reihe von feinstofflichen «Körpern» in der Folge Ätherkörper – Astralkörper – Mentalkörper – Kausalkörper. Letzterer ist vermutlich mit dem gleichzusetzen, was ich hier als «Quellpunkt» bezeichne. (Dieter Rüggeberg: *Theosophie und Anthroposophie im Lichte der Hermetik*, Wuppertal 1988.)

41) Es sei die DNS, so glaubt man heute gerne, die die Haut- und Augenfarbe eines Menschen bestimme sowie auch seine potentielle (!) Veranlagung für bestimmte Erbkrankheiten (ob die dann wirklich ausbrechen, ist eine ganz andere Frage) und darüber hinaus auch seine Intelligenz und sein Verhalten präge. Von morphogenetischen Feldern ist keine Rede.

Von Interesse dürfte da eine Bemerkung von Ian Wilmuth sein, dem «Vater» von Dolly, dem ersten geklonten Säugetier. Wenn einer etwas von der Tragweite und Bedeutung genetischer Wirkungskräfte versteht, dann wohl er. Während seiner Darstellung der embryonalen Entwicklungsphase von Zygote zu Gastrula und der damit einhergehenden Differenzierung der Zellen, die von da an immer spezialisiertere «Jobs» übernehmen, entwickelt er folgende Fragen: «Wie bewegen sich Zellen? Woher wissen sie, wo sie hinmüssen? [...] Selbst heute sind wir noch weit davon entfernt, auf diese Fragen eine Antwort zu haben. [...] Die Zygote [...] enthält das Entwicklungspotential für alle Zelltypen. Sie ist tatsächlich totipotent. Was aber sind die Mechanismen, die die direkten linearen Abkömmlinge der Zygote dazu bringen, ihren Charakter so radikal zu verändern? [...] Wir haben eine Technik [...] und wissen ungefähr, wie und warum sie funktioniert. Aber die Details verstehen wir nicht.» (Ian Wilmuth, Keith Campbell, Colin Tudge: *The Second Creation – The Age of Biological Control by the scientists who cloned Dolly*, Headline Book Publishing, 2000, S. 80–81)

Weiterhin betont Wilmuth, man möge nicht glauben, daß das Klonen zu in jeder Hinsicht identischen Organismen führe: «Gene operieren nicht isoliert voneinander. Sie sind in konstantem Dialog mit dem Rest der Zelle, die wiederum auf Signale anderer Zellen im Körper reagiert, der seinerseits mit der Welt da draußen in Kontakt steht. Der Einfluß von Faktoren außerhalb der Gene, die das ganze Leben hindurch auf sie einwirken, ist klar ersichtlich bei Cyril, Cecil, Cidric und Tuppence [vier geklonten Schafen]: vier sehr unterschiedliche und doch genetisch identische Individuen.» (S. 22, Übersetzung jeweils von mir.)

Gegen Ende seines Buches, nachdem er das Gesamtverhalten des Menschen gerade in streng materialistischer Manier auf die Interaktion zwischen neuronalen Synapsen und Genen reduziert hat (Mozarts Musik war ein Produkt seiner Gene), entschlüpft Wilmuth ironischerweise der folgende Satz: «Unsere Gene bilden den Ton oder den Marmor, aus dem wir geschaffen sind, und das hat natürlich einen Einfluß darauf, was für Menschen wir am Ende werden, aber es ist unsere eigene Erfahrung und unsere Wahrnehmung dieser Erfahrung, die die bildhauerische Arbeit besorgt» (S. 312). Wer ist denn wohl der, der unsere Erfahrungen wahrnimmt und verarbeitet, frage ich da – wohl doch nicht die Gene? (Übrigens wurde Dolly im Februar 2003 wegen Lungenentzündung eingeschläfert.)

Stichwortverzeichnis

Begriffseinträge verweisen auf Definitionen oder nähere Erklärungen und erfüllen somit den Zweck eines Glossars.

Über den Autor

Ulrich Kramer, Diplom-Psychologe, Jahrgang 1948, Studium der klinischen Psychologie in Mainz und Münster/Westfalen; intensive Auseinandersetzung in Theorie und Praxis mit Yoga und verschiedenen Meditationsformen (TM, Kundalini, Zen); Basistraining in Aikido; mehrjährige Reisen und Auslandsaufenthalte; Weiterbildung in Gesprächstherapie, Hypnotherapie und Transpersonaler Psychologie; seit 1985 selbständig in privater Praxis im Bereich Persönlichkeitsentwicklung mit internationalem Kundenkreis; Entwicklung einer eigenen psychologischen Verfahrensweise, seit 1997 unter dem Begriff MindWalking® als Warenzeichen registriert, hierzu Einzelsitzungen und Seminare; verheiratet, eine Tochter; lebt und praktiziert heute in Beverungen/Weserbergland.

Publikationen:

- *Der schmale Pfad – Ein Handbuch für gutes Management*, VAP-Verlag, Wiesbaden 1995 (vergriffen).
- «Entführungen – mit und ohne Körper» in: Johannes Fiebag (Hrsg.), *Besucher aus dem Nichts – UFO-Entführte berichten (Teil 2: Die Forscher)*, Knaur, München 1998.
- *MindWalking, Band I: Wanderungen durch Geist und Seele* und *MindWalking, Band II: Die tiefste Dimension*, BoD 2001 (beide in überarbeiteter Fassung mit neuen Titeln im Govinda-Verlag 2003).

Der Autor freut sich über Zuschriften. Sie können ihn per E-Mail erreichen (ulrich.kramer@mindwalking.de) oder über die Internetseite: www.mindwalking.de.

EMPFEHLENSWERTE BÜCHER

Einweihung in die Geheimnisse unserer Her- und Zukunft.

Tom H. Smith / Armin Risi

DAS KOSMISCHE ERBE

ISBN 3-906347-54-0
2. Auflage, 384 Seiten, gebunden
EUR 22,– / Fr. 39.60

Die Ur-Zivilisationen entstanden nicht aus einer Tier-Evolution, sondern aus einer DEVOLUTION: Die Menschen kamen aus höheren Dimensionen des Kosmos hinunter in die Verdichtung der Erde. Das bedeutet: Wir sind Träger eines kosmischen Erbes, sowohl im geistigen als auch im biologischen Sinn.

Das geistige und genetische Erbgut der Menschen birgt höchste Potentiale in sich und wird gerade deshalb schon seit «Adams Zeiten» von denen, die die Menschen beherrschen wollen, negativ programmiert und manipuliert. Heute jedoch, im Jahrzehnt der Entscheidung, haben wir die Chance, uns endgültig zu befreien.

Was die Menschen während Jahrtausenden nicht wissen sollten, wird nun aus höheren Quellen medial offenbart. Dieses Buch ist eine Einweihung in weltbewegende Geheimnisse, denn die Wahrheit will endlich ans Licht. Die Zeit ist reif.

Über die Heilung des Planeten und die Aufgabe der Sterngeborenen.

Tom H. Smith / Savitri Braeucker

MUTTER ERDE WEHRT SICH

ISBN 3-906347-55-9
3., überarbeitete Auflage, 324 Seiten, geb.
EUR 22,– / Fr. 39.60

Katastrophen, Warnungen, Prophezeiungen. Die Zeichen der Zeit machen deutlich: Mutter Erde wehrt sich!

Doch die Menschen fahren fort, Natur und Tiere auszubeuten und sich selbst gegenseitig zu bekämpfen. Mutter Erde will und kann nicht mehr länger zuschauen.

Aus dem Inhalt:

- Die Zukunft der Menscheit
- Geographische Details der prophezeiten Erdveränderungen
- Die Wirkungsweise der kosmischen Gesetze
- Die Kraft der Liebe und des freien Willens
- Die Desinformation und Manipulation der Erdbevölkerung
- Bevorstehende göttliche Interventionen

Ein Buch, das uns hilft, einer bewegten Zukunft ohne Angst und Ohnmacht entgegenzugehen.

EMPFEHLENSWERTE BÜCHER

Der multidimensionale Kosmos, Band 3:

Armin Risi

MACHTWECHSEL AUF DER ERDE

Die Pläne der Mächtigen, globale Entscheidungen und die Wendezeit.

ISBN 3-906347-44-3
4. Auflage, 596 Seiten, gebunden
EUR 24,– / Fr. 43.20

Was sind die Pläne der Mächtigen? Was ist die Wahrheit hinter den vielen Theorien um Geheimgesellschaften, Verschwörungen, UFOs und bevorstehende Umwälzungen? – Aufrüttelnde Erkenntnisse, die nicht mehr länger verheimlicht, verharmlost oder ignoriert werden dürfen!

Aus dem Inhalt:

- Freier Wille und Verantwortung
- Dualität und Individualität
- Die Doppelnatur des Negativen
- Money-pulation
- Die Rolle der okkulten Logen
- Atlantis, Thule, Geheimtechnologie
- Neue Weltordnung und die neue Welt
- Die Gegenwart der Lichtwesen
- Die Transformation der Erde

Ein Buch, das viele berührt und alle betrifft.

Die Notwendigkeit fleischloser Ernährung.

Ronald Zürrer / Armin Risi

VEGETARISCH LEBEN

ISBN 3-906347-43-5
5. Auflage, 48 Seiten, geheftet
EUR 2,50 / Fr. 4.50

Diese Broschüre informiert über die wichtigsten Argumente für eine lakto-vegetarische Ernährung.

Seit Jahren die beliebteste Broschüre zum Thema – mit einer Gesamtauflage von 440 000 Exemplaren!

Aus dem Inhalt:

Die natürliche Ernährungsweise des Menschen • Die Zusammenhänge zwischen Fleischessen und Krankheiten • Das traurige Los der Tiere • Die falsche Propaganda der Fleischproduzenten • Die Zerstörung der Lebensgrundlagen durch Fleischproduktion • Die Warnungen der ethischen Vegetarier • Die Religionen heute: Verrat an den Tieren • Die höheren Naturgesetze von Aktion und Reaktion (Karma) • Die aktuelle Weltsituation: Ohnmacht und Macht des einzelnen.